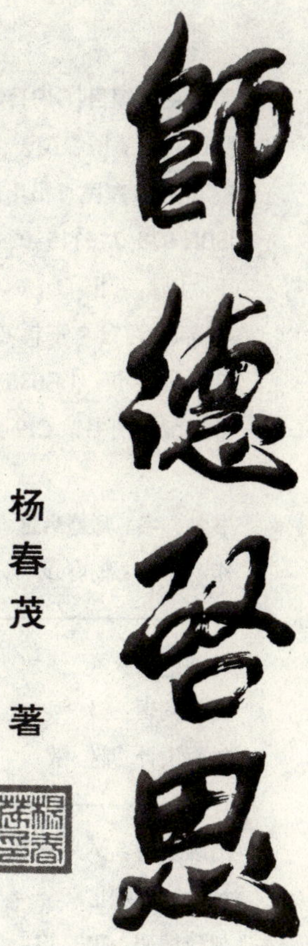

杨春茂 著

人民日报出版社

图书在版编目(CIP)数据

师德启思 / 杨春茂著,

— 北京：人民日报出版社，2012.4

ISBN 978-7-5115-0942-0

Ⅰ. ①师… Ⅱ. ①杨… Ⅲ. ①中学教师-师德-道德规范-学习参考资料 ②小学教师-师德-道德规范-学习参考资料 Ⅳ. ①G635.16

中国版本图书馆 CIP 数据核字(2012)第 067163 号

书　　名：**师德启思**

作　　者：杨春茂

出 版 人：董　伟

责任编辑：银　河

封面设计：赵　敏

出版发行：人民日报 出版社

社　　址：北京金台西路 2 号

邮政编码：100733

发行热线：(010)65369527　65369512　65369509　65369510

邮购热线：(010)65369530

编辑热线：(010)65369525

网　　址：www.peopledailypress.com

经　　销：新华书店

印　　刷：环球印刷(北京)有限公司

开　　本：710mm×1000mm　1/16

字　　数：265 千字

印　　张：23.75

印　　次：2012 年 5 月 第 1 版　2012 年 5 月 第 1 次印刷

书　　号：ISBN 978-7-5115-0942-0

定　　价：49.00 元

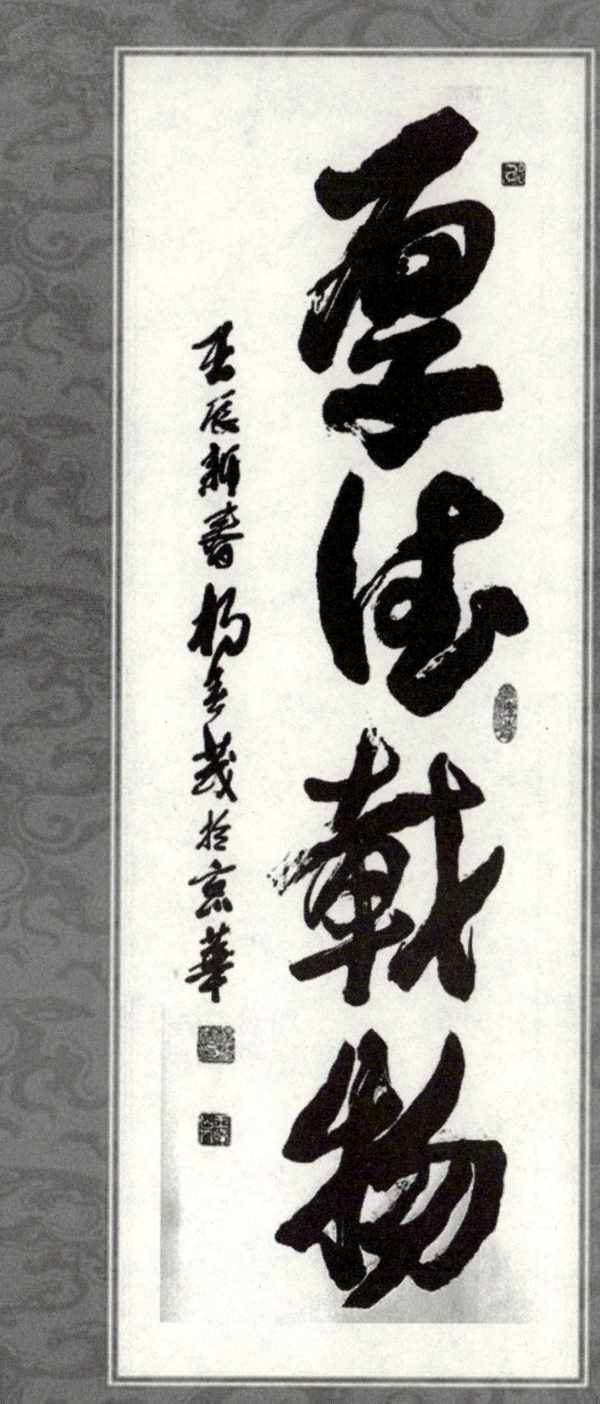
厚德载物
壬辰新春

中小学教师职业道德规范

教育部　中国教科文卫体工会全国委员会

（2008年9月1日修订颁布）

一、**爱国守法**。热爱祖国，热爱人民，拥护中国共产党领导，拥护社会主义。全面贯彻国家教育方针，自觉遵守教育法律法规，依法履行教师职责权利。不得有违背党和国家方针政策的言行。

二、**爱岗敬业**。忠诚于人民教育事业，志存高远，勤恳敬业，甘为人梯，乐于奉献。对工作高度负责，认真备课上课，认真批改作业，认真辅导学生。不得敷衍塞责。

三、**关爱学生**。关心爱护全体学生，尊重学生人格，平等公正对待学生。对学生严慈相济，做学生良师益友。保护学生安全，关心学生健康，维护学生权益。不讽刺、挖苦、歧视学生，不体罚或变相体罚学生。

四、**教书育人**。遵循教育规律，实施素质教育。循循善诱，诲人不倦，因材施教。培养学生良好品行，激发学生创新精神，促进学生全面发展。不以分数作为评价学生的唯一标准。

五、**为人师表**。坚守高尚情操，知荣明耻，严于律己，以身作则。衣着得体，语言规范，举止文明。关心集体，团结协作，尊重同事，尊重家长。作风正派，廉洁奉公。自觉抵制有偿家教，不利用职务之便谋取私利。

六、**终身学习**。崇尚科学精神，树立终身学习理念，拓宽知识视野，更新知识结构。潜心钻研业务，勇于探索创新，不断提高专业素养和教育教学水平。

序 言

教育大计，教师为本；教师素质，师德为先。教师的思想政治素质和职业道德水平，直接关系到亿万青少年的健康成长，关系到教育改革发展的全局，关系到国家的前途和民族的未来。当前，我国教育事业发展已进入全面提高质量、促进教育公平的历史新阶段，进一步加强中小学教师职业道德建设，提高教师的师德修养，对于确保党的事业后继有人和社会主义事业兴旺发达，建设人力资源强国，实现中华民族伟大复兴，具有十分重要的历史意义。

党和国家历来高度重视师德建设。2010年7月，胡锦涛总书记在全国教育工作会议上强调，“要把加强教师队伍建设作为教育事业发展最重要的基础工作来抓，努力造就一支师德高尚、业务精湛、结构合理、充满活力的高素质专业化教师队伍。”温家宝总理指出，“必须更加重视教师职业理想和职业道德教育，增强广大教师教书育人的责任感和使命感。广大教师要自觉加强师德修养，‘学为人师，行为世范’。”《国家中长期教育改革和发展规划纲要（2010-2020年）》把师德建设作为教师队伍建设的首要任务，明确提出：“将师德表现作为教师考核、聘任（聘用）和评价的首要内容。”

为贯彻落实全国教育工作会议精神和教育规划纲要，2010年以来，教育部在制定教师专业标准、教师教育课程标准以及实施教师资格考试改革和定期注册试点、确定“国培计划”培训内容时，把师德作为制度设计的首要内容，实行师德表现“一票否决”。连续两年组织“全国教书育人楷模”推选和学习宣传活动，举办教师节专题晚会，大力宣传优秀教师的先进事迹，进一步在全社会营造了尊师重教的浓厚氛围，激发了广大教师教书育人的责任感和使命感。

提高师德素养，重在自律。为规范中小学教师的职业行为，2008年9月，教育部和中国教科文卫体工会全国委员会联合颁发了新的《中小学教师职业道德规范》（以下简称《规范》），把倡导性要求和禁行性规定结合起来，提出了新时期教师职业道德的基本要求和行为准则。当前和今后一个时期，各级教育行政部门和中小学应进一步贯彻《规范》，结合实际制定具体规章制度，把师德规范要求落实到教师培训计划，作为新教师岗前培训和教师在职培训的重要内容；进一步加强师德宣传，激励广大教师自觉遵守《规范》，树立教师良好职业形象。

本书作者杨春茂同志长期从事教师队伍管理和研究工作，多次参与《规范》的制定和修订，对师德建设工作有着深刻的理解和体会。《师德启思》一书就是他多年来对师德建设工作进行研究与思考的成果。该书结合大量生动鲜活的案例，对《规范》进行了深刻的阐释和解读。相信该书的出版一定会对广大教师更好地学习贯彻《规范》、加强师德修养起到重要的促进作用。

师德是教师职业的灵魂。希望广大中小学教师积极践行《规范》，努力做学生爱戴、社会尊重、人民满意的优秀教师。为此之故，乐为之序，并与广大教师朋友互勉共进。

教育部教师工作司司长

许涛

2012年4月9日

前 言

2008年6月，《中小学教师职业道德规范》（征求意见稿）面向全社会公开征求意见，到7月底活动结束，教育部收到很多关心教育的人士特别是教师的反馈意见。从统计结果看，新的《中小学教师职业道德规范》（以下简称《规范》）得到了社会各界人士特别是广大教师的认同。认为《规范》"非常合理"、"合理"和"基本合理"的比例达95.9%，其中认为"非常合理"的超过半数。大家对新修订的《规范》给予了充分肯定。认为《规范》从立意看，更加切合实际，更有针对性；从内容看更加简明扼要，易于记忆和理解；从整体看体现了以人为本的思想，为教师指明了修德方向；从创新看新增内容如"对学生严慈相济"、"保护学生安全"、"终身学习"等，体现了与时俱进和时代发展对师德的新要求。作为参与《规范》起草和修订的工作人员，从中看到全社会如此关注师德建设、教师对《规范》给予充分肯定，自然倍感欣慰。

2008年9月1日，教育部和中国教科文卫体工会全国委员会联合下发了《关于重新修订和印发〈中小学教师职业道德规范〉的通知》。根据1997年颁布的《中小学教师职业道德规范》重新修订的新的《中小学教师职业道德规范》正式施行。

由于我长期在教育部从事教师队伍管理工作，并利用工作机会进行一些教师队伍建设方面的研究，参与了历次《规范》的制定和修订。新《规范》颁布后，一些地方和学校让我去做师德修养方面的学术报告，给师范专业的在校学生讲课。在学术报告和讲课的互动交流中，听众对宣传、学习、理解和落实《规范》提出了很多意见和建议，归纳起来主要有以下几方面：

第一，《规范》颁布时正是《教育规划纲要》研究制定、颁发落实阶段，教育的重点是按照《教育规划纲要》提出的“优先发展、育人为本、改革创新、促进公平、提高质量”的工作方针，解决财政性教育经费投入在2012年达到GDP的4%等重大问题，来不及对《规范》进行大规模的宣传贯彻。现在应当把《规范》贯彻作为落实《教育规划纲要》的一部分，采取多种形式对《规范》进行大力宣传，使其在师德建设中充分发挥作用。

第二，《规范》与任何由行政机关颁发的法律法规和行政规章一样，其性质决定了行文方式是只规定和倡导要做什么，如何做等等，而不论述和解释为何这样规定，为什么要这样做。

第三，《规范》内容要求言简意赅，简明扼要，易于记忆，不可能面面俱到，更不可能规定详细的具体操作过程。因此需要了解、理解师德修养和《规范》的理论，再内化为教师的自觉行为，增强《规范》的执行力，故对《规范》的学习和理解非常重要。

第四，与《规范》相关的学术报告和讲课时间都很有限，希望我将讲课讲稿和课件扩展篇幅、丰富内容、增加案例成书出版，对《规范》进行系统阐释和解读。有的老师甚至对书的体例和内容都提出了具体意见。

第五，1998年，北京大学出版社出版了我的解读1997年颁发的《中小学教师职业道德规范》的《师德修养十讲》一书。根据广大教师和读者要求，以此书为基础，由教育部师范教育司组织拍摄了九集电视教学片《师德启思录》，我担任系列片的总撰稿、总编导。阐释和解读新《规范》有较好的基础。

正是基于上述的意见和建议，特别是广大教师和教育工作者的支持和所寄予的厚望，使我有信心通过写作《师德启思》一书，对《规范》制定和教师队伍建设背景进行详细介绍，对《规范》内容进行系统阐释，为《规范》的学习贯彻提供理论支持。

教育发展到今天，师德修养理论浩如烟海，师德修养和师德建设做法丰富多彩。本书如何写出新意？如何为提高师德修养水平发挥作用，动笔之前我思考了很长时间。我认真阅读了教育部长袁贵仁同志的哲学著作《价值观的理论与实践》；听取了由教育部师范教育司组织编写，我任主编的《教育家成长丛书》的作者魏书生、李镇西、任勇、黄爱华、刘可钦、廖文胜、窦桂梅、龚春燕等著名特级教师的意见后，深受启发，确定了以下写作原则：

第一，注重师德理论的系统性和逻辑性。由于《规范》是高度精炼和浓缩的师德修养精华，为便于读者对《规范》和师德修养途径的全面了解和理解，本书应当系统阐释师德理论基础，例如与社会主义核心价值观的关系等。从逻辑关系上论述道德、职业道德、教师职业道德的形成、继承和发展，以及它们之间的相互关系。这部分内容，主要在本书第一章："师德修养 源远流长"中体现。

第二，增强实用性。作为对《规范》的阐释和解读，特别是如果作为在职教师、教师资格申请者、师范专业在校学生使用的培训教材，仅仅停留在理论分析层面是不够的，还应当有现实生活中生动的案例为理论观点提供支持。让读者了解按《规范》的倡导和理论上的要求，别人是怎么做的，以为借鉴。因此书中借鉴了多个典型案例。

第三，突出可操作性。实践证明，贯彻落实《规范》，提高师德修养水平，不仅仅是教师个人的事。按《教师法》规定，中小学包括了幼儿园、小学、初级中学、高级中学及中等职业学校等不同的学段，各学段学生和教师都有不同特点，要贯彻落实《规范》，需要学校和各级教育行政机关根据本校本地特点制定相应的规则、规章、细则等制度促进落实。这部分内容主要体现在本书第八章：“师德修养 持之以恒”中。

第四，体现教材特点。除了理论阐述和案例展示外，把写作和阅读本书涉及的资料作为参考书目列出，把与师德修养和教师队伍建设有关的法律法规和行政规章作为专门部分在附录中列出。

第五，增加可读性。作为理论书籍或教材，要引人入胜，增强可读性难度较大。本书除了在表述上和案例选用上力求增加吸引力外，把作者自己创作，在《人民日报》、《光明日报》、《中国教师报》、《读者》杂志等报刊发表后广受欢迎，与教育和师德有关的诗词歌赋作为附录的一部分供广大读者分享。

虽然作者自认为写作思路和原则清楚，又参加过《规范》起草、解读和宣传等全过程工作，但因水平所限，且只能利用节假日和业余时间写作，书中错误和不足在所难免，恳请广大读者批评指正。本书作为引玉之砖，如能给热爱教育事业的人们提供一些师德修养方面的信息和思考的基础，在师德建设中发挥一定作用，作者幸甚。

楊春茂

2012 年新春于教育部

目 录

第一章 师德修养 源远流长

人民教师的神圣职责，就是传授知识，传承民族精神，弘扬爱国主义，为祖国和人民培养合格人才。教师要忠诚于人民教育事业，以培育人才、繁荣学术、发展先进文化和推进社会进步为己任，积极引导和帮助青少年学生树立正确的世界观、人生观、价值观，教育他们立志成为有中国特色社会主义建设的栋梁之材。

伟哉教育！开篇联曰：

千古红烛照亮人间路，百年桃李开出天下春。

伟哉教师！开篇诗云：

道传古今开混沌，惑解天下析古今。
授业因材施教化，师魂千秋播德馨。

教师职业古老神圣，师德修养源远流长。研究包括教师在内的任何一种职业的职业道德，都必须对这种职业的职业性质、职业特点、职业地位、社会影响等进行分析和评价，从而制定出有利于该职业从业人员必备的职业道德要求或者规范、标准等，激励或者约束该职业从业人员做好本职工作。道德大体分为三个方面：社会公德、家庭美德、职业道德。我们先从道德的基础说起。

一、道德

道德在人类社会生活中居于何种地位？有人做出形象的比喻：人类社会生活有如各式各样的菜，道德有如菜中的盐。盐本身不成其为菜，人若把盐当菜吃，会对身体造成极大损害。正如各种各样的菜离不开盐，盐要渗透到各种菜中去一样，人类社会生活离不开道德，道德已经渗透到了社会生活的各个方面。

（一）道德的形成和发展

何谓道德？道德，是由一定经济关系决定，依靠社会舆论、传统习俗和人的内心伦理信念维系，善恶对立的社会意识和行为规范的总和。

人类区别于其他动物的原因在于人是社会的人，人是有理性、互相联系和影响，有社会规范约束的。如果一个人不融于社会，不与任何人发生联系，那他的所作所为也就不存在道德问题。因此，人类要不断提升自我道德修养和内在精神，要有不断完善的社会伦理和社会秩序维系和约束人们的行为。在人类生活的世界上，绝大多数人都处于各种复杂的，相互影响的复杂关系之中。例如血缘关系、亲属关系、师生关系、同学关系、同事关系、上下级关系等。正是这些复杂的、丰富多彩的、任何社会人都不可能回避的关系，从群体上维系着人类社会不断发展，影响着每个人的立身处世。怎样处理这些千丝万缕的复杂关系？用怎样的态度对待因这些关系而产生的矛盾和问题，是道德形成和发展的基础。

从感性上说，道德人人皆知。但要从理性上讲清楚什么是道德，道德是怎样产生的，道德的本质何在，道德的作用如何体现等，可能相当多的人很难准确回答。但人类要发展，社会要进步，人的社会分工越来越细，人际交往范围越来越大，人与人之间的关系越来越复杂和相互影响，任何人都不可能回避道德问题，应当从理性的高度来理解道德。特别是对教师这样以人为劳动对象的职业更是如此。

追根溯源，“道德”这个词，最早起源于拉丁语中的moris。按拉丁语的意思，主要是指风尚、习俗、传统观念等等。在中国，道德一词古已有之。如《论语·述而》中的“志于道，据于德”；《孟子·公孙丑下》中的“尊德贵道”，实际上讲的都是道德，只是把道与德分开阐述了。所谓“道”，其本意所指为人行走的道路，引申意是指事物存在、运行、发展、消亡所遵循的法则和规律。人们借助“道”的形象，又引申出世人必须遵循道德范畴的行为准则、规矩、规范、规则等。“德”即得，所谓“德者，得也”。道主要指外在的规范、规则、守则、要求等；而“德”则偏重于人的主观意识，主要指人们内心的精神感悟、思想觉悟等。中国的道德理论浩如烟海，最早明确提出“道德”这个概念的，应当说是荀子。《荀子·劝学》篇提出：“故学至乎礼而止矣，夫是之谓道德之极。”

今天，人们比较公认的道德的含义是：道德是调整人与人之间以及个人与社会之间的行为规范的总和。道德是人类社会所特有的现象。因为人是有思想的，而除人类以外的其他动物，不管它们进化程度如何，聪明程度如何，都不存在道德问题。

道德自何处来？道德何时产生？大致有以下几种观点：

第一，“彼岸世界说”。

这种观点认为：道德起源于上帝和神灵的旨意。这在《圣经》中鲜明地体现出来。而摩西制定的《旧约全书》把这种观点体现得更鲜明。西欧中世纪经院哲学的代表托马斯·阿奎那甚至宣称：“人一定得靠上帝的恩赐，再加添某一些原理……这种原理就叫做神学的德性。”也就是所谓的道德。

与“彼岸世界说”观点相近的是中国汉朝的董仲舒，他说：“道之大，原出于天，天不变，道亦不变。”他认为道德是天的旨意，如果违反“原出于天”的道德，就等于违反至高无上的天意，就要受到上天的惩罚。董仲舒的这种观点可以说是“彼岸世界说”在中国的典型代表。

第二，“德根于心说”。

这种观点认为：人具有天生的、与生俱来的善良本性，“人之初，性本善”。人凭着这种善良的本性，就可以自然而然地产生出道德。18 世纪德国哲学家康德认为：理性在实践方面的运用，就在于人类的欲望能力，或者说人的意志，自然会产生出先天的“实践规律”即“道德律”。人类的全部道德观念、道德规范、行为准则等，都来源于先天的“道德律”，只有懂得了先天的道德律才能正确地进行道德判断，建立起道德意识和规范，防止道德的沦丧。

与“德根于心说”观点相一致的，在中国的代表是孟子，他认为“仁义礼智根于心”，人具有不学而能的“良知”或者说不虑而知的“良知”。由于人具有先天的道德意识或“善端”，生来就有恻隐之心、羞耻之心、辞让之心、是非之心，从这几个方面也就自然而然地会生发出仁、义、礼、智这四种人最重要的道德。

第三，“人本说”。

上述两种道德起源说的局限在于没有科学地揭示出道德产生的真正根源，更难以解释人类社会涉及道德范畴的一系列问题。面对这种困惑，古往今来，很多思想家、哲学家从人类的社会发展的现实出发去寻找答案。如英国的约翰·洛克，法国的爱尔维修、霍尔巴赫和德国的费尔巴哈等哲学家、思想家，以“人性论”为基础，从人自身的发展去探索和寻找道德的起源。特别是牛顿的莫逆之交，英国的约翰·洛克，从“规律意识和理性精神”角度去观察人类社会。他首先提出，为什么自然界那样有规律，那样有秩序，而人类社会却如此混乱？他认为人类社会之所以如此混乱，不是没有规律，而是有规律没有被人们所遵循。而人类社会的规律之所以没有被遵循，是因为人们把社会建立在一个非理性的传统和习俗之上。这些“非理性的传统和习俗”来源于“君本位”的传统观念：无论是东方，还是西方，其核心都是

"君本位"，君权神授，君王成为社会的中心，人是君王的臣民，成为君王的奴仆。抓住这个本质，约翰·洛克通过一系列雄辩的事实和严密的逻辑，论证了上帝从来没有授予任何人君王的称号。人应当是社会的真正中心，人的利益是治理社会的基础，任何政府和统治者的唯一宗旨是保护人运用自己的智慧和劳动去创造财富的自由。

如同哥白尼把颠倒的"地心说"颠倒过来建立"日心说"一样，约翰·洛克把颠倒的"君本位"颠倒过来，建立了"人本位"的新观念。从"君本位"到"人本位"，标志着人类社会的伟大转变。在"人本位"的社会，人是社会的主体，人性得到充分肯定，人的利益受到充分尊重，人的创造性得以充分发挥，人的聪明才智得到高度解放。

约翰·洛克、爱尔维修、霍尔巴赫、费尔巴哈等哲学家、思想家，以"人性论"为基础，他们认为人生来就有一种"趋利避害"的本能，有追求成功、满足、幸福的欲望，凡是能够满足这些欲望的行为，就能使人感到快乐，就是善；反之就是恶。道德就是从人的欲望中产生和发展起来的。这种"人性论的道德起源论"，与道德起源上那带有有神论性质的"彼岸世界说"相比，应当说是一个非常大的进步。但这种理论的局限在于离开了人的复杂的社会关系，把人的生理本能作为道德的主要出发点和归宿，把道德的根源奠定在对众多欲望的追求和满足上，还是没有准确、科学地解决道德的起源问题。

第四，"唯物史观道德说"。

马克思主义把道德的起源同人类物质生活、精神生活联系起来，马克思、恩格斯说："思想、观念、意识的产生最初是直接与人们的物质活动，与人们的物质交往，与现实生活的语言交织在一起的。”在原始社会，与“思想、观念、意识”关系密切的道德观念的产生，与人的生存发展关系密切，人类面对复杂而强大的自然界，为了能够抵御自然灾害，增强生存能力，逐渐发现了集体或者说人多的力量，因而慢慢结成群体，共同劳动，共同向各种野兽和风霜雨雪等自然灾害作斗争，共同分享通过集体采摘、围猎等得到的食物。人与人之间便客观地存在着一些最简单的交往和关系。为了维持群体内部的秩序协调一致，共同对付外来的动物和人的侵害，于是产生了萌芽状态的道德。但限于当时人类精神、思想、文化等方面的局限，人类还不会自觉意识到自己的行为对他人及有交往的群体有什么意义。客观上产生的一些道德萌芽，只是作为一种自然习惯体现在人们的共同劳动和各种交往中。到了原始社会末期，随着人自身的进化和进步，逐渐形成了人类道德的原始形态。

人类社会的道德形成和发展中，起着重大推动作用的是劳动和因劳动而产生的社会分工。

人类的劳动，是一个随着人类的进步而由纯粹的个体劳动，到多人参加的简单劳动，再到复杂劳动的漫长过程。劳动使人们结成一定的社会关系，增强了人们利用自然、改造自然、战胜自然特别是自然灾害的能力。伴随着人的增多，活动范围的扩大，劳动方式的变化，劳动复杂性的增加，促进了人类的进化。特别是人际交流的重要工具——语言产生之后，人的抽象思维能力有了很大的发展，使人们对自己朝夕相处的人与人之间的社会关系逐渐有了科学的认识，这为道德意识的产生提供了重要的基础。

道德从萌芽状态发展到人们能够自觉感受、自觉完善而形成社会风尚的过程中，社会分工起了巨大作用。社会分工一方面使人们的个体劳动在生产中的作用加强，另一方面又使从事不同劳

动的人们彼此间产生了各种各样复杂的，互相影响的联系。随着社会分工的发展和细化，人在体力、智力、能力等方面的差异，产生了个人利益、单个家庭利益与所有互相交往的人们的共同利益之间的矛盾，于是自然要求社会提出解决这些矛盾的办法、准则、规矩来调整彼此之间的关系。在这种背景下产生了人类社会发展的重要准则——道德。

道德作为独立存在、内容丰富、作用巨大的社会意识形态，在私有制和阶级产生后发展迅速。随着生产力的发展，物质劳动和精神劳动的分离，社会意识逐渐分化为各自相对独立的领域，成为各种独立的社会意识形态。道德发展成为调整人们行为，以文字、原则、规范等形成体现和丰富完善起来。

（二）道德的作用

道德似乎是无形的，难以量化的，但它的作用却是巨大的。著名经济学家、北京大学教授厉以宁从经济学的角度分析了道德在人力资源开发中的作用，他认为："人力资源开发要发挥超常规的效率，必须要以道德为依托。大到整个民族的凝聚力，小到调动个人的工作积极性，道德都可以产生超常规的效率。公平和效率是相互促进的。任何人都属于社会的某个群体，群体给了个体认同，个体的公平感就随之产生。人才一旦被认同，往往可以创造出超常规的效率。所以在道德的范畴里，公平与效率是统一的。"

如果一个社会没有大家认同的道德标准和道德氛围，其结果是谁都不愿做好事，谁都不愿考虑他人的利益，谁都不会考虑自己的所作所为对他人的影响。这种"缺德"状况的后果可想而知。道德作为一种由社会经济基础决定的社会意识形态，随着人类的进步、社会的发展，其作用是多方面的，归纳起来，主要有以下几个方面作用：

第一，调节作用。

这是道德的最主要的作用。道德的调节作用是指道德通过理论、习俗、规范、评价等方式，指导人们追求符合社会发展要求和大多数人利益的高尚品德，纠正人们对他人不利的道德行为，和谐人与人之间的关系。

道德调节的目标是使人们的心理行为不断地趋近，进而达到一定的、绝大多数人认同的道德理想状态。道德以其特有的原则、规范、观念、标准等形式来评价人们的行为，唤起人们的道德责任感，形成理论指导、社会舆论、传统习惯、内心信念而影响人的行为，对复杂的人与人之间的关系承担起协调作用。道德的这种协调作用或者说调节作用不是孤立地进行的，它与其他的社会调节方式例如法律等是相互影响的。

第二，教育作用。

道德的教育作用是指道德通过总结、提炼、不断完善而成为科学的道德理论，正确的社会舆论，倡导有利于社会发展的道德风尚、树立高尚的道德榜样、塑造理想人格等方式影响人们的道德观念和道德行为，培养人们的道德习惯和道德品质。道德教育唤起人们道德觉悟，培养人们道德的自觉性、能动性，达到调节人们道德行为的目的。

第三，激励作用。

在人类的社会活动中，进步的、对社会发展有积极作用的道德，一方面协调着劳动过程中各个劳动者之间的关系，另一方面也激励着劳动者的积极性和创造才能的发挥。道德的作用是发展变化的，先进的道德对社会发展可以起积极的推动作用。当一定的道德适合社会生产力的发展要求，对社会的发展就起着积极的

推动作用，特别是那些道德高尚、自觉为社会作出奉献的人们树立的榜样，对人们起着激励的作用。

从利益关系上讲，个人利益从低层次上升到高层次的需求，并且把获得的利益反馈给社会，这叫“伟大”，可为榜样；以满足他人的个人利益来获得自己个人的利益，这叫“高尚”，应该得到鼓励；以不损害他人的个人利益来获得自己的个人利益，这叫“正当”，无可指责；以损害他人的个人利益来获得自己个人的利益，这叫“自私”，应该受到道德谴责，严重的还应受到法律制裁。

二、职业道德

自从人类出现社会分工，进而出现各种独立的职业之后，道德就逐步渗透到具体的职业行为当中，形成了与各种职业相伴的丰富多彩的职业道德。特别是劳动对象是人的职业如公务员、教师、医生、护士、警察、律师等，对其从业人员的职业道德要求更高（或者说权力越大，职业道德要求越高）、更为全社会所关注。

（一）职业道德的形成和发展

职业道德，是指人们在从事各种职业活动的过程中，思想和行为所应遵循的道德准则和道德规范。职业道德是调整职业内部、职业之间、职业与社会之间的各种关系的行为准则。

在日常生活中，不同行业制定的各种规章制度、工作守则、活动公约、劳动规程、行为须知等，都可理解为从事不同职业活动的人们所应遵循的职业道德准则。

职业道德的形成历史悠久。早在中国春秋战国时期，就有有关医德、将德（“将”是指我们今天所说的将领）的记载。《孙子兵法·始计篇》中提出“将者，智、信、仁、勇、严”这几方面，后来被历代兵家称为“为将之德”。古希腊哲学家柏拉图在他的《理想国》中提出的“智慧、勇敢、节制、公正”的道德标准，成为他所处的那个时代各个不同阶层应普遍遵守的信仰和道德。中国唐代名医孙思邈说:如果有人来看病，不论“贵贱贫富，长幼妍媸，怨亲善友，华夷智愚”都要一视同仁。而在诊治时，尽管“绮罗满目”、“丝竹凑耳”、“珍馐迭荐”、“醽醁兼陈”，都不能心为所动。在《千金方》这部医学著作中，孙思邈不仅讲了医术，还表达了“治病救人”的基本医德。

职业道德的形成和发展，与社会分工的发展是紧密联系的。随着原始社会向奴隶社会的过渡，生产力有了较大的进步，社会分工逐渐细化，形成了农业、畜牧业、商业、手工业、医疗业、军人等各种职业，很多行业逐步趋向职业化。每一种职业，都以各自特有的方式与社会发生联系，并为整个社会服务。在人们的职业活动中，逐渐形成了服务者和服务对象之间、同行业人员与社会其他行业人员之间、同一行业内部有关群体之间等各种各样的关系。这些复杂关系需要有相应的观念、准则、规范等进行调节。于是用以调整各种职业关系的行为规范和准则、公约随之产生。随着社会职业关系的复杂化、多样化和完善化，职业道德便作为一个完整的道德行为规范体系在各个不同行业之间逐渐固定下来，形成了社会普遍认可、体现行业特点、符合道德规范和道德要求的职业道德。

由于社会分工的发展、职业活动要求的变化，职业道德不断丰富和完善。社会分工和职业活动是职业道德产生的重要根据。

职业道德在人类社会生活中出现以后，随着社会生产力的发展，社会分工越来越细，职业种类不断增加，职业道德的种类也随之增加。另一方面，职业道德的内容，随着社会生产方式的变革和职业活动方式的变化，不断有所补充、丰富和发展，以反映和适应职业关系中的新内容、新特点、新要求。

职业道德在其漫长的发展过程中，以各种各样的方式制约着各种职业实践活动。在封建社会，随着生产力的进步和发展，职业分工复杂和固定化，职业道德也有了新发展。在中世纪的欧洲，出现了许多手工业行会。这些手工业行会都根据本行业的职业特点，制定了行会规章制度。这些规章制度是为了协调各行会手工业之间的利益关系。它规定了商品的价格、从业人员的数量和工作时间等。在一些行业性的条规中还包括如何防止内部的相互倾轧、如何对待学徒、如何保证产品质量等。这些都体现出职业道德的要求。这一时期，在医疗、教育、军事、政治等行业提出的道德要求也开始逐步完善。

17 世纪俄国的宗教学校里规定的教师的道德规范，可以说是人类最早的比较系统、至今仍有现实意义的师德规范，其具体内容是："笃信神祇、温顺贤明、持身温恭、进退有节、不贪杯、不淫乱、不暴躁善怒、不嫉妒他人、不口齿下流、在美德上以身作则"等。这些与教师职业道德有关的内容，较之奴隶社会的职业道德要求更准确、更先进、更广泛，体现了各个不同行业自身的特殊的道德要求。

历史发展到资本主义社会阶段，随着科学技术的进步、工业的发展，新的更大规模的职业活动开始形成。特别是 18 世纪中期的工业革命，以机器大工业代替了工场手工业。对自然的征服，机器的采用，电报的使用，对荒地的开垦，海洋河流的远距离通航，大大改变了世界面貌，造就了空前广泛的社会职业活动。不但原有的职业种类，如工业、农业、商业、学者、医生、军队等职业继续发展，而且出现了诸如律师、工程师、新闻记者等新的职业，一些新的职业道德要求、内容和规范也随之产生。人类进入现代社会，人们的联系更加广泛，新的职业不断增加，人际交往更加密切，各种职业道德更加丰富和完善起来。

（二）职业道德的作用

职业道德作为调整职业内部、职业之间、职业与社会之间的各种关系的行为准则，它的重要作用主要有以下几方面：

第一，调整某一职业的从业人员与劳动对象的关系。

人类社会中的某种职业，特别是劳动对象是人的职业，一旦为社会所认可，必将提出相应的职业道德内容、要求和规范。要求从业人员从本职业的性质和特点出发做好本职工作，为劳动对象服务，为社会服务，并在这种服务中求得自身与本职业的生存和发展。要达到这样的目的，从业人员就应当不断调整自己与劳动对象的关系、与服务对象的关系、与社会的关系。例如公务员职业道德涉及公务员与全体公民的关系，教师职业道德涉及教师和学生的关系，医生职业道德涉及医生和患者的关系，司法执法人员职业道德涉及司法执法人员与当事人的关系等。哪种职业的从业人员与社会、与服务对象的关系处理得和谐，哪种职业就会受到社会的尊重。反之则会受到社会舆论的谴责，影响其职业形象，甚至影响到从事这种职业的人的地位和待遇。

第二，调整职业内部的关系。

调整职业内部的关系包括调整领导与被领导之间的关系、各部门之间的关系、同事之间的关系。这种种关系关乎某种职业的

地位、影响、发展和社会效益。因此，这几种关系之间应当保持一种和谐关系、共进关系。特别是包括所有服务行业在内的劳动对象是人的职业，调整内部关系，使职工之间相互信任、相互支持、相互合作，做到各种关系的协调统一，避免互相拆台、互相掣肘，是做好本职工作的最重要的因素。内部关系处理不好、团结协作差的部门或职业，不但整个行业和部门难于做好工作，其从业人员个人也是不可能安心做好本职工作，从而有良好的个人发展。

第三，调整职业之间的关系。

随着人类社会的发展和科技的进步，各种新的职业不断涌现，各种职业之间存在着千丝万缕的联系，有的是依存关系，有的是竞争关系，有的是制约关系，互相关联，互相影响。需要采取包括职业道德在内的各种手段调整相互间的关系，使各行业共同为实现全社会的共同利益服务。各行业之间分工合作，协调一致，这也是职业道德的基本要求。其中最重要的是不能自认为自己从事的职业高尚而看不起别的职业。因为在现代社会，离开任何一种职业，社会生活、社会发展都会受到严重影响。

第四，调整职业道德与促进从业成员成长的关系。

凡从事某种职业的人，在其职业活动中，势必要面对和处理个人与他人、个人与团体、个人与社会的关系。当今社会，人人都有食欲、性欲、情欲、荣欲、知欲（求知欲）和好欲（爱好），人人都有七情六欲。也就是说，人人都有自己的个人利益。正因为“人人”都有，也就是“每个人”都有自己的个人利益，所以，任何人的个人利益都受到他人个人利益的制约，只有尊重他人，至少不损害他人的个人利益，才能有自己的个人利益，否则你就得不到自己的个人利益，或者受到他人和社会的惩罚。所以人类社会最基本的原理就是个人利益是平等的、相互制约的。尊重人，就要尊重人的个人利益。在“人本位”的社会，人是社会的主体，人性得到充分肯定，人的利益受到充分尊重，人的创造性得以充分发挥，人的聪明才智得到高度解放。尊重人，当然就要尊重人的个人利益。可惜，我们长期有一个误会，认为强调个人利益，就是只顾自己不顾别人，这是天大的误会。个人利益原理有三：

1. “平等原理”。

个人利益是“每个人”的个人利益，不是某一个人的。任何一个人都享有同他人平等的个人利益。也就是说，任何一个人在实现自己的个人利益时，都不得损害他人的个人利益。个人利益既是自己的权利，也是自己的义务。

2. “制约原理”。

正因为个人利益是每个人的，所以任何人的个人利益随时受到他人个人利益的制约，以社会为条件。个人只有满足他人和社会的需要，为社会做出贡献，才能实现自己的个人利益，而且贡献越大，个人利益也越大。这就是亚当·斯密《国富论》的核心思想，也是市场机制运行原理的精髓。

3. “多层次原理”。

个人利益或者说个人需求是多层次的，包括物质的利益和精神的利益。当基本生活需要得到满足以后，人们又会产生更高层次的需要，如获得安全、友爱、尊重、归属感、高成就感，以至自我实现，等等。人是有意识的，尽管社会上也不乏越富越贪婪者，但多数人都受社会机制的指导，从低层次的需要上升到高层次的需要。

在当今社会，还有一个很深的误解，好像承认个人利益就是承认人都是自私的，把个人利益和自私自利混为一谈。我们应该严格区别个人利益的正当性和自私自利的非正当性。

在道德教育中，我们应该实事求是地承认个人利益、个人需求，否则是毫无说服力的。但同时又要实事求是地强调个人利益是“每个人”的，他人同我具有同样的、平等的个人利益。只有尊重他人的个人利益，才有自己的个人利益。而且他人——千百万的他人——的个人利益，形成了一种社会制约机制，使得任何个人都要受社会机制的制约，必须给社会做贡献，才能获得个人利益。

由于职业道德同从业人员的个人利益息息相关，人们往往通过个体的职业道德来升华社会公德，综合形成一个人的道德素养。一个讲职业道德的人，也必然是讲社会公德的人。作为一个单位、一个地区，甚至一个国家，注重职业道德的建设和提高，不仅能够造就一大批有高尚道德感、责任心的职业工作者，而且可以大大促进新的社会道德风尚的发展。

三、教师职业道德

研究教师职业道德，实践教师职业道德，我们首先从教师这一对人类社会发展进步影响重大的职业的职业性质、劳动特点、职业地位、社会影响谈起。

（一）教师职业的形成和发展

教师职业及教师称谓古已有之，由来久矣！原始社会末期，中国开始出现萌芽中的学校，即“庠”、“序”。伴随学校发展诞生了教师——学官。学官既作为首领或长老管理行政，又承担社会教育之责，故有“司徒”、“秩宗”、“典乐”等称号。

历史发展到奴隶社会，官学出现，此时的教师已有“师氏”、“父师”、“少师”等名称。但此时教师多由官吏兼任，既作为掌管辅导王室、教育贵族子弟、朝议得失之事的“官”，又在国学中为师，还不能完全称之为独立的职业。

以教为业的职业教师始于孔子兴办私学，又称私塾，是指私人设立的进行教育教学的场所。私学或私塾中的教师称为“塾师”、“书师”、“学究”、“老学究”、“村夫子”、“门客”、“馆师”、“馆宾”等。还有一种教师称为“门客”，是指家塾教师。私塾教师还有“馆客”、“馆宾”、“馆师”等称呼。

春秋战国以来，尊师重教风气逐渐形成，教师地位越来越高。孟子把师与君相提并论，荀子把教师与天、地、君、亲并列，且千百年来这种观念深入民心，由此可见全社会对教师的敬重。特别是隋文帝开皇七年（公元587年），中国废除豪门贵族推荐官吏、垄断政权的“九品中正制”，实行设科考试选拔官吏，绵延1300余年的科举制度后，教师更加受到尊重，形成中华民族悠久的尊师传统，教师也有了许多尊称。

自古以来，教师之所以格外受到尊重，是因为人们把教师视为道德的化身，为人的典范，“师范”成为教师又一别称。在尊师方面以很多形式和名称表现出来：

“西席”、“西宾”，古人在席次座位上以主人右首为上。因中国建筑特别是官府多坐北朝南，客厅及酒席的布置大都背北面南，宾主相见宾客被让到西面的席位，所以教师又称为“西席”和“西宾”。

“夫子”，原本是孔门弟子对恩师孔子的尊称，在中国古代长期以此称呼尊称教师。

“函丈”或者“函仗”，本是指古代讲学者（教师）与听讲者

（学生）的坐席之间相距一丈的距离，以后专指对教师的尊称。

“绛帐”，本来是指红色的帷帐。后汉时著名学者马融博学多才，门徒众多，讲学授课时他常常高居讲堂之上，身边放下红色的帷帐，后人借用“绛帐”或“绛帷”为师长尊称。

“讲席”，本意指高僧、儒师论道传经讲学席位，后借用于对师长、学者的尊称。中国著名历史学家范文澜在他的《中国通史》中写道：“遣唐留学生学成归国，往往担任经史的讲席，传授弟子。”

古往今来，中国以儒家文化为正统文化，故教授儒家文化的教师被誉为“世儒”、“师儒”。

随着时代的发展，对教师的尊称还有“老夫子”、“老师”、“师父”、“师长”、“师尊”、“尊师”、“先生”等。

人们对教师称呼的变化，也体现出对教师职业内涵的发展变化和认识：“师者，教人以道者之称也。”“师也者，教之以事，而喻诸德者也。”“师者，所以传道、授业、解惑也。”“师者，人之模范也。”“智如泉源，行可以为表仪者，人师也。”这些对教师的论述和阐释，从教师职业的功能、作用、品行等方面反映了教师职业的特点，更体现出教师的崇高地位。

中国发展到封建社会，除了私塾外，已经开始出现学校的雏形——“书院”，在书院讲学的学者逐渐成为专职教师。但这个阶段的教师，主要是通过自己的努力掌握了较多的文化知识，而非经过专门培养和训练的一种有特殊职业要求和技能的职业。在欧洲的封建社会，学校主要为教会举办，教师也多由神职人员兼任。这个阶段教师的专业化程度较低。

中国的教师作为一种专门的职业，从教师的培养、资格认定、继续教育到管理，形成一整套完整的制度，严格说来应当是从1905年清政府颁布诏书，废除科举制度办新学开始的。历史发展到今天，人们普遍接受的教师职业含义是：教师是受社会的委托，在国家批准举办的学校中从事对学生的身心施以特定的教育教学和影响，把学生培养成为一定社会所需要的人。根据人们对教师职业的认识和理解，以及教师的职业特点、劳动特点、地位和作用等，从法律上对教师职业性质作出了明确规定，1994年1月1日施行的《中华人民共和国教师法》规定："教师是从事教育教学工作的专业人员。"

（二）教师职业性质

人类社会发展到现代社会，生产力快速发展。教育也发展到义务教育、高中教育、职业教育、高等教育等教育形式。教师人数大量增加，对教师的要求越来越高。要求教师有高尚的职业道德，有丰富的文化科学知识，有科学的教育教学方法和技能。这种对教师职业的综合性的高要求，催生了专门培养教师的教育形式——师范教育。从教师的培养环节就明确了教师职业独特的较高的标准。并且随着社会的发展进步，教师在资格认定、职业聘用、职务评聘和晋升等方面的标准不断提高。教师的职业性质、劳动特点、职业要求也越来越细化。

在人类一切资源中，人力资源是最宝贵的。不断提高人力资源管理水平，是一个单位、一个行业甚至是一个国家兴旺发达的保证。人力资源管理的目的，是通过合理的管理，提高人力资源的使用效率，使每个人的特长和才能得到充分发挥，从而取得人才的最大使用价值。据有关专家研究：在按时计酬或者按件计酬的行业工作的员工，每天只需发挥自己所具备能力的20%至30%，就可以达到其任职岗位的基本要求。但如果实施科学的人力资源管理，以多种手段调动从业人员的积极性、主动性、创造性，其潜力可发挥出80%左右。可见人力资源管理的重要作用。在按时计酬或者按件计酬行业工作的员工尚且如此，以教书育人为天职，经常在缺少监督的状态下工作，在其职业活动中职业道德或者说觉悟、良心等起重要作用的教师，其科学管理对其特长、才干和工作积极性的充分发挥可想而知。其中一个重要问题就是要从观念和制度方面明确教师的职业性质，根据其职业性质提出相应的职业道德要求。

由于教师的重要，对人的可持续发展和社会发展影响重大，从有现代教育那天起，中小学教师就定为“吃皇粮的国家公职人员”。例如德国1850年颁布的《教育法草案》规定：“国民学校和实施义务教育的公立学校，教师享有公职人员的一切权利与义务，教师工资由国家开支。”进入20世纪后，根据现代教育的发展要求，世界上绝大多数国家都明确规定，教师是国家公职人员，是用国家税收养活的。要取得由国家认定的教师资格，经过相应的政府部门批准才能担任教师工作，从事教师职业。

世界上多数国家特别是发达国家，都把教师作为国家的管理者——公务员（有的也称政府官员）同等对待。如法国、日本中小学教师是国家公务员，德国中小学教师是州公务员。在中国，新中国建立后一直是把教师作为“干部”对待，由县级以上政府的教育行政机关聘任或者任命。之所以把教师确定为公务员，或者说“干部”、公职人员，主要有以下原因：

（1）教师是政府雇员，不是学校雇员。具体体现在教师资格标准由国家制定，教师资格考试、认定、定期审查由省级政府的教育行政机关负责，教师聘任要经县级以上政府的教育行政机关批准。学校是用人单位，也就是说，中小学只有用人的权力，没有决定聘任一个人从事教师职业和解聘这个人的教师职业（或者身份）的权力。

(2) 中小学教师的“载体”，或者说工作单位（由国家举办的公立学校或者由国家批准举办的私立学校）。学校的举办或撤销只能由政府决定，学校不允许随便关闭，不像企业可以因经济原因破产或者倒闭。

(3) 中小学教师工资由国家财政支付，变化由国家控制。教师个人的工资变化特别是工资晋升必须经县级以上政府的教育行政机关批准。而企业职工的工资是根据本企业经济效益，由企业自主确定，效益好可以工资很高，效益不好可以工资很低直到没有工资。

(4) 教师工作的目标是把他的劳动对象——学生培养成为有理想、有道德、有文化、有纪律，德、智、体、美等方面全面发展的高素质的，对社会发展有用的各种人才，而不是单纯的传播知识和技术，因此，对教师的思想政治素质、职业道德要求比别的任何行业都要高。

(5) 把教师作为公职人员或者公务员对待，是因为公务员和公职人员不能反对政府。特别是不允许在其职业活动中，在其劳动对象——学生面前发表与政府的政策法规不一致的个人观点。美国等国家法律规定教师不能因为政治原因罢工。

(6) 公职人员或公务员，必须服从政府的调动，而不是像我们现在有的地方在教师聘任中仍在提倡的所谓“双向选择”。当然，这种调动采用的是法律法规规定和行政措施两种形式。这样做，主要是为了达到所有的学校在办学条件、师资水平的合理分布或公平（对教师个人和学校之间的公平），保证教育均衡健康发展。

（三）教师劳动特点

教师的职业性质与其劳动特点有密切关系。教师是从事教育教学活动的国家公职人员，是从事科学的创造性劳动的专业人员，他们的劳动对象是成长变化、可塑性极大的儿童和青少年，不是无生命的机器。这一特点是其他任何职业都无可比拟的。教师职业的这种特性决定了对教师的素质要求很高。自有现代教育以来，把中小学教师作为国家公职人员甚至是公务员对待，主要是考虑中小学教师劳动的特殊性，这些特殊性主要体现在：

第一，积累性劳动成果与其教育教学能力的一致性。

教育实践证明，专门从事教育教学工作，要有相当长期的实践锻炼和经验积累，才能成为合格教师。一般来说，有了相应的文化基础知识后，从教的时间越长，教育教学能力越强。要成为一个合格教师，没有三年五载的教育教学实践是不可能的。据“面向21世纪中国中小学教师队伍建设研究”和“特级教师成长研究”课题组问卷调查分析，已经取得教师资格的人员，从聘任为教师到基本胜任教师工作要3年左右；到独立承担教育教学任务和尝试创新约需要4年至8年；从成熟到教育教学效果的最佳状态需要8至15年；从教育教学效果的最佳状态到出教育教学研究成果约需15至30年。从中小学教师的这种成长规律可以看出，教师职业需要稳定，不能像某些对积累性劳动成果要求不高的行业那样片面强调竞争，如果教师成天面临“下岗”威胁，哪里还有可能积极进取、不断积累、不断探索提高教育教学水平。

第二，教师职业稳定与教师地位的一致性。

作为教师，他的一言一行对学生都有教育作用。如果经常有教师下岗去从事其他职业（例如曾经出现过的教授卖馅饼之类），教师在学生心目中还有何神圣可言。世界上绝大多数国家教师聘任就是考虑到教师的劳动特点，以行政任命的形式进行的。对教师的聘任、考核、待遇等都是以稳定为出发点的。我国《教育法》、《教师法》都规定："国家鼓励教师终身从事教育事业。"还有很多地区规定有30年教龄教师退休时领取全工资等。因为只有如此，才能从根本上提高教师通过培训，继续教育，终身学习提高教育教学能力的积极性和事业的安全感、责任心，坚守岗位、保证教育质量。

教师职业稳定的另一重要原因是教师要不断培训，适应教育改革发展的要求所决定的。因为只有职业稳定，教育部门、学校才能放心地投入经费、安排时间对教师进行培训，而不必担心培训好了又离开这种成本问题。《义务教育法》、《教育法》、《教师法》中关于鼓励教师长期从教的规定，不是一定时期教师地位低、待遇差，职业缺乏吸引力提出的临时性措施，而是遵循教育规律，为保持教师队伍稳定，使教师免除后顾之忧，安心从教，珍惜自己的职业，不断提高教育教学能力和水平而做出的法律规定。也可以说是人力资源开发的一项重要措施。

职业稳定不仅是教师队伍稳定的需要，也是促使从业人员积极性得到充分发挥的重要措施。世界上有些企业实行的稳定职工队伍，充分发挥其积极性、创造性的做法给我们稳定教师队伍以有益的启发和思考。

美国《财富》杂志2000年排名中选为信息产业"最吸引员工的公司"的思科（CISCO）公司，曾经以平均每年10家的速度收购了60多家公司。但思科公司在收购和兼并的过程中从不大规模解雇员工，而是努力使员工把稳定视为对本人"主人翁式的尊重"，从而珍惜自己的岗位，自觉为新的公司效力。

日本丰田汽车公司1999年在世界跨国公司百强中排行第六。虽然只有6.8万名职工，但年产各种汽车却达到470万辆，在汽车行业排行中居日本老大、世界第三。之所以如此成功，其中一个重要原因是因为丰田公司对员工的雇用采取的是“安定聘用”方式。主要内涵是员工在比较稳定的基础上，工资随年功和能力的增加而增加。丰田公司认为，如果员工的流动变化太大，公司的创新能力和凝聚力会大大降低，从而大大影响公司的效益。丰田公司董事长奥田硕有一句名言：“经营者，如果经常解雇员工，你就等着剖腹自杀吧！”

当然他们的“安定聘用”是以严格的考核做基础的。业务能力、技术水平、工作实绩与岗位职责不相称时工资要降低，不称职要被辞退直至开除。而且对“白领”的考核比“蓝领”要严格。由于丰田公司认为“职工是公司最大财宝”而不轻易辞退员工，不断改善劳动条件，不断提高工资待遇，使员工乐于配合公司实行各项改革，积极承担本身义务和责任，使公司越来越繁荣。

上述两家成功的企业对员工的聘用方式是值得我们借鉴的。以物质效益为主的企业尚且如此，作为具有国家公职人员身份，以培养人为目的的中小学教师更应当保持我们以前就实行的与此差不多的“安定聘用”方式。企业员工的雇主是企业，而中小学教师的“雇主”是政府。“政府雇员”更应当“安定聘用”。

对“安定聘用”分析表明，感情因素起着重要作用。但要采取“安定聘用”方式，仅仅从感情维系出发是不够的，更重要的是这种聘用方式是否符合中小学教师的职业性质、劳动特点，是否有利于激励教师不断进取。中小学教师队伍需要相对稳定，不应当过分强调竞争，不应当频繁地更换教师，更不应当把教师等同于企业职工进行管理。如果教师成天面临下岗威胁，怎么可能兢兢业业地不断进取，不断提高自己的教育教学质量。而且在劳务市场还不健全、社会保障机制不完善的大环境下，作为提高教师社会地位的一种措施，也应当在保证教育质量的前提下保持教师职业稳定的优势。

当然“安定聘用”不能等同于“铁饭碗”、“大锅饭”。应当按照《教师法》的规定，充分利用考核这一约束和激励机制，加强教师考核。教师晋升或解聘的主要依据应当是考核结果。教师本身的条件或者工作能力、工作态度、职业道德达不到考核要求也应当解聘或调离教师岗位。

第三，教师的劳动成果体现滞后，而且劳动成果体现具有综合性。

教育一个学生要多个学科教师共同努力，而且对教师劳动成果的评价难于量化。思想政治水平、职业道德修养、工作责任心、社会责任感成为做好教育教学工作的重要条件。而这些都是要以职业稳定为基础的，英国、美国等国家规定，教师连续聘任12年后就成为终身制。教师的劳动特点不能模糊，不能按照企业用工形式聘任教师和管理教师队伍。

任何行业的从业人员都有一个基本的行业行为底线，还有全社会必须共同遵守的法律底线。高于上述两种底线的个人，其规定的各项合法权益就不应当受到任何人、任何形式、任何程度的侵犯。每个人都有在具有安全感的环境中工作、学习、生活的权利。特别是学校和政府制定的制度、规章、规则等都必须让人们对未来有一个明确而稳定的预期。不管什么规定、什么制度，人们都有权知道自己在什么情况下、怎样做才是正确的，在这种情况下他的各项权利是应当受到法律保护的；同样他也有权知道自己在什么情况下、怎样做是错误的，怎样做会使自己的法定权利

丧失。而这些应当在教师聘用时就要通过入门培训等方式明确告诉他们。

（四）教师在社会发展中的作用

教师的载体或者说工作场所在学校。人们赞美教育、敬仰教师，首先是从学校开始的。古往今来，一走进学校，弥漫的书香墨迹使人顿生家国情怀；在书中与先贤对话，让人感受到一种强大的精神力量，生发出生命活力、内涵与梦想，像东林书院顾宪成所撰“风声雨声读书声，声声入耳；家事国事天下事，事事关心”的名联那样；如范仲淹所追求的“先天下之忧而忧，后天下之乐而乐”的崇高境界那样，自觉读书修身、教书解惑、育人济世。把读书、教书、写书当作知识的学习，更当作对气节修养情操的锤炼，为师治学即做人。

作为通过教育教学活动培养人、促进人的全面发展的教师，对人类社会发展的重要作用主要体现在以下几方面：

第一，延续、传播和发展文化科学知识。

人类在发展进步中，积累了丰富的科学文化成果和精神财富，这些科学文化成果和精神财富，需要传承、完善和创新。而这种传承、完善和创新必须要通过专门的教育教学活动实现，在具体的操作层面由教师承担。教师通过对人类丰富文化科学知识的整理、淘汰、浓缩、去粗取精等手段，成为系统的、有利于传承和发展的文化基础知识、科学技术原理、文学艺术形式、思想政治观念、伦理道德规范等，以学校和课堂为教育教学场所传授给年轻一代，使他们通过教育掌握人类发展中总结出来的知识精华，承担解决人类面临的问题、推动社会发展进步的义务与责任。教师在人类文化科学知识继承和发展中起着桥梁和纽带的作用。

第二，推动社会精神文明建设。

人类社会的延续、发展和进步不仅需要以科学技术知识为主要内容的物质文明，更需要有激励人自身全面发展的精神文明。而在精神文明的建设中，教师发挥着不可替代的重要作用。人类社会的物质财富的生产和增长，自然资源科学合理的开发利用，精神财富的创造、创新和发展，人力资源的开发，需要大量的专门人才。上述这些领域所需的专门人才的培养，主要是由教师承担的。在现代社会，学会一些科学知识，掌握一门技术已经不是太困难的事，在技术方面，人类社会已经发展到想到什么就能实现什么的程度，例如上天、入地、下海甚至制造（克隆）人自身等。困难的是要使人类在思想品德、道德观念、行为准则、法律制度、运作机制等方面科学发展、和谐发展。要有一系列培养人合理、合法利用科学知识和技术手段的良好的道德行为习惯、社会责任感的知识传播体系和教育体系，因此，教师被称为“人类灵魂的工程师”。

任何人生活在世界上都会涉及如何做人的问题，从事教书育人这种高尚职业的教师更不例外。做人的理论和书籍等浩如烟海，但笔者认为应当首先学习经过数千年历史考验传承下来的国学经典。例如老子的《道德经》。这部仅5000多字的人类文化典籍，其翻译量、发行量和阅读量，仅次于《圣经》。根本原因在于它对人类精神世界的巨大作用。黑格尔把老子学说看成是真正的哲学；尼采说老子思想“像一个不枯竭的井泉，深载宝藏”。今天，经济全球化、政治多极化、文化多元化使人们去探索新的价值观，去寻找解决冲突、科学发展、人和自然和谐发展的出路。特别是中国正处在经济社会急剧上升期、思想意识与社会结构的巨大转型期，很多以前未遇到的问题开始出现，很多人信仰缺失，苦闷彷徨，这时很多人突

然想起 1988 年 1 月，全球三分之二的诺贝尔奖得主在法国巴黎聚会，探讨人类在 21 世纪如何发展，会后发表的宣言中第一句就是："人类在 21 世纪要大发展，必须回首 2500 年，从中国的孔子那里去寻找智慧。" 人们突然发现《道德经》等中国思想文化典籍对人类社会发展中出现的问题早有预见，并提出了解决这些问题的基本思路如科学发展、和谐发展等办法。寻找改良经济社会畸形发展的出路，寻找树立正确价值观的办法，作为教师，更应当近水楼台先得月，从正确处理人与自然关系，和谐发展避免过度竞争，顺应自然循序渐进，活出人的从容淡定和幸福。认识和面对自己的职业生涯，首先从思想道德方面以身作则教育和影响学生。

（五）教师社会地位

所谓社会地位，是指某种职业或者某个人在整个社会体系中所处的位置。社会地位对一种职业和该职业的从业人员是非常重要的，某些职业可能经济收入不高，从事这种职业终身发不了大财，但因其职业活动几乎涉及每一个人，所以这种职业的社会地会很高。例如教师，人们冠以"人类灵魂工程师"的美称；医生，人们冠以"白衣天使"的美称等。教师的社会地位以职业声望、职业作用、职业吸引力、经济收入等形式体现出来。教师的社会地位关系到教师素质保障、教师队伍稳定、教育教学水平和人才培养质量。因此，教师在世界上多数国家和地区都倍受重视。2011 年 7 月颁布的《国家中长期教育改革和发展规划纲要》（以下简称《教育规划纲要》）中规定："健全教师管理制度。完善并严格实施教师准入制度，严把教师入口关。国家制定教师资格标准，提高教师任职学历标准和品行要求。建立教师资格证书定期登记制度。省级教育行政部门统一组织中小学教师资格考试和资格认定，县级教育行政部门按规定履行中小学教师的招聘录用、职务（职称）评聘、培养培训和考核等管理职能。”这些规定，就是国家为了提高教师的社会地位制定的。教师社会地位主要由专业地位、经济地位、社会职业声望组成。

1. 专业地位。

由于教师在社会发展进步中具有不可替代的重要作用，世界上多数国家以法律形式明确教师的专业地位。1986 年，中国制定了《教师职务暂行条例》，把中小学教师列入专业技术职务序列，提出了不同教师职务须具备的思想政治素质、职业道德要求、学历标准、专业知识水平、教育教学能力等专业要求。1993 年 10 月颁布的《中华人民共和国教师法》中规定：“教师是履行教育教学职责的专业人员。”根据《教师法》的规定和授权，国务院制定了《教师资格条例》，于 1995 年开始实行的国家教师资格制度，对不同教师资格的学历起点标准、职业道德、教育教学能力等作出了明确规定，进一步强化了教师的专业地位。2010 年国家颁布的《教育规划纲要》提出：“建立统一的中小学教师职务（职称）系列，在中小学设置正高级教师职务（职称）。”这是国家提高中小学教师社会地位的又一项重要举措。

2. 经济地位。

教师经济地位与其专业地位有重要关系。教师经济地位主要通过教师的工资收入及其他福利待遇与其他职业相比较体现。由于教师职业的重要，世界上绝大多数国家都给教师以较优厚的待遇，这种较优厚的待遇不仅体现在工资方面，还有符合教师职业性质和劳动特点，长达近三个月的带薪寒暑假以及退休金、医疗保险、住房补贴等福利待遇。通过这一系列措施，使教师的经济地位保持在整个社会的中等以上水平，以此吸引优秀人才从教。1993 年 2 月颁

发的《中国教育改革和发展纲要》中明确提出：“要把教师待遇提高到社会的中等偏上水平。”《教师法》规定：“教师的平均工资水平应当不低于或者高于国家公务员的平均工资水平，并逐步提高。”2010年7月颁布的《教育发展规划纲要》中提出：“提高教师地位待遇。不断改善教师的工作、学习和生活条件，吸引优秀人才长期从教、终身从教。依法保证教师平均工资水平不低于或者高于国家公务员的平均工资水平，并逐步提高落实教师绩效工资。对长期在农村基层和艰苦边远地区工作的教师，在工资、职务（职称）等方面实行倾斜政策，完善津贴补贴标准。建设农村艰苦边远地区学校教师周转宿舍。研究制定优惠政策，改善教师工作和生活条件。”教师的经济地位是教师社会地位的基础，教师的经济地位决定着教师职业的吸引力和教师队伍的质量。

3. 教师职业声望。

教师职业声望是指人们对教师职业的社会评价，或者说社会对教师职业的有利评价和认可。职业声望首先体现在人们的观念层面，例如发自内心的对教师的尊重、尊敬、钦佩等，其次是国家和地方各级政府以法律和行政规章规定的对教师的表彰、奖励等。1994年1日1日颁布施行的《中华人民共和国教师法》，对提高教师社会声望做出了明确规定：“第六条 每年九月十日为教师节。第三十三条 教师在教育教学、培养人才、科学研究、教学改革、学校建设、社会服务、勤工俭学等方面成绩优异的，由所在学校予以表彰、奖励。国务院和地方各级人民政府及其有关部门对有突出贡献的教师，应当予以表彰、奖励。对有重大贡献的教师，依照国家有关规定授予荣誉称号。第三十四条 国家支持和鼓励社会组织或者个人向依法成立的奖励教师的基金组织捐助资金，对教师进行奖励。”还有国务院教育行政部门和人事劳动行政部门依照《教师法》制定和颁布的《教师和教育工作者奖规定》及相应的教师表彰奖励制度等。《教育规划纲要》提出：“创造有利条件，鼓励教师和校长在实践中大胆探索，创新教育思想、教育模式和教育方法，形成教学特色和办学风格，造就一批教育家，倡导教育家办学。大力表彰和宣传模范教师的先进事迹。国家对作出突出贡献的教师和教育工作者设立荣誉称号。”

当今世界特别是在中国，中小学教师职业声望的显著特点是教师的职业声望通常都处在全社会最高的地位，而且高于中小学教师的经济地位，被社会公认为可信度和综合评价最高的形象。2006 年由中国科协举办的“第六次中国公众科学素养调查”中，在职业声望或者说职业评价中，教师排在第一位。近年来，在一些科研单位、高等学校举行的多次职业声望调查中，教师职业声望都高于其他职业。

（六）教师职业道德

教师职业，是人类出现社会分工以后形成的一种非常重要的职业。教师职业总是为满足一定社会的政治、经济和文化发展需要服务的。因此，教师在其职业活动中不只是向学生传授文化科学知识，还要对学生进行思想品德教育。所谓教师职业，就是指按照一定社会的需要和标准，传授文化科学知识、培养人的思想品德和能力的职业。教师职业是对人类社会发展影响最为重大的职业。因此，对教师职业从业人员的职业道德要求要高于其他任何职业。教育部长袁贵仁同志在他 2006 年出版的《价值观的理论与实践》中指出：“教师师德的基础，是公民基本道德规范。教师首先是一个公民，应当具有一个公民应有的道德水准和人格素质。合格的公民未必是合格的教师，但合格的教师必须是合格

的公民，必须遵守公民基本道德规范，符合公民基本道德要求。爱国守法、明礼诚信、团结友善、勤俭自强、敬业奉献，是新时期每一个公民包括每一个教师都应具备的道德素质。一个教师如果连普通公民的道德要求都达不到，他就失去了作为教师的资格。但是，任何称职的、优秀的教师，都不会以做一个合格公民为满足，他的社会角色、职业特征要求他在公民基本道德规范的基础上，不断追求更高的道德目标。这就是教师所应具备的职业道德。”合格教师的职业道德底线是为人师表。无论时代怎样发展，社会怎样变化，师德底线都不会随意改变。教师职业的特殊性决定了教师职业道德的永恒性。

教师职业道德是一般社会道德在教师职业中的体现。教师职业道德是在教师的劳动过程中产生和发展起来的，是教师处理和调节教育活动中人与人之间关系的特殊道德要求。由于它与教师职业活动的要求紧密相联，因此，教师职业道德有着与其他职业道德不同的特点。

第一，师德意识要求高水准。

师德意识是教师职业道德中对思想意识方面的要求，是指从事教师职业的人对教师职业的观念、想法和态度，包括教师的职业认识、职业思想、职业信念和职业意志等内容。师德意识的高水准，为教师职业活动特殊性所决定。教师作为社会公众人物，其言谈举止都具有很强的示范性和导向性，特别是对自己的劳动对象——学生而言更是如此。教师更应当意识到自己肩负的社会责任。教师被誉为“人类灵魂工程师”，这种职业本身就决定着教师应具有崇高的精神境界和高尚的道德品质。教师劳动的最大特点是培养、塑造新的一代，是做人的工作，不仅要用自己的丰富学识教人，更要用自己的高尚品格育人，不仅要通过语言传授知识，更要用自己高尚品格去“传授”品格。正是基于这一点，在人类道德史上，师德总是处在当时社会道德的较高水准上。

对社会发展影响重大的教师职业决定了教师必须职业道德高尚。高尚的师德有如兰之气，洒落自如，高洁脱俗，由内到外渗透到人的言谈举止的方方面面。由心灵深处生发出高尚的品质气韵，促使教师在自己的职业活动中超越功利，诲人不倦，诗化人生。作为一名教师，应该以兰心蕙质般的高尚师德激励自己，感化学生，影响社会。

在社会生产力中，人的生产能力，除了本人所具备的经验、知识、技能外，思想道德、行为品质是极为重要的。劳动者的精神面貌、行为品质直接影响着生产力的发展。作为培养造就高素质劳动者的教师，除了具备一般的社会公德，还要具备良好的教师职业道德，才能完成教育教学任务。教师职业的特殊性，决定了教师职业道德是一个独特的体系，有其特有的内涵和规律，在教育事业中具有不可替代的独特作用。中国要造就千千万万的有理想、有道德、有文化、有纪律的社会主义新人，适应社会主义市场经济发展需要，其根本保证在于建设一支德才兼备、忠诚于教育事业的教师队伍。教师职业决定了教师应当像北京师范大学的校训那样：“学为人师，行为师范”。

第二，师德行为要成为楷模。

教师职业性质决定了教师要做“人之楷模”。这就要求教师的行为时时处处起表率作用。道德行为是道德意识和道德品质的外在表现，是实现道德动机的手段。师德不仅是对教师个人行为的规范要求，而且也是教育学生的重要手段，起着“以身立教”的作用。它不仅深刻地作用于学生的心灵，塑造学生的品质，而且还能通过学生作用于家庭，通过教师的外在行为表现作用于整

个社会；不仅影响学生在校学习期间的成长，还影响着学生的职业生涯和终生发展道路。青少年时期或者说中小学阶段，是人的世界观、价值观、道德品质形成的最重要的时期。人在这一时期的特点是模仿性强、可塑性大、成长变化快、易受成人和外界环境的影响。青少年的这种特点要求教师道德行为应当成为学生心目中的典范。教师的一举一动，一言一行，言谈举止、行为方式、待人处世，乃至气质、性格都对学生起着熏陶、感染和潜移默化的作用。

由于教师职业的上述特点，教师应当热爱自己的职业。而要热爱自己从事的职业首先必须热爱自己的劳动对象——孩子。这是教师职业道德的基础。2000 年 7 月 28 日，《南方周末》发表了邓皓的文章，提出了爱孩子的十条理由：

(1) 孩子漂亮。常常听到一些人说，谁家的孩子真漂亮！也听到有人说，谁家的孩子聪明极了，可惜不怎么漂亮。我就惊讶：有不漂亮的孩子么？成熟的女人和男人我们以是否温顺柔婉或阳刚冷峻甄别他们是否漂亮，但所有的孩子脸都像花朵般灿烂，心像水晶般纯洁，你眼里那个不漂亮的孩子，在他的父母眼里就是唯一的天使。

(2) 孩子透明。能让你放下面具和心灵防备。大人的心时时在得失之间权衡着，纵使快乐也不纯粹。你走近孩子看看，他们的喜怒哀乐都发乎内心，孩子从不绽开功利的微笑，也不流伪善的泪水，他们的欢笑和眼泪都是情感的珍珠。

(3) 孩子爱憎分明。问孩子最爱是谁，他会告诉你，爱妈妈，还有老师，因为是老师和妈妈把最初的爱融化到他们身上。你再问他们喜欢谁，他们就说，精品屋里的玩具，还有卡通片里的人物。孩子的爱里只装进情感，不包含目的。

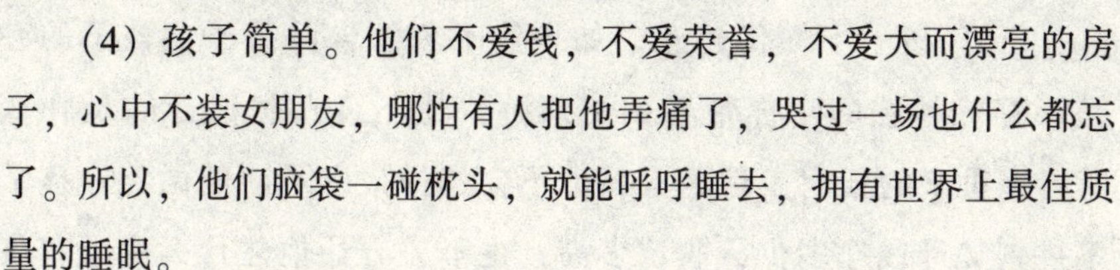

(4) 孩子简单。他们不爱钱，不爱荣誉，不爱大而漂亮的房子，心中不装女朋友，哪怕有人把他弄痛了，哭过一场也什么都忘了。所以，他们脑袋一碰枕头，就能呼呼睡去，拥有世界上最佳质量的睡眠。

(5) 孩子没有仇恨。一切阴暗的事物和可怕的人，还没有侵蚀孩子的心灵，孩子的心里还不装仇恨和敌人，当孩子告诉你最可怕的是黑夜和动物园里的老虎的时候，我们承认生活是孩子的童话，而孩子是大人的童话。

(6) 孩子相信理想。只有孩子还肯坐在你的眼前，睁着大而黑的眼睛，听你讲道理，听你谈理想，孩子是我们理想的继承人。我们因此欣慰，保存对世界的信心。我们可以嘲笑理想，但不可以嘲笑有理想的人。

(7) 孩子不担心明天。我们对孩子说，你的明天就像一个大大的聚宝盆，只要你努力，你就可以得到你所需要的。但孩子不贪婪，孩子的需要是我们帮着设计的。除了快乐外，孩子不需要任何其他的东西。那个学习特别用功的孩子，不是他在用功，而是为他父母的需要在用功。

(8) 孩子好奇。孩子总在想一些东西，也在思考一些东西。他们的大脑常常处于快乐的旋转之中。一朵奇特的云，一片鲜见的树叶，都会引发孩子许多的联想。同样的生活，在孩子的眼里会呈现出我们发现不了的乐趣和快乐。这世界上最亮的那双眼睛，是孩子的。

(9) 孩子易于满足。下课时能意外地得到一颗巧克力；周末能由着性子看一场电视；假期里终于找全了一整套自己心爱的卡通人物，小小的心都能得到极大的满足。孩子教会我们：人该满足的是自己的心，而不是欲望。

(10) 孩子不懂优越感。如果你不刻意告诉孩子，孩子的心是不存优越感的。你带着孩子郊游，他不会在意你开的是什么车；家里来的任何一位客人，他不会选择报以不同的微笑；孩子不挑剔父母钱挣多少，职位多高；也不关心让他住什么房子；孩子更不在乎跟穷人家的孩子玩，而且不排除对穷人家的孩子顶礼膜拜。和具备这么美好天性的孩子打交道，通过自己的努力使他们成人成才成功，作为教师应当感到责任重大和自豪。

振兴中华，教育为本。振兴教育，教师为本。没有一流的教师，就培养不出一流的人才；没有一流的人才，就没有一流的科技；没有一流的科技，何谈振兴中华。这样的口号，这样的逻辑关系，今天，已经为全社会所接受。因为相对于众多的人口，中国人均占有的自然资源贫乏。要把沉重的人口负担转化为人力资源优势，唯一的出路在于发展教育。而要办好教育，最重要的是要有师德高尚的教师。

（七）教师职业的特殊性，决定了教师职业道德的高要求

人类社会所有职业中，没有哪一种职业有教师这种职业特殊而重要。在现代社会，人在青少年阶段除父母之外打交道时间最长的就是老师，所以老师对人一生影响最大的说法绝非夸张。在21世纪初的经济转型期，人们的世界观、价值观、人生观受到来自国内外多方面的强烈冲击，呈现多样化取向。价值观的多样性不能不影响到教师，影响到教师的职业道德。在重金钱、轻事业，讲实惠、淡理想，求享受、畏艰苦等不良社会风气蔓延时，师德建设至关重要，高尚师德对社会道德的引领作用尤为重要。美国教育协会列出了教师职业的八大特征：高度的心智活动，特殊的知识领域，专门的知识训练，不断的在职进修，稳定的终身职业，必备的专业标

准，以服务社会为目的，健全的专业组织。

教师职业的特殊性主要表现在以下几方面：

第一，教师的劳动对象可塑性强，教师的一言一行都有教育作用。

教师职业的特殊性表现在他们的劳动对象是可塑性大，模仿性强，处于成长变化中的儿童和青少年。因此，教师在各方面都必须起表率作用，以自己的学识、才能、高尚的道德品质影响学生，培养学生。教师的外在表现、思想道德、学识才华、兴趣爱好、言谈举止等直接起着教育工具的作用。这与主要使用生产工具等物质手段的工农业和其他一些行业有着显著的差别。教师的一言一行都在起着教育作用，而且这种教育作用不仅仅表现在课堂上。

教师职业道德不仅是对教师个人行为的要求，也是教育学生的重要手段，起着“以身立教”的作用。由于教师的劳动对象不同于其他任何行业，决定了教师职业具有很强的表率性，要求教师具有高尚的精神境界和道德品质，以此去影响、感化和教育学生。学生具有主观能动性，他们通过对老师的模仿、借鉴、学习，不断自我发展、不断完善自我。教师应充分认识自己道德表现任何时候都和在课堂上一样对学生有教育作用，对社会风气有影响作用，因此要用教师职业道德约束自己的一言一行。教师职业道德对学生的影响是潜移默化的，而且能够长期起作用。很多对人类科技进步作出过重大贡献的大科学家，在谈到自己的成长时无不谈及自己的老师对自己的终身影响。

第二，教师的劳动“产品”要求全面性、高质量、“一次成型”。

人是世界最复杂的。教育的目的是对不同性格、不同爱好、不同条件的学生因材施教，发展各种类型学生的个性，充分调动

每个学生的求知欲望、学习与探索的积极性，使他们的特长和潜能能够得到充分发挥，成长为对社会有用的人才。以促进人的全面发展、提高民族素质为目的的基础教育更是如此。这就是说，教师的劳动“产品”——学生，是一种特殊“产品”，在理论上不应当有“废品率”。工业生产中允许有一定的废品率，无用的废品可以抛弃。农业生产中发现有病虫害或者生长缓慢的幼苗可以拔除。而教师的劳动“产品”——学生，即使“毛病”再多，也不能将其列为“朽木不可雕”而置之不理，更不能抛弃他。要运用教育规律去发现他的闪光点，用先进教育教学方法去调动他的积极性，用特殊的教学手段去挖掘他的潜力，使之成长为对社会有用的人才。教师职业要求其劳动产品不能有“不合格率”，不应当有“废品”。这也是教师职业道德中要求平等对待每位学生的基础。

第三，教师的劳动成果是各个教师作用的有机总和，是集体劳动的结晶。

教师每天都要直接处理人与人之间的关系。这些关系包括师生关系、学生与学生的关系、教师与教师的关系、教师与家长的关系等。这些关系处理如何，直接影响教育教学任务的完成和教育教学质量。因此，在世界上的很多发达国家，非常注意教师处理人际关系的能力。例如法国在对申请教师资格的人员进行教育教学能力考察时，把处理人与人之间的关系的交际能力作为重要内容。教师与上述种种关系是否处理得当，在很大程度上取决于教师的职业道德水平，因为教师不但有教育学生的职责，还有以自己的道德和学识影响包括学生家长在内的社会其他人员、树立良好社会风气的义务。

教师要使他的劳动对象——学生全面发展，成长为对社会有用的人才，仅靠个体作用是不够的。水平再高的教师，仅靠个人的作用很难使学生在德、智、体、美、劳诸方面能够全面发展。要各个学科的教师共同努力，密切协作才能使学生掌握全面知识。因此，团结协作，能够与不同性格、不同背景、不同学科的教师共事，使自己任教的学科对其他教师所教的学科有促进作用，对于教师来说，比其他行业更重要。团结协作，也是教师职业道德的重要内容。

第四，教育“产出”周期长的特性，决定了教师的劳动成效需要相当长的时间才能显示出来。

教育“产出”周期长的特点决定了教师劳动成果的测定有其特殊的复杂和困难。对教师的劳动成果和“效益”，难于定量和量化。学生的分数只是教师劳动成果的一个方面。而且由于每位教师面对的学生个体差异极大，难以与其他教师进行横向比较。特别是不同学科、不同年级的教师相比较更困难。教师的这些劳动特点，决定了教师的职业道德、社会责任感、劳动的自觉性比其他行业更为重要，职业道德的约束作用更明显。

教师的职业性质、劳动特点和历史作用，不仅要求教师是一个博学多才的人，更要求教师是一个道德高尚的人。因此，加强教师职业道德教育和修养，对于把青少年培养成为有理想、有道德、有文化、有纪律的一代新人，具有特别重要的意义。

高尚的职业道德能鼓励教师自觉地为教育事业而献身。加强教师职业道德教育，提高教师的职业道德水平，既是当前我们减轻学生过重课业负担、实施素质教育的迫切要求，也是把我国建设成为高度文明、高度民主的社会主义现代化强国的需要。长期以来，全社会都在反映学生课业负担过重，思想品德教育、兴趣特长培养、身体发育和健康受到影响，各方面的素质有待提高。单纯的应试教育，不仅影响了学生，也影响到了教师的职业道德

水平。因为搞应试教育，以分数和升学率作为唯一评价标准，只能让学生多做题，多做练习考出高分数。教师的功夫花在找题、解题、改题上，成天忙得团团转，哪还顾得上学生的全面发展。长此以往，教师会出现职业倦怠，职业道德意识也会逐渐淡化，有的地方出现的教师热衷“搓麻”，利用教师权威向学生推销商品，讽刺挖苦甚至体罚学生，歧视差生等，这些不一定违法，却严重违背了教师的职业道德，给学生一个极坏的印象，这是再高的学科教学水平都弥补不了的。

四、师德继承与发展

人类社会公认高尚的教师职业道德，是古今中外的“传道、授业、解惑”的老师共同努力探索、创造、实践、发展的教育成果，是教育智慧的结晶。无论社会怎样变化，经历过数千年历史检验传承下来的高尚师德理论与实践都应当继承和发展。

(一) 继承教师之父孔子创立的师德体系

中华民族具有崇尚教育的优良传统。《礼记·学记》中说：“古之王者，建国君民，教学为先。”并且认为“国将兴，必贵师而重傅。……国将废，必贱师而轻傅……”历史证明，一个国家能否尊师重教，是国家能否发展兴盛的重要标志。国家重视教育，社会尊重教师，通过教育全面提高人的素质，决定了师德必须高尚，师道要有尊严。自中国有学校那天起，就把师德作为当好教师的重要条件。

谈到师德，我们首先想到的是被人们誉为教育之父和教师之父的孔子。

坐落在山东曲阜的孔庙，是中国伟大的思想家、教育家、儒家学派创始人孔子的故里。孔子当年讲学的杏坛、金声玉振坊、至圣门、奎文阁、大成殿、圣迹殿等庄严雄伟的建筑，构成了这座闻名中外的东方圣城。千百年来，孔子创立的儒家思想，成为中国传统文化的主流和基石，影响了中华民族的品格特性，被誉为“东方文化的高峰”。

孔子历来被世界多种机构和媒体列为“思想家之首”。前面提到的1988年巴黎宣言中提出“人类要在21世纪生存下去，必须回首2500年，从孔子那里寻找智慧”，是对孔子哲学和教育思想的高度评价。孔子创立的教师道德体系包括了不耻下问、知过即改，学而不厌、诲人不倦，以身作则、言传身教，热爱学生、有教无类，因材施教、循循善诱等深刻而丰富的内容，也是我们提倡的素质教育的精华。

历史长河，波涛滚滚，淘去了多少风云人物。但孔子和他的学说始终屹立在人类思想文化的高峰：大江东流淘不去，哲人依然站高丘。孔子关于教育作用、教育目的、教育内容、教育原则、教育方法等方面的论述，不仅开中国教育学说之先河，就是在世界教育史上也有其崇高的地位。自孔子诞生后的2500多年来，只要是进过学校的中国人，从自家堂屋正中供奉的牌位上，在孔庙文庙中，在蒙学文章里，无不处处感受到这位伟人的存在和影响。我们今天应当像那些尊崇孔子的诺贝尔奖得主一样：教育要改革与发展，应当回首2500年，到孔子那里去寻找智慧。孔子的教育智慧何在？仅从教师职业道德方面看，孔子在以身作则、言传身教、学而不厌、诲人不倦、爱护学生、无私无隐、讲究教法、循循善诱等方面为教师树立了光辉的典范。

第一，教育目标，德育为重。

德育者，培养学生品德之教育也。教育以德育为重，教育以道德为先。追根溯源，可以说是孔子最先提出来的。在四书五经之首的《大学》中，第一段话就是："大学之道，在明明德，在亲民，在止于至善。知止而后有定，定而后能静，静而后能安，安而后能虑，虑而后能得。物有本末，事有终始，知所先后，则近道矣。古之欲明明德于天下者，先治其国；欲治其国者，先齐其家；欲齐其家者，先修其身；欲修其身者，先正其心；欲正其心者，先诚其意；欲诚其意者，先致其知。致知在格物。"把这段话翻译成白话文，其主要意思是：大人之学的目的，在于彰明高尚的品德，在于革除旧习，勉作新人，在于促使人们达到善的最高境界，然后才会有明确的志向。有了明确的志向，然后才能心静，心静，然后才能安稳。安稳，然后才能达到善的最高境界。世上的万物都有本末，事情都有始终，明确它们的先后顺序，那就接近于道了。古时候想使高尚的道德彰明于天下的人，首先要治理好国家；要治理好国家的人，首先要管理、安顿好自己的家；想要管理、安顿好自己家的人，首先要提高自身的修养；想要提高自身修养的人，首先要端正自己的心志；想要端正心志的人，首先要使自己的意念诚实；要想使意念诚实，首先要获得知识；要获得知识，就在于穷究事物的原理。

在《大学》的第二段，孔子进一步提出："物格而后知至，知至而后意诚，意诚而后心正，心正而后身修，身修而后家齐，家齐而后国治，国治而后天下平。自天子以至于庶人，壹是皆以修身为本。"

上面这段话今天的意思是：只有穷究事物的原理，才能够知无不尽；知无不尽，才能够意念诚实；只有意念诚实，才能够心志端正；心志端正，才能够提高自身的修养；自身有了修养，才能够把家庭整顿好；把家庭整顿好，才能够把国家治理好；把国家治理好，才能够平定天下。从天子到老百姓，都要以修养自身为根本。北京成贤街上孔庙中有副乾隆皇帝御笔亲书的对联曰：“气备四时，与天地鬼神日月合其德；教垂万世，继尧舜禹汤文武作之师。”盛赞了作为教师的孔子的道德贡献。

修身养性的作用，对于个人、家庭、国家的相互关系和重要性，孔子阐述得多么深刻。在当今改革开放、社会变革的特殊时期，思想品德之于学生的重要，已经基本上没有争议了。但如何加强对学生的思想品德教育，有很多方法值得研究。其中最重要的是中小学教师应当成为学生人生的领路人。领路人有两层含义：一是向学生传播文化知识；二是要从过去仅仅作为“道德说教者”或者“道德偶像”的传统角色中解放出来，成为学生健康心理、健康品德的促进者，指导学生树立正确的人生观，把教育教学作为一种道德修养过程，教会学生如何做人。

第二，热爱学生，有教无类。

中外教育史证明：成功的教育活动是与和谐的师生关系结合在一起的。中国传统中“爱护学生”表现得十分突出。孔子深谙教育的重要，学生的重要，爱护学生的重要。他冲破当时等级森严的社会习俗，不分“贫贱”、“富贵”地招收一切愿学之士，以一颗真诚的爱心善待每一个学生。孔子说：“人洁己以进，与其洁也，不保其往也。”这句话的意思是：对于洁身自好，努力修养，使自己成为有德行的人，我们就要赞许他的进步，关心他的退步。有错误的人改正了错误追求进步，我们就应当赞许他，不要死抓住他过去的错误不放。

孔子在《论语·宪问》中说：“爱之，能勿劳乎？忠焉，能勿诲乎？”这句话的意思是：爱他，能够不叫他劳苦吗？忠于他，

能够不给他教育吗？孔子对学生坦诚相待，无私无隐传道解惑。他在《论语·述而》中说："二三子以我为隐乎？吾无隐乎尔。吾无行而不与二三子者，是丘也。"这句话的意思是：你们这些学生以为我有所隐瞒吗？我对你们是没有任何隐瞒的。我没有一点不向你们公开，这就是我孔丘的为人。孔子不仅注重学生的学问和道德进步，而且十分关心他们的日常生活，弟子有病不忘探望问候，学生有难主动设法帮助。孔子这种伟大的人格力量和对弟子的真诚爱护，很自然地赢得了弟子对老师的尊敬和爱戴。

在《论语·子罕》中孔子指出："后生可畏，焉知来者之不如今也？"他认为青年后生是可敬畏的，怎么能断定他们将来赶不上现在的成年人呢？可见孔子心中对他的学生，对所有的青年人所寄予的期望。孔子在《论语·卫灵公》中提出了"有教无类"的教育观点，意思是说："任何人我都可以给他教育，没有等级、地域的区别。"这种先进的教育观念，在2500多年前就提出并在自己的教育实践中实施，是非常难能可贵的。自孔子提出"热爱学生，有教无类"后，众多的教育家以此为据，逐渐熔铸成教育的优良传统，在很多国家以法律和制度体现出来。教师能够真诚地热爱和关心每一位学生的成长，对每一位学生施以同样的教化，而不管他们的家庭背景如何，智力发展水平如何，兴趣爱好和特长如何，都一视同仁，就能得到社会的尊敬和学生的热爱。学生对老师的尊敬和热爱，以老师为榜样，实际上源于老师伟大的人格力量。

第三，诲人不倦，启发诱导。

孔子把"学而不厌、诲人不倦"作为教师的职业道德原则。他在《论语·述而》中说："若圣与仁，则吾岂敢？抑为之不厌，诲人不倦，则可谓云而已矣。"意思是：至于圣和仁，那我怎么敢当呢？不过是学习总不厌烦，教导学生总不懈怠罢了。孔子在《论语·述而》中提出的“默而识之，学而不厌，诲人不倦”，是说自已把所见所闻默默地记在心里，努力学习而不厌弃，教导学生要不知疲倦。孔子的这一为师名言，激励古往今来千千万万的教师在教与学中不懈探索，努力克服职业倦怠，始终保持诲人不倦的职业热情和职业精神。

教育教学作为师生共同参加的精神活动，要求教师必须关注学生的积极反应并与教师互动。包括孔子在内的中外教育家都十分重视教育教学过程中学生的心理活动，根据学生的差异采取不同的方式启发学生心智和主观能动性，逐渐形成了教育教学中的重要方法——启发式教学。

孔子在教育教学中不急于灌输给学生什么，而是引导学生探究如何学习，先传授给学生科学有效的学习方法。孔子在《论语·述而》中说：“不愤不启，不悱不发，举一隅不以三隅反，则不复也。”朱熹对孔子的这段话的解释是：“愤者，心求通而未得之意。悱者，口欲言而未能之貌。启，谓开其意。发，谓达其辞。”朱熹的意思是说：如果学生在学习过程中未能达到“愤”、“悱”的心理状态，教师则不宜越俎代庖，只有在学生“心愤口悱”的情况下，教师才能启而发之。孔子的启发式教学贯穿于他的整个教育教学过程之中。

孔子十分重视利用各种方式去激发学生的悟性，创造自由活泼的气氛，提供平等谈话的机会，运用幽默风趣的语言艺术等方式和学生共同探讨。他在《论语·子罕》中说：“吾有知乎哉，无知也。有鄙夫问于我，空空如也，我叩其两端而竭焉。”这种“叩其两端”，也就是说从某个问题的首尾两头去反诘的方法，与苏格拉底在教学中所采用的“产婆术”有异曲同工之妙。苏格拉底最

反对把知识直接告诉学生，而是用反诘的方法使之自相矛盾，引导学生自己去思考、去比较、去联想、去探索而得出自己的结论。孔子还鼓励学生在与教师共同探讨和学习中不必谦让。他在《论语·卫灵公》中说“当仁，不让于师”，鼓励学生在学习过程中可以不必对老师谦让。在等级森严、强调人特别是学生以服从为主的古代社会，提倡这样的观念，实践这样的做法是何等不易。这样的观念和做法，实际上就是我们今天追求的教育创新。

第四，发掘潜能，因材施教。

现代教育的核心理念是：为了每一个学生的发展。追溯起来，这一理念其实最早是孔子提出来的。因材施教的关键在于对性格、特长、潜能，甚至智商各异的学生必须有充分的了解，而后采取不同的教育教学方法。孔子说：“视其所以，观其所由，察其所安。”就是指教师平时要注意考察学生如何待人接物，如何求学做人，如何为人处事，有何特长和缺陷等，这样才能及时把握住学生的全面情况，从而在教学中有针对性地调动学生的学习热情，发展他的天赋潜能。

古往今来，很多教师将孔子倡导和实践的“因材施教”的教育教学方法应用于自己的教学实践。例如著名特级教师魏书生根据自己所教学生的不同特点所采取的“个性化教学”，就是因材施教的最有价值的诠释。

要做到“因材施教”，要做到“为了每一位学生的发展”，首先要从教师职业道德的高度，尊重每位学生的尊严，重视每位学生的价值。特别是对学生中实际存在的智力发育迟缓、学习成绩不良、被孤立和拒绝、有过错、有缺点和缺陷、与教师意见不一致这几类学生，要采取特殊的教学方式。其中最重要的是赏识教育。因为中小学教师面对的是成长中的、脆弱的、可塑性极大的未成年人，在赏识教育方面，应当重在赞赏每位学生的特长、兴趣、爱好，赞赏每位学生所取得的哪怕是极微小的成绩，赞赏每位学生付出的努力和他们表现出来的良好愿望，赞赏每位学生对教科书的质疑和对教师的超越。这几方面教师是应该做，而且是能够做到的。对年龄越小的学生，赏识教育越重要。同时教师要帮助学生善于发现，充分认识自己的潜能。

第五，以身作则，言传身教。

由于中小学教师的一言一行对学生都有教育作用，所以以身作则、言传身教尤为重要。孔子早就发现了这一点，他在《论语·子路》中说："其身正，不令而行；其身不正，虽令不从。"用现在的话说就是教师本身行为正当，不发命令，学生也会执行；教师如果本身行为不正派，纵然三令五申，学生也不会听从。孔子在《论语·子路》中还说："苟正其身矣，于从政乎何有？不能正其身，如正人何？"就是说，如果端正了本身的行为，治理国政有什么困难呢？如果连自身都不能端正，又如何去端正别人呢？在道德行为方面，教师要求学生做到的，自己必须先做到，否则就没有说服力。

第六，师生互动、教学相长。

"教"和"学"本身就是相辅相成的，特别是在信息发达的现代社会更是如此。按照教育规律，师生应当是通过教育教学实践活动相互促进、共同提高。古代教育家在这方面进行了深入的探索，树立了典范，给我们今天的教育以有益的启迪。在《学记》中对"教学相长"有一段精辟的论述："学然后知不足，教然后知困。知不足然后能自反也，知困然后能自强也，故曰教学相长也。"意思是说，学生经过学习实践之后，才发现自己知识水平的不足；教师经过教学实践之后，才知道自己教学能力的局限。学

生发现自己的不足，才能反省自己并加倍努力以提高学习水平；教师知道自己的局限，才能督促自己并加强学习以提高教学艺术。从上述意义上说，教师和学生是平等的，都是通过教学这面镜子发现自己的不足。教师也与学生一样始终面临着再学习的需要。特别是在现代社会，获取知识的途径、办法、技术比古代多得多，学生也有可能在某些方面超过教师，因此教师向学生学习显得比古代更重要。一个高明的教师往往把再学习和向学生学习当作提高自己教育教学水平的前提。孔子说过“学无常师”，又强调说“三人行，必有我师”。唐代教育家、思想家韩愈对孔子提出的教学相长从理论上加以总结，认为“闻道有先后，术业有专攻”。弟子虽然“闻道”在后，但在某一领域或者在某个问题上，由于“术业有专攻”，可能会超过教师，所以说“弟子不必不如师，师不必贤于弟子”。所以师生要互相学习，教学相长。

中国古代教学，除了由教师组织集体讲学外，师生们经常聚在一起相互切磋、质疑问难，讨论学习当中遇到的老师也难于给出准确答案，或者师生意见不一致的问题。孔子强调“当仁，不让于师”，提出“温故而知新，可以为师矣”。实际上是提倡师生互动的教风和学风。实践证明，这种活跃的课堂讨论方式最能引起学习兴趣，在今天更有其现实意义。那种 45 分钟都是教师讲学生听的满堂灌教学方法，效果肯定不会好。凡是教育教学效果好的老师，一般每节课讲课时间很少超过 15 分钟。

第七，发展教育，公私并举。

孔子之前的中国，学校都是官府办的，能够到学校接受教育的多为官府贵族子弟。这种贵族式教育，大大限制了人才培养的数量。为发展教育，体现“有教无类”和教育公平，孔子开办了“私学”，自己充当教师招徒讲学。孔子响亮地提出了“有教无类”

的口号，他招收学生不看出身，不重门第，不管等级。他的弟子中有贵族子弟，也有下层贫民，还有从鲁国以外地方来的人，荟萃八方子弟于陋室，放飞人生理想于高天。德行、政事、言语、文学是孔子私学的主要课程；礼节、音乐、射箭、驾车、写字、算术等统称为六艺的技能也作为教育教学内容传授给学生。用今天的话说就是促进学生的全面发展。例如音乐，孔子曾做出过伟大的贡献。孔子深谙六律五音，是中国古代造诣精深的大音乐家。他曾向鲁国的乐官师襄学琴，他对音乐非凡的悟性令师襄折服。他还曾访乐于周大夫苌弘，他曾发出“在齐闻《韶》，三月不知肉味”的感叹。孔子认为：音乐能够陶冶人的情操，能够修身养性，是达到仁的最高境界的必由之路。他说：“兴于诗，立于礼，成于乐。”虽然孔子办的是“私学”（相当于我们今天的民办教育），但他却取得了骄人的成就，“贤人七十，弟子三千”，就是对孔子办学成就的赞誉。难怪前些年很多在农村中小学任教的民办教师骄傲地说：“孔子就是中国最早的民办教师。”

孔子办“私学”和他取得巨大成就的现实意义在于：今天我们仍然应当大力发展“私学”或者说民办教育。原因是我们的公共教育资源，特别是优质公共教育资源满足不了人们日益增长的教育需求。而且公共教育资源或者说国家举办的学校，必须要均衡发展，不应当有过大的差别。而另一方面，市场经济的建立和发展，使我国社会阶层发生了较大的变化，人们的经济条件和追求呈现多元化趋势，光靠公共教育难以满足不同社会背景、不同条件的人对教育的特殊需求。

孔子说过：仁者乐山，智者乐水。这是人与自然和谐的最深刻的哲学阐释。在中国传统文化中，山是仁者的象征，因为它顶天立地、胸怀博大、宽厚仁爱；水是智者的代表，因为它聪慧秀逸、灵动机敏、意蕴深远，“仁者”、“智者”应当是师德的理想境界。愿我们的教师通过教育获得智慧，通达事物规律行事，像水一样灵动而畅通无阻。愿我们的教师通过德育成为仁义之人，遵守行为规范，朴厚稳重而不改变主张，像山一样庄重。使我们的教育启德召智、云开承露、春水长流、俊杰辈出。

(二) 继承中国古代教育家的师德学说与实践

继大教育家孔子开教育先河之后，中国古代教育名家辈出，涌现出老子、墨子、孟子、荀子、庄子、朱熹、柳宗元、王安石、韩愈等影响历史发展和教育变革的教师。他们在长期“传道，授业，解惑”的执教生涯中，以自己的身体力行和著述，丰富、完善和提升了中国师德理论宝库。

墨子认为教师的最高品德是实现“兼相爱，交相利”，把“隐匿良道而不相教诲”视为教师之大恶，把“有道者劝以教人”视为教师之大善。他主张教师“叩则鸣，不叩亦鸣”。用今天的话说是对学生不仅有问必答，而且还应该启迪诱导，鼓励他们畅所欲言。墨子提倡“言必信，行必果”，他认为教师只有“以身戴行”，“得一善言，附于其身”，率身实践，表里如一，“使言行之合犹合符节”，才能使自己的学生心悦诚服。

孟子强调“教者必以正”，主张教师要以身作则，身正为范；提倡“反求诸已”，重视教师的道德修养，鼓励教师多做“内省”功夫；认为“得天下英才而教育之”是为师与为人的最大快乐。

荀子认为是否尊师重教，关系国家兴衰。他认为教师应当成为人世间一切言行的准则和表率。“言而不称师谓之畔（叛），教而不称师谓之倍（背）”。他提出了当教师必备的四个条件：“尊严而惮，可以为师；耆艾而信，可以为师；诵说而不陵不犯，可以为师；知微而论，可以为师。”用现在的话说，就是为师要有尊严和威信；为师要有丰富的经验和崇高的信仰；为师要能循序渐进，按照教育规律和教学要求讲课而不凌乱；为师要知识精深，见微知著，深入浅出。

董仲舒以其博学多才和远见卓识受到汉景帝和汉武帝的重用。他毕生从教，收徒讲学不辍，所传弟子多达数百人。其中佼佼者如褚大学、吕步舒、嬴公等人都成为“博士”、“相国”、“长史大夫”之类的高官。董仲舒表现出的“学而不厌，诲人不倦”精神受到广泛称赞，被人们誉为“汉代孔子”。

董仲舒非常重视师德，强调“兴太学，置明师，以养天下之士”。用今天的话说，就是只有学校，没有“明师”，培养不出优秀人才。他所主张的“明师”标准是：“善为师者，既美其道，有（又）甚其行，齐（济）时早晚，任多少，适疾徐，造而勿趋，稽而勿苦，省其所为而成其所谌，故力不劳而身大成。此之谓圣化。吾取之。”其中的“既美其道，有（又）甚其行”是董仲舒提出的师德理论的核心内容。“美其道”指的是宣传和赞扬教师本人所持的世界观、人生观、价值观。汉代的“道”，指的是封建主义的“三纲、五常、六艺”等。今天的“道”，应当是把学生培养成为德、智、体、美全面发展的人才。慎其行，指的是教师要时时、处处、事事、人人严格要求自己，注意自己的言行，用自己的言行为学生树立学习榜样，做一个既能教书又能育人的“师表”。

董仲舒要求教师要做到“齐时早晚，任多少，适疾徐，造而勿趋，稽而勿苦”。就是说教师要热爱学生，了解学生，依据学生的智力水平和接受能力，采用不同的教学内容、教学进度和教学方法，也就是我们主张的“因材施教”。教师要认真观察学生的学

习情况，根据不同学生的不同需要，帮助他们掌握自己喜爱向往而又有悟性的课业，使学生在学习中取得事半功倍的效果。

(三) 继承近代教育家的师德贡献

中国近现代社会风云变幻，政权更迭，战乱频发，经济落后，教育环境较差。但在西学东渐影响和社会发展需要推动下，为适应现代教育要求，催生了蔡元培、康有为、梁启超、陶行知等一大批思想家、教育家。他们对现代教师的师德进行了科学的理论探讨与丰富多彩的实践。

康有为在他的《大同书》里描绘了理想的教育制度和师德，他提出的教师标准是：

幼儿教师要“德性慈祥、身体强健、资禀敏慧、有恒性而无倦心”。

小学教师应该“德性仁慈、威仪端正、学问通达、诲诱不倦”。

中学教师要做到“行谊方正、德性仁明、文学广博、思悟通妙，而又诲人不倦、慈幼有恒”。

大学教师要“专学精深，奥妙实验有得”。

梁启超认为：教育关系到国家的存亡，教师要热爱教育事业，对教育有奉献精神。梁启超曾经响亮地提出：“在教育界立身的人，应当以教育为唯一的趣味……个人若在教育上不感觉有趣味，我劝他立即改行。”他还主张教师必须具有“自由”、“进步”、“进取”等品德。

蔡元培要求教师“砥砺德行、敬爱师友”。他担任北京大学校长后，在教师中发起组织了进德会，以不嫖、不赌、不纳妾作为入会的基本条件。以此举来抵制和批判当时上层社会道德堕落、生活腐朽的状况，促进高校教师和学生追求高尚的道德情操，对进步知识分子特别是教师的个人道德提升产生了深远影响。1940年3月5日蔡元培先生逝世，毛泽东特撰“学界泰斗，人世楷模”的挽联盛赞蔡先生高尚的道德精神。

伟大的人民教育家陶行知先生以其高尚的师德，给我们留下了丰富的精神财富。他认为教师要用科学的精神去做学问，用美术的精神去改造环境，用大丈夫的精神去处世应变。教师要有“捧着一颗心来，不带半根草去”的奉献精神。陶行知先生提出要做“一品大百姓”的口号，今日听来仍令人耳目一新。“一品百姓”中的“品”就是人品。人品是每个人处世的精神支柱。自警自励，守身如玉，穷且益坚，富而愈俭，凭理智支配欲望，用正气战胜邪恶。这一切，都需要人品来支撑。要做“一品大百姓”，凭的就是一流的人品，时时处处不忘为自己生活的这个社会尽一份义务。

“一个国家的前途，不取决于它的国库之殷实，不取决于它的城堡之坚固，也不取决于它的公共设施之华丽，而在于它的公民品格之高下。”19世纪英国伟大的道德学家塞缪尔·斯迈尔斯的这段名言，为陶行知先生的观点提供了极好的注脚。公民高尚的品格，是一个民族凝聚力的营养基，能营造出文明、温馨、美好的社会氛围，能激励国民去追求高尚进步的社会风气。

在中国近现代教育史上，陈鹤琴、晏阳初、叶圣陶等教育家，在他们的教师职业生涯中，为中国师德的构建和发展都做出过自己独特的贡献。晏阳初提出的人才必须具有的六个条件，实际上包括了师德的基本内容：

第一，劳动者的体力：利用自然环境，爬山游泳；养成最低限度的卫生习惯；养成健康的思想；自力生产，以锻炼体魄。

第二，专门家的职能：有一技之长；即学即作，即作即习；理论与行动一致。

第三，教育者的态度：人人都是可造之材；学而不厌，诲人不倦；作之君，作之师。

第四，科学家的头脑：对一切求真知；用科学的态度来解决一切问题。

第五，创造者的气魄：不苟安，求进取；不享受，不畏难；敢作敢为，耐劳任怨。

第六，宗教家的精神：有信仰，坚定不渝；临大难，处之泰然；重博爱，爱人如己；能牺牲，舍己为人。

中国现代伟大的思想家、革命家、文学家和教育家鲁迅，在他近20年的教育工作中，给后人留下了宝贵的精神财富。他对师德的论述，更给人以深刻的启迪。鲁迅认为：教师必须有献身教育事业的“泥土”精神，只有具备这种热爱教育的自我牺牲精神，才能培养出优秀人才；教师应有启导学生读书、观察和思考的本领，让学生自己去读书、观察和消化；教师应有善于启发、调动学生积极性的能力，长于开发学生的智力；上好课是教师的天职，每一个教师必须具有这一基本本功。要上好一节课，教师要有深刻而又独到的见解，深入浅出、诱人深思的技巧，风趣幽默、简洁明快的语言表达能力；教师应有善良、质朴和正直的人格。

鲁迅在他的著作中写过自己的三位老师：一是“三味书屋”的寿镜吾先生。尽管鲁迅并不赞成他那呆读死记的教学方法，但却敬佩他“极方正，质朴，博学”的人品；二是日本仙台医专的藤野先生，尽管他是日本人，鲁迅敬仰他毫无民族偏见、关心爱护学生和实事求是的科学态度；三是“有学问的革命家”章太炎先生，尽管他特立独行，行为古怪近乎疯狂，但鲁迅十分钦佩他在反清革命中不屈不挠的精神人格。这几位道德高尚的教师，是鲁迅十分推举尊崇，也希望大家学习的榜样。

徐特立同志是一位伟大的革命家、人民教育家、毛泽东的老师。他对师德有其精辟的见解，他说：教师是有两种人格的，一种是“经师”，一种是人师。人师教人行为与品德，就是教怎样做人的问题；经师教学问，就是说经师除了教学问外，对学生的品质，学生的作风，学生的生活，学生的行为习惯是不管的。人师则是这些东西他都管。我们的教学是要做到人师和经师二者合一。每个教科学知识的教师，都应当是一个模范人物，同时又是一个有学问的人。

正是由于徐特立高尚道德的影响，使他的学生少年毛泽东志向远大，抱负宏伟，敢于面对滔滔大江“问苍茫大地，谁主沉浮”，敢于“指点江山，激扬文字，粪土当年万户侯”，敢于“到中流击水，浪遏飞舟”，敢于把帝国主义和一切反动派视为纸老虎，从而带领中国人民经过20多年的艰苦奋斗，建立了新中国。在徐特立同志60寿辰时，毛泽东在给这位自己当年的恩师的信中写道：“你是我20年前的先生，你现在仍然是我的先生，你将来必定还是我的先生……”深情地表达了对这位培养了毛泽东、蔡和森、向警予、李立三、田汉等革命家的“人师”、人民教育家的崇高敬意。

（四）继承世界教育家、思想家的师德学说

在世界教育发展史上，许多著名的思想家、教育家都对师德进行过深入的研究，进行了丰富的实践，他们创立的师德方面的精湛学说，丰富了人类师德的宝库，影响了人类教育的发展。

在人类社会发展史上，独特的自然地理条件赋予了不同民族

独特的民族性格，漫长而丰富多彩的人类进化过程中遗留下丰富的文化积淀，教师职业道德与这些文化积淀一脉相承。马克思、恩格斯的道德教育思想，是马克思主义的重要组成部分，也是人类道德思想体系的重要组成部分。人类道德形成发展的原因等基本问题，在马克思、恩格斯之前，还缺乏科学的解释。马克思、恩格斯第一次正确地揭示了道德起源、道德本质和道德发展的规律，确立了科学的道德观，提供了研究道德问题的辩证唯物主义和历史唯物主义的方法论。马克思在道德研究方面的贡献使其流芳千古。2003年，德国电视二台举办“最杰出的德国人”评选活动，马克思名列第三。美国纽约时报在进入新世纪时评选千年十大思想家，马克思名列前茅。其当选的原因是：马克思作为辩证唯物主义和科学社会主义的创始人，其理论成为社会发展的重要理论基础。他为道德、理智的法治国家的建立做出了巨大贡献。恩格斯更明确地指出：“实际上，每一个阶段，甚至每一个行业，都各有各的道德。”他所说的“每一个行业，都各有各的道德”，就是职业道德。

前苏联著名教育家苏霍姆林斯基堪称当代教师的楷模，他认为“每个孩子都是一个世界——完全特殊的、独一无二的世界”，为了取得对这一理论的实证，苏霍姆林斯基对自己的3700多名学生进行了系统的不间断的观察，并用日记方式做了详细记录，其中通过大量的事例总结出师德对学生成长的影响。

捷克教育家夸美纽斯十分重视教师工作的重要性，他说：教师的职责伟大而光荣，是太阳底下最光辉的职业，教师要充分了解自己职业的社会意义，充满自尊心和自信心，加强品德修养，成为道德卓异的人；教师的职责在于用善良的范例，以诚恳、积极、顽强的态度去诱导学生，做学生的表率；教师应当无限热爱自己的工作，教师自己愈是热忱，他的学生愈会显得热心。在师生关系上，夸美纽斯主张教师要像慈父一样爱护儿童，和善愉快地传授知识，让儿童在没有殴打、没有号泣、没有暴力、没有厌恶的气氛中学习科学知识。他对教育的力量抱有极大的信心，坚信一切儿童都可以造就成人。主张不要放弃低劣儿童，不要过早地把儿童划入落后一类中去。如果学生不愿意学习，教师应当反省自己——可能是由于教师的过错或无能造成的。

美国实用主义教育大师杜威，强烈反对传统教育中的“教师中心论”，提出了著名的“儿童中心说”。他认为学校生活组织应该以儿童为中心，一切必要的教育措施都是为了促进儿童的成长。在杜威看来，教师只有真正地观察和仔细了解儿童，才能进入儿童的生活，才能知道做什么，用什么教材，用什么教学方法最有效果。

今天，全球公认教育的目的是“为了人的全面发展”。从教师职业道德的角度分析，“为了人的全面发展”在教师职业活动中的具体体现是：一切为了学生的发展；让学生得到全面和谐发展；让全体学生都得到发展；让学生主动发展；让学生个性得到充分发展；让学生的能力持续发展。

人的全面发展，基础尤为重要。在整个教育体系中，基础教育尤为重要。在基础教育中，师德尤为重要。1988 年，全球 70 多位诺贝尔奖得主聚会巴黎，有位记者问其中一位著名教授：“您在哪所大学学到您认为最重要的东西？”老教授平静地说：“不是大学，是在幼儿园。”记者以为老教授在开玩笑，疑惑地问：“在幼儿园能学到重要的东西？”老教授平静地说：“在幼儿园学到了自己有了东西要分一半给小伙伴；不是自己的东西不要拿；用过的东西要放整齐；吃饭前要洗手；做错事情要表示歉意；要仔细观察大自然。”老教授说的这些看似简单的东西，实际上是道德的重要基础和做人的重要内容。

（五）发展新时代的师德

“学为人师，行为世范”，作为教师摇篮的北京师范大学的校训，浓缩了当代师德的精华。在庆祝北京师范大学建校百年的庆典上，时任中共中央总书记的江泽民同志在讲话中阐释了新世纪、新形势下的师德内涵，提出了新形势下的师德要求：

> 希望我们的教师志存高远、爱国敬业。人民教师的神圣职责，就是传授知识，传承民族精神，弘扬爱国主义，为祖国和人民培养合格人才。教师要忠诚于人民教育事业，以培育人才、繁荣学术、发展先进文化和推进社会进步为己任，积极引导和帮助青少年学生树立正确的世界观、人生观、价值观，教育他们立志成为有中国特色社会主义建设的栋梁之材。教师要始终牢记自己的神圣职责，并在深刻的社会变革和丰富的教育实践中履行自己的职责，百折不挠，奋勇直前。
>
> 希望我们的教师为人师表、教书育人。教书者必先强己，育人者必先律己。教师的道德、品质和人格，对学生具有重要的影响。教师要注重言教，更要注重身教。教师的日常工作虽然是平凡的，但教育工作的意义却是很不平凡的。教师应该自觉加强道德修养，率先垂范，既要有脚踏实地、乐于奉献的工作态度，又要有淡泊明志、甘为人梯的精神境界，以自己的高尚人格教育和影响学生，努力成为青少年学生的良师益友，成为受到全

社会尊敬的人。

希望我们的教师严谨笃学、与时俱进。教师在教育创新中承担着重要的使命。教师富有创新精神，才能培养出创新人才。教师应当具备求真务实、勇于创新、严谨自律的治学态度和学术精神，努力发扬优良的学术风气和学术道德。当今时代，新知识层出不穷，知识更新周期不断缩短，每个人都需要加强学习、终身学习。教师是知识的重要传播者和创造者，连接着文明进步的历史、现在和未来，更应该与时俱进，不断以新的知识充实自己，成为热爱学习、学会学习和终身学习的楷模。

百年大计，教育为本。教育大计，教师为本。中华民族素有尊师重教的优良传统。在老师面前，做学生的不论走到哪里，做出了什么业绩，对老师的感激和爱戴之情永远不会改变。我至今仍清晰地记得我的小学、中学和大学老师们给予我的有益教诲和影响，始终对他们充满着感激之情。长期以来，我国广大教师，特别是广大农村和边远贫困地区的教师，在艰苦清贫的条件下恪尽职守，默默耕耘，为祖国的教育事业无私奉献，涌现出了许多可歌可泣的先进人物，充分体现了陶行知先生当年倡导的“捧着一颗心来，不带半根草去”的崇高精神。这种平凡而又伟大的精神，永远值得我们学习和发扬。

大千世界，有人类必有教育，有教育必有学校。书香盈室、弦歌绕梁、桃李满园、德馨永驻、钟灵毓秀、翰墨飘香……古往今来，人们用这些美好的词句来形容培育人才的学校。很多人甚至感觉到只要一走进校园，就仿佛沐浴一股股扑面而来的和风，

只觉得春意盎然，勃发生机，情感就会不由自主地升华。可见人们对学校寄予了多么高的期望。

古往今来，有学校必有教师，有教师必有师德。历经数千年人类文明史锤炼、陶冶、积淀、传承下来的教师职业道德，内容丰富，博大精深，它融入于浩如烟海的典籍著作里，体现在千千万万教师的道德实践中。谈到师德我们不禁想起学校的校训。几乎所有的学校，都有自己各具特色的校训。丰富多彩、发人深思的校训，成为学校办学思想、文化精神、建校传统、道德情感、师德要求等丰富内容的集中体现。意境深远，富有哲理，内涵丰富的校训，对激励广大师生努力奋斗，攀登文化科学的高峰具有重要作用。校训以学校为载体，以道德为主要内容。虽然只有寥寥数字，却体现出包括师德在内的道德精华。

中国的校训可谓源远流长，大约从汉代起就开始设立书馆(也称“蒙馆”，大致相当于今天的小学)。伴随着学校的形成和发展，校训也开始以不同的形式出现。有的写成对联悬挂于校门的两边，有的镌刻在学校的楼、阁、亭、台、碑等建筑物上，有的制成匾额悬挂于教室、会堂之中，有的直接印在教科书上。左宗棠在他 15 岁时为家塾所作“身无半亩，心忧天下；读书万卷，神交古人”，马笛渔为蒙馆所写“教小子如养芝兰，此日栽培须务本；愿先生毋弃樗栎，他日长大尽成材”的对联，寄托了撰联人的良好愿望，彰显出教师的人格品位，也可以理解为早期的校训。

始于唐代，盛于宋初的书院，作为中国封建社会特有的教学组织和学术研究机构，在长期的办学实践中，对中国教育发展、文化传承、人才培养、道德净化都产生过重要影响。其“院训”更是丰富多彩。长沙岳麓书院朱熹手书的“忠孝廉节”；无锡东林书院的“依德之行、庸言之谨”和“风声雨声读书声，声声入耳；家事国事天下事，事事关心”；南京尊经书院的“立德立言立功，士先立志；有猷有为有守，学必有师”；湖北长阳佷山书院的“教化行而风俗美，师道立则善人多”；南昌友教书院的“志于道据于德依于仁，而后游于艺；修其身齐其家治其国，必先正其心”；四川彭水鹿山书院的“师范岂定谈，本经师为人师，济济一堂，春风入座；学成归实用，由中学兼西学，皇皇大典，夏屋储才”；贵州永宁维风书院的“格致、诚正、修养，知所先则近道，孝弟、谨信、亲爱，行有余以学文”等流传千古的校训佳作，把道德精华溶汇其中，以警师生。

到了近代，学校规模扩大，层次区分明显，性质出现较大差别，对师德要求更高，校训内涵更加突出了师德内涵。清华大学的“自强不息，厚德载物”把古老的《周易》卦辞中的经典融合用作校训，充满中国民族文化的韵味；孙中山先生为中山大学题写的“博审慎明笃，学问思辩行”则体现了先生倡导的“读书不忘革命，革命不忘读书”的奋斗精神和良好的学风及校风。教师的摇篮——师范院校更是如此。北京师范大学的“学为人师，行为世范”；华中师范大学的“立德树人，求实创新”；东北师范大学的“勤奋创新，为人师表”；西南师范大学的“团结树人，唯实求精”等校训都突出了立德树人。不仅对教师是一种激励，而且对学生，对社会道德的净化都起了重要的推动作用。

外在的美，人们易于理解和接受。但高于外在美的人格美、道德美，却是要有道德悟性的人才能真正领悟得到的。浓缩在几个字或十来个字的校训中的师德内涵，不是三言两语能说清楚，但却又将千言万语包容其中。它要求广大教师反复学习，深刻领会，通过自己的联想，补充，完善，不断提升自己的道德境界、

师德水平。

人类的道德很多是相通的。世界上很多名校也非常注重把道德精华融入校训之中：闻名于世的德国洪堡大学，以马克思“哲学家不但要解释世界，更要改造世界”的名言作为校训。用拉丁文写成的哈佛大学的校训是：“与柏拉图为友，与亚里士多德为友，更与真理为友。”强调尊重传统，强调追求真理，强调崇尚道德为最高原则。

教育发展到近代，教师独立成为一种专门的职业。教师的任务是向受教育者进行思想品德教育，传递人类积累的文化科学知识，培养创新能力，把他们培养成一定社会需要的人才。教师虽然不直接创造物质财富，但却通过自己的教育行为向学生提供创造财富的动力——思想品德和文化科学知识。现代教育要求教师要有目的、有计划、有组织地对学生施加一定的影响，促进学生的道德意识、情感、意志、人生观、价值观和行为习惯的形成与发展。教师是学校的主体，首先要求其道德高尚。师德在中国传统职业道德中具有重要地位，人们不仅把它作为对教师个人的品德要求，甚至希望通过弘扬师德达到劝君臣、正民风、安邦国的目的。

在相当长的历史时期，儒学是中国社会的道德支柱和主流思想，作为教师，首先要热爱自己的职业，要有职业幸福感。说到幸福感或者幸福指数，不能不提不丹模式与幸福总值。不丹是依偎在喜马拉雅群山中的一个小国，国土面积仅 4.7 万平方公里，人口仅 170 万。1970 年，不丹国王旺楚克提出了“国民幸福总值”概念。具体列出了政府善治、经济增长、文化发展、环境保护四个方面构成的国民幸福总值指标。多年实践的结果使人均 GDP 仅为 700 多美元的不丹，人民生活得很幸福。

按照西方的发展理论和发展模式，穷国要摆脱贫困首先要以发展经济，确保经济优先发展必然难以保护环境。近年来，中国经济年平均增长达9%，创造了世界经济奇迹，但这种“奇迹”更多的是靠牺牲环境、破坏平衡、浪费资源取得的，经济发展的好处没有普遍惠及大多数老百姓，1995年后国民幸福指数逐步下降。经济发展不能使国民幸福，富裕带来使人陷入物欲陷阱难以自拔的社会病，丧失了精神上的幸福和心灵家园。这样的发展模式是不可能持续发展的。作为国家，“国民幸福总值”比国民生产总值重要得多。应当注重物质和精神平衡发展、精神上的幸福和心灵家园建设。对于人和社会的发展，中国传统哲学思想最有价值的是天人合一，包括“阴阳平衡”、“和谐协调”、“和”等发展观念。应当到传统文化中寻找中国发展道路的答案。

不管幸福的标准或者原因是什么，绝大多数善良正直的人们认可的幸福是灵魂的干净、安详、宽容、向上，绝非是自我、庸俗、低俗、恶俗的官能刺激，更不是无止境地追求个人利益。《荀子》对幸福的解释是：“君子乐得其道，小人乐得其欲。以道制欲，则乐而不乱，以欲忘道，则惑而不乐。”其道理是幸福的根源在于高尚。我们提倡学习舍己为人的道德模范，但对一般人而言，首先要做到的是善良、公道、“己所不欲勿施于人”等做人的道德底线。作为教师，还有由其行业的最高主管部门规定的为师职业道德底线——职业道德规范。

（六）师德创新

师德是教师从事教育教学活动所形成的道德观念、行为规范和道德品质的总和，是调节教师自己的身与心、教师与学生、教师与教师群体、教师与社会之间相互关系的行为准则，是一定社会、一定时代或一定阶段对教师职业道德行为的基本要求和概括。

教师师德修养水平的高低，不仅仅是教师个人的事，还关系到学生的成长，关系到教育事业的发展，影响到整个社会的精神文明建设。师德需要培养，需要教育，更需要教师自觉修养修炼。重德、博学、尚美、树人的良好师德应当成为每一个教师的自觉追求和奋斗目标。

教师在职业道德方面的素质包括热爱教育，乐于奉献，热爱学生，教书育人，为人师表，言传身教，严谨治学，精心施教，团结协作，努力创新等。师德在整个教育过程中具有其他因素不可取代的作用。包括师德在内的道德体系是一个开放的系统，它随着社会的发展不断创新，不断补充具有时代特点的内容。这种创新和补充以理论、规则、规范等形式体现出来。社会公德是职业道德的基础，也是教师职业道德的基础。今天，我国的社会主义道德体系结构和原则应体现在以下几个方面：

第一，目标上要有提倡性。

要有最高的理想，即道德的核心和原则。它应当是我们全民族的精神支柱，是社会主义市场经济条件下人们的理想信念和世界观、人生观、价值观的正确体现。

第二，规范上要有层次性。

体现不同行业职业特点，要在对现实生活的实际情况进行分析和研究的基础上，探讨并提出一个与社会主义市场经济相适应的、具有不同层次内容和要求的思想道德体系。

第三，实践上要有可操作性。

应当根据不同行业的职业特点和对从业人员的管理要求，制订切实可行的职业道德规范和评价指标体系，而且把评价结果与从业人员的聘任、晋升、待遇等挂钩。

教师是社会主义精神文明的传播者和建设者，是青少年学生成长的引路人。师德不是抽象的政治说教，而是体现着深刻的知识内涵和文化品格。师德魅力是以其深厚的文化底蕴作基础的，师德不仅关系到教师自身品格的完美，而且具有强烈的示范性，成为学生最直接的道德榜样，起着以身立教的作用。在全民族的思想道德建设中，教师的思想道德起着“基因”的作用，师德高尚与否关系到全民族思想道德素质的提高，关系到社会的进步。其影响广泛而深远。

道德是社会的产物。意大利著名诗人但丁说过：“道德常常能填补智慧的缺陷，而智慧却永远填补不了道德的缺陷。”无论时代如何变迁，对于教师而言，较高的思想政治素质、先进的教育教学观念、面向全体学生、合理的知识结构、良好的协作精神是必须具备的。当代教师职业道德应当从古今中外的传统道德中吸取精华，剔除糟粕，形成对教师队伍建设起重要作用的新的师德。

第一，师德制度创新。

师德制度主要以不同层次和内容的“规范”形式体现。教育部长袁贵仁同志在他的《价值观的理论与实践》中指出：“人们之所以创造规范，是因为规范是社会共同生活所不可缺少的。它是确定与调整人们共同活动及相互关系的原则，是维持社会基本秩序的文化模式，是社会生活正常运转的机制，是社会控制的手段以及民族文化心理传承的载体。”

新中国成立以来相当长的时期，中国传统道德中的很多优良传统，都被当作封建糟粕彻底否定了。外国的一些优秀师德内容，也被作为资本主义的东西批判了。取而代之“以阶级斗争为纲”的理论，空洞的政治口号，不着边际、难于操作、常人难以企及的过高标准等一些模糊要求，对教师职业道德修养，对教师队伍的职业道德建设造成了严重后果。

改革开放后，师德建设开始从继承走向创新，从理论走向规范。1984年，教育部和全国教育工会联合颁发了《中小学教师职业道德标准（试行）》。这是全国第一部由国家最高教育主管部门制定的职业道德规范。根据教育事业的改革与发展，针对教师队伍素质和要求的变化，1991年，原国家教委和全国教育工会正式颁布了《中小学教师职业道德规范》。20世纪90年代是中国政治体制和经济体制改革力度最强、生产方式变革最大、生活方式变化最快、教育改革与发展最好的阶段，也是教师队伍管理制度建设力度最大的阶段。在这种背景下，1997年，针对教师队伍建设中出现的新情况和新问题，原国家教委和全国教育工会又对《中小学教师职业道德规范》进行了修订，当时颁发的《中小学教师职业道德规范》的内容是：

一、依法执教。学习和宣传马列主义、毛泽东思想和邓小平同志建设有中国特色社会主义理论，拥护党的基本路线，全面贯彻国家教育方针，自觉遵守《教师法》等法律法规，在教育教学中同党和国家的方针政策保持一致，不得有违背党和国家方针、政策的言行。

二、爱岗敬业。热爱教育、热爱学校，尽职尽责、教书育人，注意培养学生具有良好的思想品德。认真备课上课，认真批改作业，不敷衍塞责，不传播有害学生身心健康的思想。

三、热爱学生。关心爱护全体学生，尊重学生的人格，平等、公正对待学生。对学生严格要求，耐心教导，不讽刺、挖苦、歧视学生，不体罚或变相体罚学生，保护学生合法权益，促进学生全面、主动、健康发展。

四、严谨治学。树立优良学风，刻苦钻研业务，不断学习新知识，探索教育教学规律，改进教育教学方法，提高教育、教学和科研水平。

五、团结协作。谦虚谨慎、尊重同志，相互学习、相互帮助，维护其他教师在学生中的威信。关心集体，维护学校荣誉，共创文明校风。

六、尊重家长。主动与学生家长联系，认真听取意见和建议，取得支持与配合。积极宣传科学的教育思想和方法，不训斥、指责学生家长。

七、廉洁从教。坚守高尚情操，发扬奉献精神，自觉抵制社会不良风气影响。不利用职责之便谋取私利。

八、为人师表。模范遵守社会公德，衣着整洁得体，语言规范健康，举止文明礼貌，严于律己，作风正派，以身作则，注重身教。

除了颁发职业道德规范外，在20世纪90年代颁布和施行的《教育法》、《教师法》、《教师职务暂行条例》、《教师资格条例》、《教师和教育工作者奖励规定》等一系列教师队伍管理的法律法规中都对师德提出了新的要求。

第二，课程改革促进了师德创新。

进入21世纪，教育改革与发展势头更加迅猛。全社会对教育和教师的要求更高，师德制度创新步伐也进一步加快。2000年开始调整和改革课程体系、结构、内容，建立新的基础教育课程体系。这是新中国成立以来第八次基础教育课程改革。其力度之大，要求之高，涉及的人数之多，是前七次课程改革所不能比拟的。这次课程改革的总目标是：建立新的基础教育课程体系。以邓小平“教育要面向现代化、面向世界、面向未来”的思想为指针，全面贯彻国家教育方针，以提高国民素质为宗旨，以培养创新精神和实践能力为重点；强调课程要促进每个学生身心健康发展，培养良好品德；强调课程要满足每个学生终身发展的需要，培养学生终身学习的愿望和能力。

课程改革的终极目标是：为了每位学生的发展。其具体目标是：

(1) 改变课程过于注重知识传授的影响，强调学生形成积极主动的学习态度，使学生在获得基础知识与基本技能的同时，学会学习和形成正确价值观、人生观。

在传统的教育思想中，似乎知识多就意味着人的水平高、能力强。将知识的增长与人的发展相混淆，缺乏人性关怀。把知识传授当作教育的目的，颠倒了知识与人的关系。虽然发展离不开知识，但正如经济的增长并不等于社会的发展一样，高分低能如泡沫经济是我们的教育应当警惕的。另一方面，从理论上讲，“人的发展”必须通过知识的积累转化为能力的提高最后内化为素质而实现，因此，从这个意义上说，素质教育正是以人的发展为中心的教育实践。

(2) 改变课程结构过于强调学科本位、门类过多、缺乏整合的现状，使中小学整个课程结构具有均衡性、综合性和选择性。

(3) 改变课程内容繁、难、偏、旧和偏重书本知识的现状，加强课程内容与学生生活的联系，课程与现代社会科技发展的联系，关注学生的学习兴趣和经验，精选终身学习必备的基础知识和技能。

(4) 改变课程实施中过于强调接受学习、死记硬背、机械训练的现状。倡导学生主动参与、乐于探究、勤于动手。培养学生在现代科技条件下搜集和处理信息的能力、获取新知识的能力、分析和解决问题的能力、交流与合作的能力。上海市心理咨询中心的一项调查显示，约有69%的学生感到无法与父母交流和沟通，对于成长过程中遇到的困惑、烦恼和问题，42%的学生认为难以与父母交流，27%的学生表示从不与父母交流。

（5）改变课程实施中对学生的评价过分强调甄别功能、选拔功能的状况，发挥评价促进学生发展，促进教师提高的功能。

（6）改变课程管理过于集中的状况，实行国家、地方、学校三级课程管理，增强课程对不同地方、不同学校、不同学生的适应性。

根据这样的目标，要重点培养和发展学生的创新意识与能力，收集和处理信息的能力，主动和自主获取新知识的能力，分析与解决问题的能力，交流与合作的能力，对自然环境和人类社会的责任感和使命感这六个方面的能力。

要实现上述的目标，要重点培养学生上述六个方面的能力，要求我们今天的教师要站在师德的新高度，按照《规范》的新规定，正确处理教育教学中的几个关系：

第一，在对待全体学生的关系上，强调尊重。

“为了每一位学生的发展”是新课程的核心理念。为了实现这一理念，教师必须尊重每一位学生做人的尊严和价值，尤其要尊重以下六种学生：

（1）智力发育迟缓的学生；

（2）学业成绩不良的学生；

（3）被孤立和拒绝的学生；

（4）有过错的学生；

（5）有严重缺点和缺陷的学生；

（6）与教师意见不一致的学生。

第二，在对待“差生”的关系上，强调坚守师德底线。

教师要站在教师职业道德要求的高度来看待尊重学生的重要性。对待任何学生，都不应当伤害其自尊心，以下几条是最起码的，也是可以做得到的：

(1) 不体罚学生；

(2) 不辱骂学生；

(3) 不大声训斥学生；

(4) 不冷落学生；

(5) 不羞辱、嘲笑学生；

(6) 不随意当众批评学生。

第三，从教师劳动对象特点出发，强调赞赏。

教师不仅要尊重每一位学生，还要学会赞赏每一位学生，作为教师，每时每刻都不要忘记，我们面对的是成长中的、脆弱的、可塑性很强的未成年人，因此一定要做到：

(1) 赞赏每一位学生的特长、兴趣、爱好；

(2) 赞赏每一位学生所取得的哪怕是极其微小的成绩；

(3) 赞赏每一位学生所付出的努力和所表现出来的良好的愿望；

(4) 赞赏每一位学生对教科书的质疑、对教师授课的质疑和对学生自己的超越。

第四，在对待教与学的关系上，强调帮助。

教育教学的目的在于促进学。教师的职责不是照本宣科地传授书本上的知识，而且要结合书本知识的传授和不同学生的特点，对学生进行下列几方面的帮助：

(1) 帮助学生明确学习什么、确立能够达到的目标；

(2) 帮助学生根据所处环境寻找、选择、充分利用学习资源；

(3) 帮助学生设计适合自己的恰当有效的学习方式；

(4) 帮助学生发现所学东西的个人意义和社会价值；

(5) 帮助学生营造和维持学习过程中积极的心理氛围；

(6) 帮助学生对学习过程和结果进行科学客观的评价；

(7) 帮助学生发现自己的特长和潜能。

第五，在教学方法上，强调引导。

在信息传播迅速、知识获取途径多元的今天，教师的教育教学方法应当不断变化和创新。教育教学的本质重在引导，这种引导的特点是含而不露，指而不明，引而不发。

(1) 把引导作为一种哲学：传授给学生做人的道理、学科知识的学习方法和科学的思维方法。

(2) 把引导作为一种目标：引导学生首先认识和理解自己所学知识的个人意义和社会价值，调动学生内在的学习积极性。

(3) 把引导作为一种思想品德和人格完善的修养过程，首先教会学生如何立身处世，如何做对社会有用的人。

(4) 把引导作为一种启迪：当学生遇到困难产生迷茫的时候，教师不是轻易地告诉他向哪个方向走，怎么办？而是引导他在不同情况下迷路辨明方向的方法，告诉他们正确处理问题的思维方法。

(5) 把引导作为一种激励：当学生遇到困难，丧失信心的时候，教师不是拖着他走，而是唤起他内在的精神动力，鼓励他不断努力奋斗，向上攀登。

第六，在教师自我发展上，强调总结、反思。

如果一个人要把从教作为自己的终身职业，就应当对自己的职业活动不断进行总结和反思。不断以自己的职业活动为思考对象，对自己在职业活动中的行为以及由此所产生的结果进行审视和分析，促进专业发展，不断超越自己。

(1) 教学前反思，使教学有充分准备，加强教学的针对性，使不同特点不同水平的学生都能最大限度受益。

(2) 教学中反思，针对教学中出现的问题进行反思，使自己的教学不断完善，高质高效地进行。

(3) 教学后反思，使教学经验系统化、理论化，升华为对自己和他人都有价值的科学理论。教学后反思会促使教师自觉形成自我反思的意识，不断提高自我监控的能力，不断总结提高自己的教学水平。

第七，在对待与其他教育者的关系上，强调团结、合作。

在教育教学过程中，教师除了面对学生外，还要与从事其他学科教学的教师发生密切联系；课程的综合化趋势特别需要加强教师之间的合作。不同年级、不同学科的教师要相互配合，齐心协力地培养学生。每个教师不仅要教好自己的学科，还要主动关心和积极配合其他教师的教学，从而使各学科、各年级的教学有机融合、相互促进。教师之间一定要相互尊重、相互学习、团结互助，这不仅具有教学的意义，而且是师德的重要内容，对学生也具有教育的功能。

第八，从师生关系看，教师要做学生学习的促进者。

教师作为促进者，是指教师应当从过去仅作为知识传授者这一角色中解放出来，通过自己的教育教学活动，在传授知识的过程中，促进学生学习能力的不断增强，促进学生在各方面和谐、健康发展。做学生学习的促进者，是教师最明显、最直接、最富时代性的角色特征，其内涵主要包括以下两个方面：

首先，教师应当是学生学习能力的培养者。因为现代科学知识量多且发展快，教师要在短短的几年学校教育时间里把所教学科的全部知识传授给学生，让学生记住教材中所有的内容已不可能，也没有这个必要。

其次，教师作为学生唯一知识源的地位已经过时。学生获得知识信息的渠道比过去宽阔得多。教师在传授知识方面的职能也变得复杂化了，不再是只传授现成的教科书上的知识，而是要指导学生懂得如何在信息爆炸，铺天盖地而来的环境中获取自己所需要的知识，要掌握获取知识的工具，学会如何根据需要去处理各种信息的方法。

总之，教师再也不能把知识传授作为自己的主要任务和目的，也不应当把主要精力放在检查学生对知识的掌握程度上。而应当成为学生学习的激发者、辅导者、各种能力和积极个性的培养者，把教学的重心放在如何促进学生“学”上，要重“过程”而不应当单纯看“结果”。因为由于科学技术的发展，获得“结果”可以有多种方法，应当看哪种方法最简便，最科学。教是为了不教。

第九，从学知识与学做人关系看，教师是学生人生的引路人。

这一方面要求教师不仅向学生传播知识，而是要引导学生沿着正确的道路前进，并且不断地在他们成长的道路上设置不同的路标，引导他们不断地向更高的目标前进。另一方面要求教师从过去作为“道德说教者”、“道德偶像”的传统角色中解放出来，成为学生健康心理、健康品德、健全人格的促进者、催化剂，引导学生学会自我评价、自我调适、自我选择。

社会的发展，教育的改革，对教师育人的要求提高了。纷繁复杂的社会环境，鱼龙混杂的新思想、新观念，使还属于未成年人的学生茫然不知所措。教师要善于指导学生树立有利于社会发展、有利于个人发展的人生观、价值观。

教师职业道德规范是在长期的教育实践中形成的。它反映了教育活动对教师职业行为的客观要求，作为一种调节体系，它通过社会舆论及教师的师德实践支配和控制教师在教育教学活动中的行为。

师德对于大多数教师而言，应当有经过努力能够达到的底线要求。这些要求应当以规范等制度形式体现。对于教师职业而言，考核评价的内容和标准很多，但人们的共识是，只要对其师德考核评价定为不合格，就可以“一票否决”，由当事人承担相应的后果。从这个意义上说，只有极少数人能够做到的高尚师德标准，可以作为一种提倡和追求的目标，而不应当要求多数人立刻做到，并与其聘任、晋级等直接挂钩。在教育系统张扬高尚师德典范，旨在能使更多的人努力追求高尚师德，而不是硬性规定每位教师都必须达到这一境界，也不可能都达到这一境界。因为高尚师德是相对于师德底线而客观存在的。当今师德的种种不适应教育发展要求，并非是高尚道德的缺位，重点应当是需要每位教师首先在师德要求方面成为合格教师。

道德是对现实社会经济、政治的反映。道德观念的倡导不应当脱离现实，就像计划经济体制下的道德观念已不完全适用于社会主义市场经济一样，传统的义利观、效率观中包含的与经济社会发展不相适应的君子言义不言利，君子喻于义、小人喻于利，重人际和谐不重工作效率，谋人胜于谋事等，将会逐步被淘汰。取而代之的应当是重视开拓创新、理直气壮地提倡竞争。道德要求要有利于提高工作效率、有利于尊重人才、有利于追求个人发展和正当利益等。随着社会的发展，不仅道德的内涵在调整、变化，而且外延也在不断扩展。在过去根本不具备道德意义的一些行为，在现代社会已经进入了道德领域，成为社会公德调节的对象。

第二章 爱国守法 依法执教

爱国守法。热爱祖国，热爱人民，拥护中国共产党领导，拥护社会主义。全面贯彻国家教育方针，自觉遵守教育法律法规，依法履行教师职责权利。不得有违背党和国家方针政策的言行。

2008年9月1日颁布的《中小学教师职业道德规范》规定的爱国守法的内容是："爱国守法。热爱祖国，热爱人民，拥护中国共产党领导，拥护社会主义。全面贯彻国家教育方针，自觉遵守教育法律法规，依法履行教师职责权利。不得有违背党和国家方针政策的言行。"

爱国守法，是作为一个国家公民的基本条件。依法治国，是我国改革开放以来提出并努力追求的现代化建设的重要目标。要实现这一目标，要求每个公民树立法治意识：知法，了解作为公民必须遵守的法律；守法，法律一旦通过法定程序立法，即使是对某些个别人不利，或者不符合某些个别人的实际情况，全体社会成员都必须遵守，以法律来规范和约束自己的行为，不做法律禁止的事情。教师首先是公民，应当爱国守法。教师又是负有教书育人重大使命的公民，所以更应当模范地爱国守法。

从中小学教师职业角度说，爱国守法的重点是规范中小学教师与国家的关系，是对中小学教师提出的政治要求。强调要热爱祖国，热爱人民，拥护中国共产党领导，拥护中国特色社会主义制度，遵守宪法和法律法规，贯彻党和国家的教育方针。在这方面，最低的要求是"不得有违背党和国家方针政策的言行"。

一、爱国守法是从事教师职业的基本条件

爱国是守法的基础。一个人只有热爱他赖以生存的国家，才有可能自觉遵守国家制定的法律。所以说爱国守法是每个国家的公民应当具备的基本条件或者说国家对公民的基本要求，更是每个公民的义务。爱国不是抽象的概念，而是在每个人身上以一定的形式具体体现出来，例如热爱祖国各族人民、遵守优良传统、

弘扬先进文化、爱护自然环境、拥护社会主义制度等。一个国家的公民连他赖以生存和发展的国家都不热爱，不仅违背了基本的社会公德，而且也很难在他所处的社会环境中立足，更别说个人要得到全面发展了。对于以教书育人为天职的教师，在爱国守法方面，更有其明确的要求。1993 年 10 月 31 日第八届全国人民代表大会第四次会议通过，1994 年 1 月 1 日起施行的《中华人民共和国教师法 》规定："中国公民凡遵守宪法和法律，热爱教育事业，具有良好的思想品德，具备本法规定的学历或者经国家教师资格考试合格，有教育教学能力，经认定合格的，可以取得教师资格。"其中一个重要条件必须是"中国公民"。换句话说，要取得中国的教师资格，必须具有中国国籍。具有中国国籍，就必须遵守中国的宪法和法律，热爱与自己生存发展甚至生死相依的祖国。

任何一个国家都不可能十全十美，任何一个国家都会有这样那样的社会问题。作为以教书育人为天职的教师，对我们的底线要求是，对一定时期、一定环境产生的社会问题，不能没完没了地怨妇似的抱怨，更不能站在旁观者的角度一味指责，而是要充分利用我们的职业优势，教育学生正确看待这些问题，从小立下解决社会问题的志向，像周恩来总理当年提出的那样，"为中华崛起而读书"，学习和掌握更多的解决社会问题的知识。

爱国首先应当守法。守法首先要弄清楚法律与道德的关系。道德是法律的基础。法律与道德的区别在于：道德规范反对或者限制的行为法律不一定禁止，例如"见死不救"，这是绝大多数国家的道德严厉抨击的，但中国现行的法律中，对见死不救没有相应的惩罚规定；婚外性行为被道德强烈谴责，但没有法律禁止和惩处的相应规定；道德鼓励人们兼爱成仁，博施济众，积德行

善，乐于助人，但法律没有规定人们必须舍生取义等。由此可以看出，法律禁止的范围比道德规范的范围要小得多。这说明法律只是道德的底限。但反过来看，凡是法律禁止的也必须是道德所禁止的，例如杀人、偷盗、抢劫、非法侵占他人财产等。法律与道德的基本原则、法则、方法、标准、规则是不相冲突的。法律是文明社会生活的最后一道防线，是一种威慑性的社会控制手段，法律是伦理道德底线的体现，是一种解决社会矛盾和问题的没有办法的办法。作为一个社会，其目标是违反法律规定，触犯刑律的人越少越好。

法律的首要任务是维持社会秩序，其次是通过立法引导人们向善；通过执法或司法惩恶扬善，制止争端，解决冲突，维持基本社会秩序，引导人们追求社会的和谐、文明、进步。法律和道德都是上层建筑的重要组成部分，都是维护、规范人们思想和行为的重要手段，两者相互联系、相互补充以维持良好的社会秩序。法治以其权威性和强制手段规范社会成员的行为，德治以其说服力和劝导力提高社会成员的道德觉悟。道德规范和法律规范应该相互结合才能发挥应有作用。

道德主要有两种：第一种是对人的最低标准的道德要求，如不得杀人、盗窃、抢劫、危害国家安全、侵犯他人权益等，有的也称为公民义务的道德；第二种是为了提高生活质量、密切人际关系、助人向上的高标准道德要求，比如博爱、仁慈、善良等，也称为理想或者愿望的道德。

作为国家和社会，法治与德治是相辅相成、相互促进的，二者缺一不可，不可偏废。法治属于政治建设、属于政治文明，德治属于思想建设、属于精神文明。二者范畴不同，但其地位和功能都是非常重要的。道德和法律可以很好地结合起来共同发挥作用，而关键是如何科学地把握法律与道德在现实社会中的关系，使之既相互区别又相互补充，共同发挥其应有的作用。作为教师，首先应当了解、学习和理解与自己的身份和职业活动有关的法律规范和道德规范，特别是职业道德规范。

二、拥护中国共产党的领导，拥护社会主义

拥护中国共产党的领导、拥护社会主义，作为《规范》的重要内容之一，是从职业道德角度对教师提出的政治要求。这种政治要求应当说是要高于普通公民的。作为普通公民，由于他不负有法定的“对学生进行宪法所确定的基本原则的教育和爱国主义、民族团结的教育，法制教育以及思想品德、文化、科学技术教育，组织、带领学生开展有益的社会活动；关心、爱护全体学生，尊重学生人格，促进学生在品德、智力、体质等方面全面发展；制止有害于学生的行为或者其他侵犯学生合法权益的行为，批评和抵制有害于学生健康成长的现象”等方面的职责，在拥护中国共产党的领导，拥护社会主义方面，一般只要在涉及党和国家利益、民族利益的重大事件上能够做到即可。而对于教师这样劳动对象是人的国家公职人员，必须从法律方面、职业道德方面严格要求。由于教师一言一行都有示范作用的职业特点，只有热爱祖国、热爱人民才能热爱学生，热爱学生才能教好学生。教师职业道德具有鲜明的政治性。

教师“拥护中国共产党的领导，拥护社会主义”，首先表现为拥护国家实行的社会制度。因为教师的职业道德与政治倾向会影响到他的劳动对象——学生。今天的教师首先应当具备“热爱祖国，热爱人民，拥护中国共产党的领导，拥护社会主义”等基

本道德，并且在其职业活动中以教师的独特影响力向学生宣传正确的人生观、价值观、世界观。信仰是生命之根，是心灵之魂，信仰是生命的不竭动力。有信仰的人才会有远大抱负、有人生目标和追求，人生才会幸福。如果一个人没有信仰，会对什么都不相信而无法无天，例如“文化大革命”中的某些人即属此类。

当前，中国社会正处在转型期，旧的价值观遭到质疑，新的价值观还没有完全确立，形成了价值观的混乱，导致青少年的信仰迷失，社会固有的价值标准和道德标准受到挑战，需要激浊扬清，明确主流价值观。中国选择了社会主义道路，选择了中国共产党的领导，所以，在我国加强理想信念教育，就是要坚定对中国共产党领导、对社会主义制度的信念和信心。只有将个人的信仰统一到主旋律上，社会才能产生凝聚力，才能够和谐与稳定。据对某省中学生的一项调查：96.6%的中学生认为爱国主义非常重要或比较重要，拥护党的领导，对党和国家充满信任。有89.41%的学生认为和谐社会建设非常必要，87.18%的学生对和谐社会建设充满信心。对学生的信仰教育可以分为两个层次：一是个人对美好生活的信仰，即对美好生活的憧憬和向往，对人生意义的追求与个人价值的实现；二是道德信仰，即对理想人格与和谐人际关系的追求和向往。信仰教育应当立足于个体生活才容易为个体所认同，才不至于沦为“假大空”的“圣人”教育。作为教育者，教师首先要加强自身的道德修养，以高尚的品德和魅力人格，成为先进理想、信念、信仰的先行者，引导学生按照自己的信仰去发展、创造自己的理想人生。

三、全面贯彻国家教育方针

《中华人民共和国教育法》第五条规定的国家教育方针是："教育必须为社会主义现代化建设服务，必须与生产劳动相结合，培养德、智、体等方面全面发展的社会主义事业的建设者和接班人。"国家以法律形式明确规定的教育方针，体现了教育的目标。

教育的价值是什么？教育的价值是促进人全面发展，使人幸福。教育的目的是什么？教育的目的不是去评判学生好坏，不是用教育手段筛选"好学生"与"坏学生"；教育的目的是提供一个资源，使学生能够以健康方式自主地发展身体素质、心理素质、社会功能、知识水平、创造能力。吕型伟教授提出的"人人有才、人无全才、扬长避短、人人成才"的教育理念应当成为教育的价值追求。正是因为教育的上述性质和目标，要求我们为贯彻落实国家的教育方针而实施素质教育。所谓素质教育，是指以促进学生身心发展为目的，以提高国民的思想道德、科学文化、劳动技术、身体心理素质为宗旨的基础教育。素质教育的理论浩如烟海，见仁见智，笔者比较认同的是原中国科学技术协会科普研究所所长袁正光教授归纳提出的学生人格素质，详见下页表。

贯彻国家的教育方针，实施素质教育，我们的教育、学校、教师、社会、家庭都应当注重培养学生上述四个方面的素质，也就是人类普遍认同的价值标准：真、善、美、爱。

师德不仅含有道德，也含有世界观、人生观、价值观、政治立场和态度、法纪观念和处世行为等。教师作为国家公职人员，在爱国守法方面，在整个社会中居于重要地位。为了完成国家规

学生人格素质表

素质类别	认知对象	思维方式	沟通方式	价值标准	气质特征
科学素质	客观世界	理性	事实与逻辑 晓之以理	真	理智
艺术素质	情感世界	感性	感觉与形象 动之以情	美	激情
信仰素质	心灵世界	悟性	心灵默契 抚之以心	善	虔诚
人文素质	与人与社会的关系	三性皆有	分别运用	爱	真诚

定的教育教学任务，教师必须有良好的道德素质、法治意识，才能在教育教学活动中自觉地扶正祛邪、扬善惩恶，教育和影响学生形成追求高尚、好学上进的良好风尚。

四、自觉遵守教育法律法规，依法履行教师职责权利

自觉遵守教育法律法规，依法履行教师职责和权利，是教师职业道德的重要内容。教师作为公民，首先要带头遵守国家法律；作为从事教师职业的公民，更应当自觉遵守与自己的职业活动有关的法律，依照这些法律法规从事教育教学工作。当前，与中小学教师职业活动最为密切的法律法规有《教育法》、《教师法》、《义务教育法》、《职业技术教育法》、《教师资格条例》等法律法规。由于中小学教师的教育对象绝大多数是成长变化最快，可塑性最大，在整个社会中处于弱势的未成年人，所涉及的法律更多，如《未成年人保护法》等。教师依法执教不但要体现在教育过程的各个环节中，还要帮助学生树立法律意识，担负起自己的社会责任。

改革开放以来，伴随着依法治国的进程，依法治教步伐加

快，教育法律法规逐步完善，特别是《教师法》的颁布施行，对教师的权利和义务作出了明确的规定，作为教师应当自觉遵守，也应当依法维护自己的合法权益。《教师法》第七条规定教师享有下列权利：

（一）进行教育教学活动，开展教育教学改革和实验；

（二）从事科学研究、学术交流，参加专业的学术团体，在学术活动中充分发表意见；

（三）指导学生的学习和发展，评定学生的品行和学业成绩；

（四）按时获取工资报酬，享受国家规定的福利待遇以及寒暑假期的带薪休假；

（五）对学校教育教学、管理工作和教育行政部门的工作提出意见和建议，通过教职工代表大会或者其他形式，参与学校的民主管理；

（六）参加进修或者其他方式的培训。

权利和义务是相辅相成的，有权利就必然要承担相应的义务或者相应的职责，《教师法》第八条规定教师应当履行下列义务：

（一）遵守宪法、法律和职业道德，为人师表；

（二）贯彻国家的教育方针，遵守规章制度，执行学校的教学计划，履行教师聘约，完成教育教学工作任务；

（三）对学生进行宪法所确定的基本原则的教育和爱国主义、民族团结的教育，法制教育以及思想品德、文化、科学技术教育，组织、带领学生开展有益的社会活动；

（四）关心、爱护全体学生，尊重学生人格，促进学生在品德、智力、体质等方面全面发展；

（五）制止有害于学生的行为或者其他侵犯学生合法权益的行为，批评和抵制有害于学生健康成长的现象；

(六) 不断提高思想政治觉悟和教育教学业务水平。

由于教师承担着特定的和法定的上述义务，因此，在爱国守法方面，教师不应当等同于一般的公民，而应当把爱国守法作为自己的神圣职责和义务。

在教师的职业活动中，维护学生权利是教育法律法规中的重要内容。学生有接受国家规定的义务教育的权利；有权运用法律手段维护自己的合法权益；有权获得学校提供的在当前情况下适合自身特点的教育；有权得到人格的尊严和公平的对待；有权对个人的隐私保密；有权通过正常渠道表达自己的意见、建议。

❊案例一：

有位老师在一个被大家称为“老顶”的学生抵制他加课中受到启发，对广大教师也有借鉴意义：有一天，这位老师想主动在放学后给学生加一节辅导课。他刚一宣布，一个被同学们称为“老顶”的学生就站起来大声说：“老师，我累了，头疼，我想回家。”接着不停地敲起了桌子。这位老师很生气，走过去把“老顶”拉出教室，强压怒火问他为什么这么做。“老顶”理直气壮地说：“我们累了，您干吗占用我们的课余时间？我想回家休息。”听了“老顶”的话，这位老师愣住了。这句话让他意识到：这个年龄段的孩子需要的不光是知识，还需要休息和娱乐，需要属于他们自己的时间和空间。说得更严重些，他们是在依法维护自己的合法权益。

从上面这个师生共同碰撞的案例中，我们想到了道德的重要内容——尊重。尊重的基本内容是尊重自己，强调自立；尊重他人，强调平等；尊重社会，强调责任；尊重自然，强调环保；尊重知识，强调求索。当然，教师从对学生的尊重中更应当思考权益——法律赋予学生的权益。学生的权益是多方面的，例如，接受国家规定课程教育的权益、质疑提问的权益、提出更换教师的权益、抵制占用自己学习时间的权益、不接受超常学习负担的权益等。

学校、教师侵犯学生权益的事件时有发生，这说明法定的“学生权益观”这种现代教育意识在不少学校和教师中还没有形成。对学生的权利意识还停留在传统的认识上——我们都是为了学生好，学生应当服从，在家听家长的，在校就应当听老师的。学生权益观的树立既是教育进步的标志，也反映出学生的主体价值。传统落后的教育意识是很少考虑学生权益的，而处处和现代教育相悖，极大地阻碍了教育现代化的进程和发展，也给素质教育带来了阻力和困难。

❀案例二：

这是一所学校“初二五班班规”，除了一些对学生的合理要求外，上面还赫然写着：“上课迟到：罚款1元；体育课穿皮鞋：罚款1元；不交作业一次：罚款1元；上课讲话一次：罚款0.3元；打架：罚款2元；抽烟：罚款2元……”这个班的班主任还理直气壮地说：“罚款这一招还真管用，自从罚款以来，纪律比以前好多了，那些经常调皮捣蛋的学生收敛了许多，反正罚款的钱是用作班费，我又没得一分钱。”

从师德角度看，这种罚款违背了教师职业道德。教师育人的过程，是教师对学生大到人生观、道德观、法治观，小到对生活琐事的看法的教育过程。是教师用言教、身教和自身的人格魅力感化学生，以逐步形成学生自己的思想和行为准则的过程。这个过程要求教师付出艰苦的、长期的、细致的劳动，这不是用简单

的罚款的方法可以代替的。

从法律角度分析，首先这种罚款是侵犯了学生的合法权益。其次是以罚款进行处罚，属于行政处罚行为。教师行使的管理学生的权利实质上是学校的管理权利，教师作为学校的代表行使学校的职权。如果学校不具备行政处罚的主体资格，教师也就不具备行政处罚的资格。教师对学生所犯错误以罚款形式进行处罚，实际上是教师和学校的一种违法行为。更严重的是，简单的罚款很容易使学生产生这样的认识：犯了错误可以用钱来补偿，将来犯了法犯了罪同样也可用钱来补偿；因为有钱，就可以犯错误，甚至犯法，大不了拿钱了事。

❀**案例**三：

有位小学教师在放寒假前给学生规定：期末考试时每错1道数学题，要在假期中每天罚做100遍。这位教师所在班级一位学生考试时错了5道数学题，因此他每天要被罚做500遍。21天的假期，总共要做10500遍，再加上学校布置的其他寒假作业，数量惊人。这位小学生没有完成作业，心中害怕，开学第一天跳山自杀身亡。教师让学生在寒假中超量做数学题，数量之大远远超过了学生身体和心理的承受能力，错1道题每天做100遍（或者几百遍），从实际效果或者功利角度看，纯粹是机械重复，于学生身心发展、吸收和理解知识都没有什么好处。从法律角度分析，这种惩罚，不仅侵害了学生的身体健康权和人格尊严，而且还侵害了学生的休息权。即使这位教师的动机是“恨铁不成钢”、是“为学生好”，造成学生不堪压力自杀身亡这样严重的后果也要承担相应的责任。

1985年以来，国家相继颁发了《义务教育法》、《未成年人保护法》、《教育法》等法律。其中都明确规定：禁止以各种形式体罚和变相体罚学生。这首先从制度上为解决体罚和变相体罚学生问题提供了保障，但“法制”只是手段，“法治”才是目的。学校依法办学，教师依法执教形势不容乐观，还需要进一步加强。

❀**案例四**：

据对某地6所中小学592名学生的问卷调查，受过体罚或变相体罚的学生所占比例达45%。体罚形式归结起来主要有三类：第一类是直接伤害学生身体，第二类是侮辱学生人格，第三类是变相体罚，如罚多做作业、罚在学校劳动等。教师的这些行为严重地损害了学生的人格，对他们的身心健康构成极大的威胁，而心理伤害比起身体伤害所带来的危害有过之而无不及，这种人格侵犯挫伤了学生的自尊心，摧残了学生内心真善美的情感，容易使学生形成许多消极性格。随着这种人格权益侵犯的次数增多，学生自我否定的成分也逐渐增强，很容易引发学生与他人的冲突，产生强烈的社会否认感，形成扭曲的心态，最终导致学生偏离社会规范。

在有的学校，常常可以看到这样的情形：学生没有按时交作业，有的教师就让学生什么时候把作业补齐了，什么时候再来上课。教师随意停学生课甚至把上课违纪或不完成作业的学生撵出课堂；有的班主任把违纪的学生赶到家里或是宿舍令其“反省”等。这些做法实际上已经侵犯了学生的受教育权，已经构成一种违法行为。

学生的受教育权是指在校学生有接受教育、学习科学文化知识的权利。《宪法》第四十六条，《教育法》第九条规定：中华人民

共和国公民有接受教育的权利和义务。任何人都不得以任何理由或形式剥夺、限制公民的受教育权。《教育法》第八条规定：教师有关心、爱护全体学生，尊重学生人格，促使学生在品质、智力、体质等方面发展的义务。

联合国《儿童权利公约》、《中华人民共和国宪法》、《未成年人保护法》、《预防未成年人犯罪法》、《民法》等相关法律中，规定了未成年人在学校中享有的20多种权利。例如，学校在处理违纪学生时采取停课处罚，实际上就是侵犯未成年人的教育权；老师罚站，放学后禁止学生回家，强行向学生征订读物，侵犯了未成年人的身体自由权和内心自由权；考试成绩太差的学生，被老师嘲笑为“蠢猪”等，侵害了未成年人的名誉权；老师私拆信件，张榜公布考试成绩和排列名次，侵害了未成年人的隐私权；老师因学生上课看课外书、玩游戏机而没收学生的课外书和游戏机等，侵害了学生的独立财产权；寄宿学校老师没有及时救助患病学生，侵犯了未成年人的生活获得照顾权；有的学校罚后进学生干学校里的脏活累活，侵害了未成年人的拒绝不合理劳动权等。教师体罚学生，后果不可小视。根据教育规律和人的成长规律分析，体罚学生至少会造成以下几种后果：

(1) 学生的身体健康权和人格尊严受到侵犯，影响学生身心健康发展，使学生产生无助感和羞辱感，从而对人、对社会变得冷漠甚至敌视。

(2) 一个学生涉及师生关系、学校与学生的关系、家长与学校、家长与教师多重关系，体罚会引起学生与学校和教师的对立，甚至会出现学生或家长报复学校，学校正常的教育秩序受干扰，伤害教师等严重后果。

(3) 体罚学生的教师违背了相关的法律规定，要承担相应的法律责任以及受到行政等方面的相应处理，对教师的工作和个人成长、个人发展不利。

(4) 因体罚学生引起的法律纠纷，使有关国家机关特别是教育行政部门、学校要为解决这些纠纷付出人力、时间、精力甚至物力，增大了社会管理成本。

(5) 教师用违法的手段处理学生中出现的问题，一方面让学生认为教师不懂法或者知法犯法，影响教师威信；另一方面，教师的这种言传身教，容易影响学生无视法律而成为法盲，向幼小的学生发出错误的信息，使他们认为暴力可以解决问题。

(6) 体罚容易使学生为了逃避惩罚而说谎，而且这种说谎多次重复，成为习惯后会影响学生的一生。

自觉遵守教育法律法规，在自己的职业活动中避免体罚学生之类的违法行为，应当成为我们每位教师依法执教的自觉行动。

五、不得有违背党和国家方针政策的言行

不得有违背党和国家方针政策的言行，是由教师的职业性质所决定的。教师是国家公职人员，应当是党和国家方针政策的带头执行者。教师受人民委托依法执教的职业性质，决定了教师不能反对政府，“不得有违背党和国家方针政策的言行”。法国、美国等国家法律规定教师不能因为政治等原因罢工。特别是中小学教师，其职业性质更不允许教师在其职业活动中，在其劳动对象——学生面前散布与政府的政策法规不一致的言论或者个人观点。原因在于中小学教师的劳动对象是年龄小、模仿性强、向师性强、成长变化快、易受外界影响的儿童和少年，所以教师传授给学生的知识必须是有定论的，符合国家法律法规规定和社会道

德要求的文化科学知识。这一特点甚至和同是教师的大学教师是有区别的。由于大学教师的劳动对象是成年人，他们辨别是非的能力比中小学学生要强得多，所以大学教师在其职业活动中，在一定的范围表达自己个人的学术观点是允许的、合法的。但传递给学生的教育内容必须是正确的、先进的、成功的，符合国家和民族利益的。

教师的职业道德对中小学生具有启蒙意义。人的道德品质是在后天环境影响和有目的的教育下完成的。因此，中小学教师无论是在道德上还是知识上对于青少年都具有启蒙的作用。虽然人类终身都在受教育，但在青少年阶段受到的教育是最重要的。许多卓有成就的政治家、科学家回忆起自己的成长经历，经常提到的就是中小学老师的启蒙作用。这就要求教师切实认识到师德的启蒙意义，以高尚的品德为学生示范正确的人生道路。

六、师德建设中德治和法治的关系

教师职业道德需要行为规范，也需要法律约束。2001 年，时任中共中央总书记江泽民同志在全国宣传部长会议上讲话指出：

> 要坚持不懈地加强社会主义道德建设，以德治国。对一个国家的治理来说，法治与德治，从来都是相辅相成、相互促进的。二者缺一不可，也不可偏废。法治属于政治建设、属于政治文明，德治属于思想建设、属于精神文明。二者范畴不同，但其地位和功能都是非常重要的。我们应始终注意把法制建设与道德建设紧密结合起来，把依法治国与以德治国紧密结合起来。

著名道德研究专家、中国人民大学罗国杰教授指出："法律和道德作为上层建筑的组成部分，都是维护、规范人们思想和行为的重要手段，它们相互联系、相互补充。法治以其权威性和强制手段规范社会成员的行为，德治以其说服力和劝导力提高社会成员的道德觉悟。道德规范和法律规定应该相互结合，统一发挥作用。法律和道德各有特点和缺陷：依靠权威性和强制力的法律，可以使人在法律规定和监督的范围之内，不做违法的事，但是不能使人有羞耻之心，更不会使人有知善知恶的荣辱观念，只要法律管辖不到，或者法律有空隙可钻，有的人就会为所欲为，做出危害他人和社会的事。孔子说的'道之以政齐之以刑，民免而无耻'就是这个意思。没有道德感化，人的道德素质就难以提高，为人行事不会自觉地考虑他人的利益。没有道德感化，一些人的投机取巧之心就会不断发展，社会风气就会日益败坏，结果往往导致社会的动荡。应当充分发挥道德的说服力和'劝导力'作用，启迪人们的道德觉悟，激励人们的道德情感，强化人们的道德意志，提高人们的荣辱观念，形成广泛的道德舆论、培育良好的道德环境、增强人们的道德责任感，从而使人们认识到，一个人如果不能履行自己应尽的道德责任，违反了社会的道德要求，他就要受到舆论的谴责、良心的责备，产生心理压力。这种谴责，可能会给他带来羞辱、带来痛苦，会使他在人际关系中难以同他人相处，对自己形成一种强大的压力。

我们应当全面认识法律和道德的作用。道德规范和法律规范应该相互结合，统一发挥作用。遵守法律是道德的最基本的要求，同时，我们要把重要的道德规范，尽量纳入到我们的法律之中，融入到我们的管理制度中。建设与社会主义市场经济相适应的教师职业道德规范的目的，主要在于激励教师形成追求高尚

的、良好职业道德风气，保证教育事业的健康发展。同时也为社会作出表率。”

教师是国家公职人员，在依法治教中居于主导地位。教师受广大人民群众的委托，依照国家的有关规定依法执教。为了完成国家规定的教育教学任务，教师必须有良好的道德素质、法治意识，才能在教育教学活动中自觉地扶正祛邪、扬善惩恶，教育学生形成追求高尚、好学上进的良好风尚。师德不仅含有道德，也含有世界观、人生观、价值观、政治立场和态度、法纪观念和行为等。在法纪方面，应当深刻领会法治社会的意义，自觉学法、守法、执法、护法，为学生做法纪严明的榜样。

由于中国经济基础薄弱，人口压力巨大，又处在由计划经济向社会主义市场经济转变过程之中，因此，我们的教育离“培养意志品质，塑造道德观念，传授科学文化知识”这样的教育目标还有相当的差距。在教育资源特别是优质教育资源难以满足人民群众需要，升学、就业激烈的竞争中，从小学开始，为了升学率，有多少学校像过筛子一样筛掉“差生”。为了不拖班级后腿，有多少孩子的家长被迫给孩子开弱智证明。这种为了大多数学生利益而牺牲掉少数学生利益的做法合理吗？有位老师曾经痛心地说：“我带初三毕业班时，为了不让一位成绩差的学生拖全班后腿，我劝这个学生的父亲给孩子开了弱智证明。从此，初三（2）班的平均分直线上升。但我再没见到这个学生无拘无束地与同学们追逐嬉戏，他似乎真的木讷，真的开始走向‘弱智’了。”

全国各地中小学反映出的一些事例中，从师生共同碰撞的火花中，我们想到了道德的重要内容——尊重。尊重的基本内容是尊重自己，强调自立；尊重他人，强调平等；尊重社会，强调责任；尊重自然，强调人与自然和谐发展；尊重知识，强调求索。

当然，我们从对学生的尊重中更应当思考权益——法律赋予学生的权益。这种权益意识，不但教师要了解，更重要的是要在法制教育中，教育学生树立权益意识，以法律保护自己的合法权益，减少教师的违法行为。但在学生权益意识方面，现状令人担忧。

❈案例五：

曾经有位小学教师，为了惩罚一个五年级学生，令其在课堂上吃排泄物，这不仅违背了社会公德和教师职业道德，而且是一种严重的侮辱人格的违法行为。与这位教师的违法行为同样严重的是，在这种明显的违法犯罪行为面前，全班同学没有一个站出来反对，只有哭泣。当然，这只是一个极端的个案，我们也不能怪学生软弱，而应当反思我们有没有对学生进行过维护学生合法权益的法治教育。

教师有责任对学生进行法律知识的教育，使学生在教师违法时能够以法律维护自己的合法权益。学生学习的权益是多方面的，例如，接受国家规定课程教育的权益、质疑提问的权益、提出更换教师的权益、抵制占用自己学习时间的权益、不接受超常学习负担的权益等。造成体罚或者变相体罚学生的违法行为的原因很多，但面对有缺点错误，特别是有过激行为的学生，教师因情绪失控而体罚学生是一个重要原因。

教师依法执教涉及的法律法规主要有：《中华人民共和国宪法》、《教育法》、《教师法》、《义务教育法》、《职业技术教育法》、《高等教育法》、《未成年人保护法》、《教师资格条例》，以及教师聘任、教师专业技术职务评聘、教师考核、教师培训等方面的法律法规。作为人民教师应当充分了解这些与自己的职业活动关系密切的法律法规。

第三章 爱岗敬业 尽心竭力

爱岗敬业。忠诚于人民教育事业，志存高远，勤恳敬业，甘为人梯，乐于奉献。对工作高度负责，认真备课上课，认真批改作业，认真辅导学生。不得敷衍塞责。

2008年9月1日颁布的《中小学教师职业道德规范》中规定教师爱岗敬业的内容是："爱岗敬业。忠诚于人民教育事业。志存高远，勤恳敬业，甘为人梯，乐于奉献。对工作高度负责，认真备课上课，认真批改作业，认真辅导学生。不得敷衍塞责。"

《规范》中倡导教师爱岗敬业，是要求教师对教育事业，对自己从事的教师职业具有发自内心的深厚的感情，而不应当把从事教师职业仅仅看作谋生的手段。只有对教师职业的发自内心的热爱，才有可能产生强烈的教书育人的责任感和神圣的使命感。教师应当始终牢记自己的神圣职责，把个人的人生追求与人类文化科技知识的传承发展与创新联系在一起，同他人的幸福联系在一起，和国家的繁荣富强联系在一起，自觉而又快乐地履行自己教书育人的神圣职责。

一、爱岗敬业，忠诚于人民教育事业，志存高远，勤恳敬业，甘为人梯，乐于奉献

谈到爱岗敬业，乐于奉献，教师首先应当有职业认同感和职业幸福感。教师在教书育人，促进学生发展的过程中，也同时展示了自己的才华，甚至可以说实现了自己的功利目的。教师不是生活在真空里，不能"不食人间烟火"；教师可以有自己的功利追求，但不能把功利追求当作人生的唯一目标。教育部长袁贵仁同志在他的《价值观的理论与实践》一书中指出：

> 功利是一种最低层次的价值。不讲功利，不研究功利不对；但只讲功利，把人看作仅仅是为着物质利益而活着的"经济动物"也不对。因为人不仅有物质需要，

而且有精神需要；不仅有物质生活，而且有精神生活；不仅为生存而斗争，而且为享受和发展而斗争。所谓“人为财死，鸟为食亡”，那人就与鸟兽处在同一层次。与浮躁贪婪一味追求名利、物欲的满足相比，淡泊名利，甘于寂寞，不受外界名利的诱惑和干扰，是一种更高的存在境界。如作家，自古以来，文章为“稻粱谋”也是正常的，但不能单纯为了“谋利”而写文章。古今中外，自甘淡泊而献身某项大业者不胜枚举。李白说：“古来圣贤皆寂寞。”诸葛亮《诫子书》中“非淡泊无以明志，非宁静无以致远”一语既是诫子，又是自诫。鲁迅先生在《赠邬其山》一诗中说：“二十年居上海，每日见中华，有病不求药，无聊才读书。”对于他们来说，淡泊好比轻装前往目的地，好比把生命和智慧化作一束激光射穿那重重障碍直达真善美的殿堂。所以，功利价值还是一种低级的、低层次的价值。人还有更高的需求、更高的境界和更高的价值，如真善美。真善美是超功利的。超功利不是不要功利，不承认功利，而是在承认功利、达到一定功利的基础上对于功利的超越。通俗地说，功利是真善美的前提，真善美在更高的层次上以扬弃的形式内含着功利。

近年来，随着国家尊师重教一系列法律法规的出台，中小学教师职业发展空间和职业成就认可比别的职业大得多：学生认可、学生家长认可、同行认可、政府认可、社会认可。评特级教师、评正高职称、评优秀教师，甚至成为教育家等，都是教师人生价值的高层次认可和体现。从事教师职业，更有利于实现个人

的人生价值。

教师的劳动以未成年人为对象，是一种复杂的、难于量化考核的脑力劳动。这种劳动要求从业者必须爱岗敬业，才能达到规定的目标要求。而有的容易量化考核的劳动，即使从业者不爱岗敬业，因有精确的可以细化量化的考核验收标准，同样可以完成规定的生产任务。这就是复杂劳动和简单劳动的区别，这就是教师职业与其他很多职业的区别。2007 年 8 月 31 日，胡锦涛总书记在全国优秀教师代表座谈会上发表重要讲话，对广大教师提出了“爱岗敬业、关爱学生，刻苦钻研、严谨笃学，勇于创新、奋发进取，淡泊名利、志存高远”的殷切希望，同样把爱岗敬业放在第一位。

爱岗敬业是由教师职业特点决定的。除了前述的劳动对象特点外，还有一个重要原因就是其他职业特别是从事物质产品生产的职业，可以允许出现一定数量的废品或次品，而教师职业不应当有次品，更不允许出现废品。另外，其他职业更多的是为今天的经济发展和社会进步服务，而教师职业主要是为未来社会发展服务，为未来社会发展培养人才，其劳动效果体现是滞后的，所以爱岗敬业显得尤为重要。

教师的劳动对象是人，是具有无限发展潜力的人。教师要认识、掌握、发展他的劳动对象——学生，把学生的无限发展可能性通过自己的努力转化为现实性。教师培养或者转变一个人，首先要热爱自己的劳动对象——学生。只有热爱劳动对象，才有可能热爱自己的职业；只有热爱自己的职业，才有可能敬业、勤业、精业。一个合格的教师，在培养学生的教育教学生涯中，付出的劳动和其所得到的报酬是难以相等的。因为教师的职业性质和劳动特点决定了面对千变万化的学生，不能完全用规定的劳动时间去衡量是否完成了教育教学任务。无论多么完整的规章制度，多么有吸引力的经济手段都难以完全起到调动教师积极性的作用。在这种情况下，教师职业道德的调节作用会充分地显现出来。

古往今来，多少仁人之志把毕生精力奉献给教育，毕生工作在教师岗位上。他们的动力来自他们从心底热爱教师职业。中国改革开放以来，多次面向全社会进行的问卷调查中，在对职业的综合排序上，教师都排在理想职业的前几位，处在社会的中上水平。这是人们对教师素质、教师地位、教师对社会发展的作用的肯定，也是很多人热爱教师职业的基础。在回答为什么热爱教师工作时，大多数教师认为他们热爱教师职业的主要原因是：

(1) 教师的劳动对象是生动活泼、各具个性的孩子，他们身体和知识的增长给人以生活的信心和事业成功的成就感。

(2) 教师的职业活动场所——学校具有良好的、对整个社会在道德风尚和文化发展中起示范和带动作用的良好工作环境，对自己成长和发展有利的学习环境，有利于身体锻炼和健康的自然环境。

(3) 教师职业对文化传承、社会进步、人的全面发展具有不可替代的作用。在现代社会，在社会制度不同、信仰不同、自然环境不同的国家，教师都同样受到尊重。

(4) 教师的劳动对象是未成年人，教师的职责是使自己的劳动对象成人、成才、成功。这种职业永远不会被技术进步所替代，职业稳定，较少后顾之忧。

(5) 教师的职业特点决定了每年都有较长的带薪假期，使其身心得到较好的休息，还可以利用这些属于自己的时间去做自己感兴趣的事情，例如发展自己的业余爱好等。

(6) 教师在其职业活动中可以发现学生的特长和爱好，通过自己的努力发展学生的特长和爱好，培养出对社会进步和个人发展有重大作用的人才。

❀案例一：

一位幼儿园特级教师谈到她的成长过程时，深情地回忆起她第一次给孩子们上课的情景：在一个春暖花开的日子里，我领着一群天真可爱的孩子在鲜花盛开的草地上做游戏，看到草地上怒放的鲜花，我不经意地问了一个在成年人看来都难以准确回答的问题："小朋友们，谁能先告诉老师：花儿为什么会开？"没想到孩子们很认真，唧唧喳喳地讨论起来。一个孩子说："花儿睡醒了，她想看太阳。"另一个孩子说："她伸懒腰，就把花骨朵顶开了！"第三个孩子叫道："她想和小朋友比比看谁穿得漂亮。"第四个孩子说："她张开耳朵，想听听小朋友唱歌。"一个羞涩的小女孩回答更富有诗意："花儿特别懂事，她知道小朋友喜欢它，就扬起脸笑了……"

孩子们的回答使我受到极大的震撼。这是多么可爱的孩子，这是多么纯洁的心灵，这是多么富有诗意的联想！置身在这些可爱的孩子中间，置身在这样的学生中间，谁的心灵不会年轻而充满诗意呢。谁不为自己从事的职业感到幸福呢。

虽然这位教师后来有很多可以挣大钱，或者对个人发展有重要意义的机会，但她都放弃了，几十年如一日地耕耘在幼儿教育园地，直到后来成为特级教师。

教师是知识的传播者，是人类灵魂的工程师。但要成为一名师德高尚的教师，知识仅仅是一种必备的资质或者条件，它更需要教师心甘情愿撇下人间的很多享乐，苦其体肤，劳其筋骨，将血肉之躯一点点熔铸到教育教学中去。当教师把自己的生命转化为神圣的教育事业，他的生命得以因满天下的桃李而得到无限的延续。这是很多教师坚守教育岗位，在晚年回眸人生时最感欣慰的。

❀案例二：

全国师德标兵、江苏南京市江浦县行知小学杨瑞清老师，充分利用身边的教育资源对学生进行有趣的道德教育。杨瑞清曾经向我们介绍这么一件事：

我们校园里栽着八棵柿子树，从春天挂果到秋令成熟。果实长大以后把树枝压得很低，孩子们坐在地上就可以摸到、闻到，但是没有一个人乱摘。有一年十月，我们收获了2000多个柿子。我特意举办了一个“柿子节”。面对一篮篮红灿灿的柿子，我对同学们说：这可不是一般的果实，它有三大含义呢：第一，它是“劳动之果”，是全校师生浇水施肥、挥洒汗水的结晶；第二，它是“智慧之果”，大家围绕柿子树写日记、做数学题、观察、思考，变得更加聪明了；第三，它是“道德之果”，没有道德的自觉约束，就没有这丰收的果实，装点着校园，形成了一道亮丽的风景线。我接着又说，是同学们辛勤的劳动创造了这至真、至善、至美的果实，学校决定把它分给大家。学生兴高采烈地鼓起掌来。大家商量了一个合理的分法：先分给女同学，大柿子分给小同学。当全校同学个个分得柿子，兴奋异常时，我对大家讲：请大家还要完成一个光荣的任务，把柿子带回家去，向家里人讲一讲“八棵柿子树的故事”，说一说我们总结的这柿子的三大含义，然后全家人一起分享这个精神文明之果吧！就这样，柿子树的故事在村里广泛流传，乡间农舍吹进了一股清新空气。

中国是世界上的教育大国，仅中小学教师就有千余万人，他们遍布城乡的每个角落。可以说有人群的地方就有教师。在千万教师中，人们把“爱岗敬业”的教师大致分为三种类型：

第一种是牺牲型：这类教师往往以个人的精力、体力、身心的超常付出为其基本特征，这种爱岗敬业的教师在生活艰苦、环境条件较差的农村学校居多。

第二种是专业型：他们一般以自己的专业实力和多年潜心研究的教育教学成果，通过对所教学科的精湛教学，对学生和社会产生重大影响，这种教师在重点中小学居多。

第三种是情感型：这类教师有很强的社会责任感，他们往往出于仁慈、友爱、善良，以对学生的思想教育和善于以真情感动差生为其主要成就，这类教师女教师居多。

当然，我们还可以分出其他类型的好教师。但无论是哪种类型的教师，他们都有一个共同点，那就是热爱自己的职业，职业道德高尚。教师们之所以热爱教育事业，是因为他们在长期的教育实践中深深体会到了当教师的幸福。左边的表格是一次对全国13至18岁的3190名初中生、1810名高中生的“朋友应当具备什么样的品质和特征”的调查统计结果。

排序	品质和特征	百分比
1	诚实	79.4
2	待人热情	71.8
3	乐于助人	69.3
4	兴趣脾气相投	62.4
5	有正义感	60.5
6	慷慨大方	57.7
7	讲义气	51.9
8	有思想见解	49.5
9	学习成绩好	48.4
10	特会玩	22.8
11	有文体特长	20.9
12	有威信	20.9
13	长得帅（漂亮）	20.8
14	班干部	11.4
15	家长有地位	3.0

从这张调查统计表中可以看出，孩子们交朋友主要看重的是道德品质和知识方面的内

容，也反映了孩子们自己的追求。面对这样追求高尚的学生，作为教师更应当在道德品质上为他们作出榜样。

在这次调查中，有47.2%的学生反映“我不喜欢一些教师”，因为他们“不敬业，不尽职”。这个比例令人震惊，值得广大教师深思。

❋ **案例三：**

全国优秀教师、陕西省延长县罗子山乡下西渠小学的王思明，全身心投入教育事业，在偏僻地方播撒文化种子，推进社会进步。他深有感触地说：“要将那些缺少文化影响，缺乏纪律和行为约束的山村孩子培养成有用的人才，确实太难了。我以前有个学生，入学前常常一个人坐在地上一言不发，一动不动。有天我问他：你在看什么？他说：什么也不看。那你想什么？他说什么也不想。那你坐在这儿做什么？他翻着白眼，说不出来。在我建起的学校上学一段时间后，有一年暑期，北京来人到我校考察，在村里采访正好碰到了他，同他进行了交谈。我们从记者拍摄的那段录像中可以看到这个当年几乎是一张白纸、一片空白的学生产生了多么大的变化。”

记者：你上几年级？

学生：刚考上初中。

记者：你考了多少分？

学生：141分。

记者：多少分录取？

学生：90分。

记者：你们学校最高的考多少分？

学生：一百八九十分。我是中等水平。

记者：你对王思明老师印象最深的是什么？

学生：我开始数学差，王老师教会我“溯导法”，不仅解应用题速度快，而且准确度高，现在我还能教给小弟弟小妹妹们。王老师在洛阳住院，还写信告诉我说，山里的孩子并不比城里的孩子笨，只要努力，同样是会有出息的。

记者：你将来想干什么？

学生：走出黄土地。

记者：为什么要走出黄土地？

学生：因为这里贫穷、落后。

记者：你怎样才能走出黄土地？

学生：我要好好学习，掌握更多的知识。

记者：你走出黄土地后怎么办？

学生：回到黄土地。

记者：为什么要回到黄土地？

学生：为了更好地建设黄土地。

……

王思明老师说：“这不是谁教这个学生说的，是他自己的真实想法。我相信看了这段对话的人们都会很高兴。14岁的孩子能有如此高的境界，说明我针对农村孩子的特殊教育方法是科学的、有效的。这正是我从教多年来所追求的。”

中国是一个农业大国，大部分中小学教师工作在农村学校。对广大农村教师而言，教师的爱岗敬业不仅表现在学校里，还表现在他们的爱岗敬业所体现出来的社会价值上。王思明老师说：“我在办学的同时，还充分利用学校这块文化阵地，向当地群众渗透现代文明。70年代初，我用学生们勤工俭学得来的50元钱，给学校买回一台自鸣钟，全村人都跑来看稀罕，我就给大家讲自鸣挂钟的原理，激励大家对学好文化，过上富裕生活的美好憧憬。接着，我又给学校买回了可以对讲、收音、扩音和电唱的四用机。接通各户的有线广播，把学生朗朗的读书声，传送到每户每家，既激发学生的学习兴趣，又让家长了解孩子们的学习情况，密切了学校教育与家庭教育的联系。1976年，我用学校种土豆收获的50元钱，买回高音喇叭，第一次使下西渠人听到了大山外的声音。1989年，我又从西安买回一台风力发电机，使在小煤油灯昏浊的光线下生活了多少辈的下西渠人，终于见到了电灯。后来我把20英寸彩电带回学校后，小山村更热闹了，每当夜幕降临，村民们就争先恐后地聚集在学校看电视，了解山外五彩缤纷的世界。我认为，作为乡村教师，我的爱岗敬业，不仅要敬学校教育事业，更要敬社会发展之业。我的办学经历，也使人们看到了教育对山区经济建设和社会发展的辐射力，看到了山村学校的社会功能。"

王思明老师向社会展示了一位教师的人生价值。作为教师，他培养了一批人才；在山沟里办了一所学堂，影响了处于麻木状态无所追求的几代人；作为教师或者说文化人，他通过学校把文明带进山沟沟，富了一方水土。王思明的所作所为，使我们看到了教师的社会伟力。

从1971年算起，王思明所在学校共有18届近百名学生毕业，全部升入初中；有30名毕业生取得了大中专文凭，其余的也都因为在校期间学到一门农业科学技术，成为当地经济建设的带头人。其实，每一个师德高尚的教师对学生的长远影响力，不只是学生学业的范畴。教师的事业，应当成为推动社会发展的伟业。

❄案例四：

山东省沂水县全国优秀教师张在军的成长经历，当教师时的生活环境和王思明差不多。他作为全国优秀教师代表，1996年在人民大会堂作报告时说："我热爱教育事业并非是天生的。我高中毕业回乡，因无法升学而垂头丧气走在沂蒙山的山间小路上。经过一道山梁时，碰到一个十来岁的放羊的孩子。我问他为什么不上学，他回答说：放羊。我又问他为什么放羊？他回答说：卖钱。我又问他卖钱干什么？他说娶媳妇。我问他娶媳妇干什么？他回答说生儿子。我问他生儿子做什么，他又毫不犹豫地说：放羊！这个孩子的回答对我的刺激太大了：这么健康，这么机灵的孩子，竟是这样一个生活逻辑和目标。这个孩子可以说是很多边远贫困山区孩子的代表。是他刺激了我，唤醒了我，使我下了决心要当老师，而且要当好老师，要通过自己的努力改变穷乡僻壤的山里孩子这种生活逻辑和目标。"

杨瑞清、王思明、张在军的教师行为，正是陶行知教育思想的实证。陶行知先生在说明"什么是山村儿童和人民所敬爱的教师"的时候，具体提出了五项标准："第一要有农民的身手；第二要有科学的头脑；第三要有改造社会的精神；第四要有健康的体魄；第五要有艺术的兴趣。这样的好教师足迹所到之处，一年能气象生动；二年能使社会信仰教育；三年能使科学改变落后；四年能使山乡面貌变化；五年能使活的教育普及；十年能使荒山成林，愚人生利。这样的教师就是好教师，就是改造乡村生活的灵魂。"杨瑞清、王思明、张在军等献身山区教育的教师，就是这一灵魂在新时期的化身，是乡村教师的一面旗帜。无论是教师还是其他崇尚知识的人，都能从杨瑞清、王思明、张在军等优秀教师的教育实践中体会到高尚的教师职业道德的伟大力量。

❈**案例五：**

1903年11月12日，瑞典皇家科学院决定授予居里夫妇诺贝尔物理奖。按照惯例，获奖者应当亲自到瑞典首都斯德哥尔摩领奖并发表演讲。出人意料的是居里夫妇却没有亲自到会。原来居里夫妇当时都是教师，都担任着教学工作，尽管他们很看重诺贝尔奖这一至高无上的科学荣誉，但为了不耽误学生的课程，经再三考虑，还是婉辞了出席会议的邀请。他们在给诺贝尔奖评选委员会的复信中说："我们两人都任有教职，此时请假，势必在课程方面发生重大扰乱……" 居里夫人在写给亲友的信中也提到："我们没有参加颁奖会，因为太难安排。……我们要长时间中断课程，势必会引起很大麻烦。" 当时从巴黎到斯德哥尔摩乘火车仅需48小时，加上开会时间也不过六七天。请几天假，到斯德哥尔摩领奖，而且是人类科学领域的最高奖，本是理所当然的事。然而，忠于职守的居里夫妇却把耽误学生几天课看得如此重大，视为对教学工作的"重大扰乱"。由此可以看出这两位科学家崇高的教师职业道德。因为在他们看来，获奖是个人的事，为领奖影响教学却是有损教师职业道德要求的行为。在居里夫人辞世的纪念会上，爱因斯坦在他的致词中，只用了30多个字谈到居里夫人在科学上的贡献，其余的篇幅都是在盛赞居里夫人的高尚道德情操、影响和贡献。

在师德修养中，"慎独"具有重要意义。因为中小学教师的劳动特点是经常处在无人监督的状态下工作，劳动效率或者成果难于进行量化评价。"良心"或者"道德"成为做好工作的首要条件。"慎独"是儒家的重要思想，也是儒家提倡的自我修养的重要手段。“独”，是指“独居”、“独处”，“慎独”则是指在独居、独处时的言行、行为仍然保持的道德操守，所谓“独善其身”，在无人监控的状态下坚持不苟，兢兢业业地工作。

笔者当年作为九集电视教学片《师德启思录》的总编导、总撰稿，请参加拍摄的几位老师，用精练的几句话概括出他们爱岗敬业的道德基础时，他们是这样表达的：

○ 江苏南京市江蒲县行知小学校长杨瑞清老师说：“我之所以热爱乡村小学教师这个职业，归纳起来有这么几条：第一，和充满生机与活力的孩子打交道，感到自己也保持朝气；第二，农村小学学生起点低，可塑性大，通过努力容易出成果；第三，小学教师是国家公职人员，职业稳定，少有后顾之忧，使我们能全心全意做好本职工作。”

○ 全国优秀教师、陕西延长县罗子山乡下西渠小学王思明说：“我最看重的是通过教书育人能够体现教师对社会的实实在在的贡献。人才的成长比物质的变化更使人自豪。”

○ 上海控江中学教师吴伟国说：“当教师的幸福体现在：学生的朝气蓬勃，可以使自己青春永驻；学生的求知欲旺盛，促进自己遨游知识的海洋；学生的勤奋成才，可以使自己的生命在他们的身上得到永远延伸。这是只有教师才能体会到的独特的幸福。”

教育事业需要实干家，教育改革发展更需要教育家引领和推动。提高教师素质，提高教师的社会地位，促进教师待遇改善，都需要教育家。改革开放以来，国家在培养造就教育家方面做了大量工作，例如在中小学建立特级教师评选制度，将中小学特级教师定义为“师德的表率，育人的模范，教学的专家”；中小学设立正高级教师职务（职称）等。2003年教师节，温家宝总理在人民大会堂会见教师代表时提出："要大张旗鼓地讲教育家，宣传教育家，中国得有成千上万的杰出的教育家来办学。"以后又多次提到要教育家办学。2004年，为纪念教师节建立20周年，推动教育家培养工作，教育部师范教育司组织编写了《教育家成长丛书》（笔者有幸担任主编）。目前已出版了魏书生、李吉林、李镇西等30多位教育教学专家的著作。特别是2006年后连续几年的《政府工作报告》都谈到了"教育家办学"问题，从此培养造就教育家已经上升为国家战略。

提起教育家，人们首先想到的是孔子、蔡元培、陶行知、杜威、苏霍姆林斯基等大教育家。但这样的教育家太少，如果仅仅依靠这样的教育家办学不现实，因此，界定教育家是"教育家办学"的前提。对个人定义的所谓"家"，《辞海》的解释是："经营某种行业、掌握某种专门学识技能或从事某种专门活动的人。"《西方教育词典》对教育家的定义是："指教育领域中知名的研究者或理论家和具有比教师威信更高的人（他们可能不再当教师，或甚至从未当过教师）。"笔者认为这样的定义较准确和科学。教育家既包括教育思想家，也包括教育实践家，或者集两者于一身。教育家到底应当具备什么样的条件，归纳起来主要体现在以下几方面：

第一，师德高尚，堪称楷模。尊重人的发展规律，尊重教育规律。以时代要求为前提，传承民族文化与精神，在独特的办学理念指导下，对学校建设与管理、育人模式与方法等坚持因地、因校、因人制宜，创造性开展工作并取得较大的成就。

第二，在教育理论或者教育实践中有所建树，有所创新。有自己的教育思想或者理念，对怎样实施教育，如何对教育进行改

革，如何培养人等有自己独到的见解，教育著述和科研成果丰富并在较大的范围产生影响。

第三，有崇高的教育理想和追求，有终身从事教育工作和教师职业的信念，在任何挫折面前都不放弃自己崇高的教育追求。

第四，有在自己的教育思想指导下取得的显著成就，成为事业上的成功者。这种成功可以是理论研究成就斐然，也可以是教育教学实践的成就卓越，或者培养了对社会发展有重大贡献的优秀人才。

第五，有较大的社会影响，有长期的教育实践。将自己的教育理念和操作模式以不同的形式，在不同的地区和学校实施，以实践完善自己的教育思想。教育实践和科研成就得到社会的广泛认可，并大范围推广使用。

第六，自己创立的卓越教育思想和教育实践影响国家教育发展战略和教育政策，引领教育的发展。在培养高素质、创新型人才方面成绩卓然。

中国是人口大国，但还不是人才强国；中国是教育大国，但还不是教育强国。中国的教育改革发展和创新人才培养需要教育家，时代呼唤中小学教师中涌现更多的堪称师德表率、育人模范、教学专家的教育家。

二、对工作高度负责，认真备课上课，认真批改作业，认真辅导学生，不得敷衍塞责

对工作高度负责方面的内容，是《规范》中对教师敬业方面的规定和提倡。这些对中小学教师工作态度的“底线”规定，看似浅显易懂，但要在从教的整个职业生涯中坚持不懈地做到则非

常不易。因为这些要求，弹性很大，难于量化评价。要达到这些要求，教师必须要有崇高的职业理想、坚定的职业信念、为教育事业奋斗终身的职业精神。对于不断改革发展创新的教育而言，教师光有职业热情、奉献精神是不够的，更不能满足于把学校安排的课时完成就行，而是要结合自己的职业特点从以下几方面努力。

（一）认真研究教材，掌握教材的重点和难点

课程在学校教育和教师教学中处于核心地位，教育的追求、教育的目标、教育的价值主要是通过课程体现和实施。世界上的多数国家，一般每十年进行一次基础教育课程改革。包括目前正在进行的课改在内，新中国建立以来进行过八次课程改革。过去人们往往认为课程改革是教育内部的事，其实课程改革的动力首先来自教育外部。今天，全社会真正认识到了基础教育是和国家发展、个人成长紧密联系在一起的，发展基础教育要从课程改革着手。1999 年 6 月，《中共中央国务院关于深化教育改革全面推进素质教育的决定》中明确提出要“调整和改革课程体系、结构、内容，建立新的基础教育课程体系”。2001 年 6 月，《国务院关于基础教育改革与发展的决定》中，进一步明确了“加快构建符合素质教育要求的基础教育课程体系”的任务。2001 年 6 月，经过充分酝酿和研究，教育部颁布了《基础教育课程改革纲要（试行）》，确定了改革目标，制定了各门课程的标准和指导纲要。课程改革的目标是：建立新的基础教育课程体系，以邓小平“教育要面向现代化、面向世界、面向未来”的思想为指针，全面贯彻国家教育方针，以提高国民素质为宗旨，以培养创新精神和实践能力为重点，强调课程要促进每个学生身心健康发展，培养良好品德，强调基础要满足每个学

生终身发展的需要，培养学生终身学习的愿望和能力。

课程改革中充分体现以人为本。改革开放以来，无论是拨乱反正，还是社会转型，无论是经济振兴还是国家发展，都在越来越重视以人为本。中小学教育中的新课程体系的建立，更强调以人为本的精神，体现素质教育，为人的全面发展打基础。在以往相当长的时期，在东欧一些国家和中国，以人为本的观念比较淡薄，过分注重知识点，强调知识量，看不到人。这种模式的结果是记住了很多东西，掌握知识的量较大，但用得不活，缺乏创新能力。课程改革首先是改变过去那种“千人一面，千校一面”的状况。因为世界上人是最复杂、最丰富多彩的。世界上没有完全相同的人。教育的终极目的是要使每个人不同的特长、潜能能够得到充分的发挥，促进人的全面发展。也就是说，学校设置的课程，对每个不同背景、不同智商、不同特长的人都要有用，而不是所有的人学了都要考100分。

课程改革的目的是为培养会做人、会做事、会创造的人服务。课程改革的重要载体是教材，教育部组织专家制定课程改革项目，面向社会招标，谁有本事谁编写教材；谁的教材好就用谁的，由教育部组织专家审定后向社会推荐；地方在经教育部组织专家审定的教材中选用。形成多套教材可选，多种教学方法可用的局面。新的教材要能够帮助学生学会学习，根据自身特点，按人才成长规律掌握科学知识，体现正确的价值观。教材围着学生转，而不应当是围着教学计划、围着分数、围着升学率转。

在课程改革、教材更新的形势下，要求教师角色要转变。首先是教育教学方法要改革。教师要重视培养学生的创新精神和实践能力，教会学生自己主动学习，自己获取知识的能力。当今科学技术迅猛发展，知识不断更新，教师不可能、也没有必要把人类全部知识教给学生，重要的是教会他们科学的学习方法。今天的教师，在教育教学活动中要讲求师生平等、共同参与、共同探究、共同实践，加强师生的互动、合作与交流。由于科技的发展、互联网等信息技术的普及，学生获得知识的渠道和方法比过去多，有的信息，教师不知道学生已了解了，所以要加强师生互动。这些变化和要求，教师不吃透教材，不掌握科学的教育教学方法是不会收到好的教学效果的。

（二）教师要认真研究学生，树立为学生服务的观念

人是世界上最复杂的，每个学生都是独具个性、各不相同的个体。每个学生的天赋素质、兴趣爱好、智力结构都不一样，所处的环境和家庭背景也各不相同，这些都要求教师要用心观察学生，用心研究学生，根据不同的学生不同的特点提出不同的要求，使他们在学习中始终保持积极的心理氛围和求知欲望。总之，教师在做任何针对学生的事之前都要站在学生的角度考虑，因为教师是为学生服务的。

如果教师不树立为学生服务的思想，让学生为自己上好课（特别是公开课、示范课）服务，教育教学效果会适得其反。

❀案例六：

一堂小学五年级自然课老师的公开课。这位老师的讲课的确非常精彩。其中有一个环节老师提问：“同学们都知道什么水果啊？”一个学生说了苹果，一个学生说他知道有梨。课堂上再没人说话了。参加听示范课的老师们觉得奇怪：怎么五年级的学生才知道两种水果啊？在听课老师的启发下，一个瘦小的男生犹犹豫豫地站起来小声地说：“老师，说香蕉的同学没有来。”因为

老师事先安排了谁说什么，前面的同学没来，后面的同学知道也不敢说了。当然，不知道就更不敢问了。这样的做法，出发点是好的，但却违背了教育规律，甚至在学生心目中会留下弄虚作假的印象。

（三）更新教育观念，创新教学方法，减轻学生负担

在教育改革发展步伐加快，信息技术对人的影响越来越大，对外开放使我们能够广泛吸收全球教育先进经验的今天，那种传统的注入式、填鸭式教学已经过时。教师应当把学生既作为教育对象，又当作是教育的主体，加强学生的社会实践，培养学生的创造性思维能力，促使学生生动活泼主动地发展，把教育的影响、教师的影响通过学生自身的主体活动内化为学生的知识、智慧和能力，成为今天教师应当掌握的教育教学方法。在教与学的关系上，更强调帮助和引导。具体地说，应当从以下七个方面入手：

(1) 帮助学生确立能够达到的学习目标；

(2) 帮助学生根据所处环境寻找、选择、利用学习资源；

(3) 帮助学生设计适合他自己的恰当有效的学习方式；

(4) 帮助学生发现所学东西的个人意义和社会价值；

(5) 帮助学生营造和维持学习过程中积极的心理氛围；

(6) 帮助学生对学习过程和结果进行科学客观的评价；

(7) 帮助学生发现自己的特长和潜能。

由于中国人口众多，人均占有自然资源较少，从幼儿园学生开始就充满了各种各样的竞争，使学生的负担越来越重，笔者曾经收到一位学生的短信，他通过结合对古典诗词的改编，诉说沉重的作业负担：

无边落木萧萧下,不尽作业滚滚来;
君子坦荡荡，小人写作业；
商女不知亡国恨，隔江尤在写作业；
举头望明月，低头写作业；
洛阳亲友来相问，就说我在写作业；
少壮不努力，老大写作业；
垂死病中惊坐起，今天还没写作业；
生当做人杰，死亦写作业；
人生自古谁无死，来世继续写作业；
众里寻他千百度，蓦然回首，那人正在写作业。

这位学生自己改编的诗歌，虽然有些夸张，但也从一个侧面反映了当前学生过重的课业负担。

《国家中长期教育改革和发展规划纲要》对减轻学生课业负担非常重视，其中提出：

过重的课业负担严重损害儿童少年身心健康。减轻学生课业负担是全社会的共同责任，政府、学校、家庭、社会必须共同努力，标本兼治，综合治理。把减负落实到中小学教育全过程，促进学生生动活泼学习、健康快乐成长。率先实现小学生减负。

各级政府要把减负作为教育工作的重要任务，统筹规划，整体推进。调整教材内容，科学设计课程难度。改革考试评价制度和学校考核办法。规范办学行为，建立学生课业负担监测和公告制度。不得以升学率对地区和学校进行排名，不得下达升学指标。规范各种社会补

习机构和教辅市场。加强校外活动场所建设和管理，丰富学生课外及校外活动。

学校要把减负落实到教育教学各个环节，给学生留下了解社会、深入思考、动手实践、健身娱乐的时间。提高教师业务素质，改进教学方法，增强课堂教学效果，减少作业量和考试次数。培养学生学习兴趣和爱好。严格执行课程方案，不得增加课时和提高难度。各种等级考试和竞赛成绩不得作为义务教育阶段入学与升学的依据。

充分发挥家庭教育在儿童少年成长过程中的重要作用。家长要树立正确的教育观念，掌握科学的教育方法，尊重子女的健康情趣，培养子女的良好习惯，加强与学校的沟通配合，共同减轻学生课业负担。

教育部为了关注课堂教学、家庭教育、学校管理等环节，寻找减轻学生负担良策，找到带有普遍意义和规律性的减轻学生负担的办法向全国推广。从 2011 年 6 月 1 日起至 8 月 31 日，面向公众征集“减负”好做法、好经验，集合民智，分析过重课业负担存在形式、产生原因、解决办法。可见政府对减轻学生负担的重视。

面对中国人口众多、教育规模庞大、就业竞争激烈的现实，作为教师，我们不能一味抱怨，更不应当束手无策。应当从我做起，探索解决的办法。教师要通过掌握科学的教学方法努力减轻学生过重的课业负担，使学生有时间锻炼身体，有时间接触社会，有时间思考问题，有时间从事自己喜爱的业余兴趣活动。为此，教师要精心备课，上好每堂课，使师生用最少的时间、最少的精力获得最好的教学效果，实现教学的最优化。在这方面，著名教育专家魏书生、郭思乐和已故著名特级教师孙维刚等为我们做出了榜样。

另一方面，教师还应当教育学生正确看待课业负担，利用家长会等形式告诉学生家长正确看待课业负担。2011 年 9 月初，江西九江三名 10 岁小学生相约跳楼后被送医院急救，谈起为什么要跳楼，她们说“死了就不用写作业”。在当时，全国两亿多中小学生刚上完“幸福的第一课”后不久就出现这么令人痛心的事，激起公众发出“救救孩子”的呼声。把这三名小学生作为对应试教育、对过多作业的挑战者加以宣传，这显然是在害孩子。因为不管从哪个角度分析，学生因学习问题走极端都是错误的，是对生命的不珍惜，对自己和对家庭的不负责。不能离开这一底线，生命是第一位的。日本的人口压力、资源负担、高考竞争等比中国还要激烈，学生的学业负担也很重，但日本学生承受压力的意志力比中国学生强得多，原因在于日本家长不包办孩子的一切，也不会说孩子你做这么多作业太辛苦了，而是告诉孩子这是他应该付出的努力，他们应该承担的责任，把公民教育和生活教育融于日常的潜移默化行为中。作为教师，更不应当由于制度缺陷而放松自己应当做出的努力，要对学生进行危机意识教育，教育学生勇敢地面对挑战、竞争和压力。

教育的本质，就在于通过教师的示范和引领，让学生具有崇高的理想，健全的人格，科学的精神，美好的品德。教师在为师职业生涯中当不断强化师德意识：

第一，重德意识。

注重个人品德和职业道德修养。中小学教师是受人民委托从事教育教学工作的国家公职人员，是为人的一生奠基的“灵魂工程师”，其思想品德具有重要的示范性和影响力。只有坚持以德

修身，不断加强个人品德、职业道德修养，才能始终树立良好的师表形象，坚持正确的教书育人方向，以德服人，以高尚的师德凝聚人心、凝聚智慧、凝聚力量，才能成人成才成功。

第二，责任意识。

责任是教育的永恒主题。教师存在的意义，就是通过自己的责任，唤醒学生对社会、对他人的责任意识。教师的责任是既要教会学生知识，更要教会学生做人。正如教育家陶行知所言："千教万教，教人求真；千学万学，学做真人。"因此，教师必须谨言慎行，可能一句话、一个细微的举动会影响孩子的一生。教师的责任更体现在平时的教育教学中，认真地备课、上课，耐心细致地辅导，与学生心灵沟通，做学生的贴心人。

第三，艺术意识。

教师要从内心把教育视为一门艺术，艺术的魅力在于巧妙，在于润物无声，在于根据学生个体的差异采用不同的教育方式，在于结合教育教学，因地制宜地开展学生喜闻乐见的活动；在于因势利导实施有差别的教育，最大程度发掘学生的多元智能。

❈案例七：

著名生理学家巴甫洛夫教授不仅凭着他科学家的优秀品质攀登到了科学的高峰，而且以教育家的良好修养，培养了一批出色的生理学家，被誉为"全世界生理学元老"。他之所以成功，是因为他把严谨治学作为"最高原则"。

巴甫洛夫平时总是教育他的学生要树立科学事业心，并要亲自动手，扎扎实实地搞实验。对那些严肃认真、一丝不苟地搞实验的学生，他总是热情赞扬；而对那些马马虎虎，不亲自动手搞实验的学生决不放过。有一个学生经过实验写出了动物分泌消化液的实验报告，且有数字记录和曲线，但巴甫洛夫不相信，怀疑他外衣口袋里放过早点，有香肠气味。第二次，这个学生洗干净脸和手，漱过口，刷过牙，穿上新外套，实验的结果又取得了同样的数据；而巴甫洛夫还是没有轻易相信。第三次，这位学生不吃一口饭，在饥饿的狗面前一动不动，观察了一昼夜，得到了同样的结论，巴甫洛夫才满意地点了头，并热情地表扬了他这种踏踏实实搞实验的科学态度。而另一个军医实验员，为了取得“医学博士”学位，来到巴甫洛夫的研究所学习。他总是让服务员做动物手术，不肯亲自动手。巴甫洛夫知道这件事后，对他进行了严厉的批评，并严肃地指出：“要对某个专业有兴趣，那就劳你的驾，从头到尾自己动手。要用自己的手和自己的眼睛！这是我们的最高原则！”巴甫洛夫对学生严格，对自己要求更加严格。他本人是这种“最高原则”的忠实执行者。不论什么样的实验，他都亲自动手，全神贯注，全力以赴。在他的带领下，他的学生们都养成了亲自动手、重视实验、严谨治学的习惯，很多人成为出色的生理学家。

❈案例八：

前苏联著名科学家罗蒙诺索夫和他的老师的情谊凝聚着师德精华。1738 年，莫斯科大学的创办人、大科学家罗蒙诺索夫在德国马尔堡大学读书。他在该校校刊《德国科学》杂志发表论文，点名批评了他的恩师，当时欧洲大名鼎鼎的沃尔夫教授。

罗蒙诺索夫立刻成了人们攻击的对象。有人咬牙切齿地骂他是忘恩负义的小人；有人指责他是不知天高地厚的狂妄分子；有人说他踩着老师的肩膀往上爬……罗蒙诺索夫没有畏缩，他以非常诚恳的态度向大家解释：在科学的大道上，必须有自己的独立

见解，作为学生，应当认真、虚心地向老师学习，但对于老师那些不正确的东西，决不能盲从。他引用了亚里士多德的名言："我爱老师，但我更爱真理。"但人们还是不能原谅他。

沃尔夫教授以令人吃惊的镇静态度对待这件事，他以自豪的口气说："那篇论文，罗蒙诺索夫曾给我看过，是我推荐给校刊发表的！"沃尔夫郑重地说："老一代科学家的观点不可能是尽善尽美的，只有能够发现那些不完美之处并敢于提出自己见解的人才是真正的后来者。也只有这样，科学才能不断发展！正因为罗蒙诺索夫具有独立思考的精神，我才特别爱惜和器重他。"

沃尔夫教授一席诚挚热情、发自肺腑的谈话，使大家心中云消雾散，豁然开朗。从此，沃尔夫教授更加关心罗蒙诺索夫。当罗蒙诺索夫因经济拮据无钱买书的时候，沃尔夫教授慷慨解囊为他还债，使他顺利地完成了学业，并取得了优异成绩，为他以后登上科学家的宝座奠定了坚实的基础。1755年，罗蒙诺索夫创建了著名的莫斯科大学。沃尔夫教授与罗蒙诺索夫这种纯真的师生情谊，这种崇高的道德情操，一直被传为师生关系的佳话。

第四章　关爱学生　诲人不倦

关爱学生。关心爱护全体学生，尊重学生人格，平等公正对待学生。对学生严慈相济，做学生良师益友。保护学生安全，关心学生健康，维护学生权益。不讽刺、挖苦、歧视学生，不体罚或变相体罚学生。

2008年9月1日颁布的《中小学教师职业道德规范》中规定教师关爱学生的内容是："关心爱护全体学生，尊重学生人格，平等公正对待学生。对学生严慈相济，做学生良师益友。保护学生安全，关心学生健康，维护学生权益。不讽刺、挖苦、歧视学生，不体罚或变相体罚学生。"

《规范》倡导"关爱学生"，是因为教育的目标是培养学生真、善、美、爱的素质。因此可以这样说：没有爱，就没有教育。古往今来无数优秀教师的教育实践证明：没有爱，就没有好的教育。爱学生不是简单的口号；爱学生对教师而言，有其特殊的要求和内容。关心爱护全体学生，强调的是教师要树立崇高的职业理想，履职尽责，严格要求学生，真心关爱学生。突出强调"公正对待学生"，"保护学生安全，维护学生权益"，"不体罚或变相体罚学生"。

一、关心爱护全体学生

师爱是师德的核心，师爱是教育的基础。教师对学生的热爱关系到学生人格和性格的形成与完善，关系到学生爱心的养成。一个学生如果生活在仁爱的鼓励和友善的环境氛围中，自然会自爱、自信、自强。有的学者对师爱做了精辟的总结："爱自己的孩子是本能，爱别人的孩子是神圣！"因此，教师对学生的爱，应当是一种发自内心的，自然而然地体现在职业行为上的，只讲付出、不记回报的无私广泛的爱，是一种严慈相济的爱。这种师生之爱，自然会使学生"亲其师"而"信其道"，自然也就体现出教育和教师的价值了。

爱学生是教师的天职，是因为中小学教师职业区别于其他职业的关键在于：教师的劳动对象是需要特殊关照的未成年人，是需要培养爱心和善心的特殊群体。学生各不相同，各有其独特的价值。这些个体都是柔弱的，对世界充满好奇的，需要特殊关爱和扶持，只要有爱的阳光雨露，他们就会长成参天大树。教师职业的神圣和特殊性在于他们是为弱者服务，以爱心维护每一个当下弱小而将来强大的生命的独特价值，以爱心激励学生去追求更高、更完善、更美好的自我。关爱学生承载着学生、家庭和全社会的期望。

教育是一种以人格来培育人格、以灵魂来塑造灵魂的劳动。徐特立有句名言："做教育工作的人，一般总是先进分子。""先进分子"的先进性，首先体现在道德上。对教师而言，高尚的道德来自于坚定的教育信念，这种信念是教师的精神追求和奋斗目标，是教师提升素质的关键所在。教育信念的集中表现是教师对教育工作的高度责任感和强烈的事业心，它具有专一性、稳定性、执着性等特点。教育信念一经确定就难以改变，从而造就教师特有的道德人格。一个教师只有当他认识到自己所从事的事业对社会的发展进步是一种不可推卸的责任时，他才会不遗余力地、自觉地去干好它。

无数事实证明，一个人如果在从幼儿园到成人这个重要的人生阶段没有得到关爱，没有得到爱的滋养，会变得没有爱心甚至残忍。

❀案例一:

"文革"十年浩劫中，处处强调人与人之间的斗争（阶级斗争），学校一度停办，教师被批为"臭知识分子"、"改造对象"，人情、人性、人道、人权、仁爱统统受到批判，对人的影响极

大。“文革”结束后不久，有所幼儿园的老师出题问学生：“有只小狗生病快要死了，我们怎么办?”学生们的回答令人触目惊心：有的回答把它扔火里烧死，有的回答用开水把它烫死，有的说从悬岩上扔下去摔死等，没有一个学生提出送医院、找医生之类的帮助小狗摆脱痛苦的办法。这样的孩子长大后他们对人的爱、对大自然的爱、对世界万物的爱可想而知。

今天，大家公认的很多研究成果表明，人的情商和智商是在15岁之前形成的，美国教育专家的最新研究成果证明是7岁之前完成其中的90%，这些情商智商包括价值观等，形成后终身难以改变，由此可见教师爱学生、培养学生爱心的重要。

师生情，是世界上一种特殊的人际关系。尽管恋人关系、亲属关系、家庭关系也是密切的，但这些关系出于自然本能的因素居多。而师生情往往超越这些因素，很少为本能的欲望与利益的权衡所驱使。它是心与心亲密接触撞击而产生的火花，它是语言难以表达的强烈的感情共鸣，它是摒弃了功利目的的纯信赖的人间真情。一个教师的人格修养、道德情操首先集中在这样的焦点上：爱——对学生的爱！

前苏联著名教育家苏霍姆林斯基说：“我在生活中什么是最主要的呢？我可以毫不犹豫地回答说：爱孩子。”他主张教师应用整个心灵拥抱孩子，把一切力量与智慧都倾注到他们身上。他认为，爱孩子的感情是书本上学不到的，它取决于教育者真正为孩子们的成长而奉献的精神，取决于在实际的教育活动中与儿童融为一体，和他们休戚与共的职业道德。

❀案例二：

由于车祸，一位年轻的女老师和她的学生住进同一间病房。

自住进去的那天起，小女孩就一直昏迷不醒，还常常在昏迷中不时地喊着："妈妈，妈妈！"

女孩的爸爸神色凄楚，手足无措地看着女儿在梦境中痛苦的挣扎，不知该如何帮助女儿，只是不停地哀求医生："救救我女儿，救救我女儿！"那个是教授的医生告诉孩子的爸爸："该用的药都已用了。这样的重病人，有时候也需要精神作用自救，能不能活下来，要看她对这个世界是否充满生的渴望。"医生问道："孩子的妈妈呢？她在呼唤妈妈，你为什么不叫她来？"孩子的爸爸低下头说："我们离婚了，我找不到她。"

听了这番对话，站在一旁的女老师来到小女孩的床边，轻轻握住女孩冰凉的手柔声说："女儿乖，妈妈在，妈妈在。"病房里的人们吃惊地看这位女老师，小女孩的爸爸脸上满脸淌泪地连声说："谢谢，谢谢！"女孩唤一声"妈妈"，老师答应一声。老师比她的学生大不了多少，而且还没结婚。痛苦的小女孩在昏迷中死死攥紧老师的手，喃喃地呼唤着妈妈，声音渐渐远去，呼吸也慢慢平稳下来。

在以后的日子里，那位老师像一位真正的妈妈那样，一有空就守在女孩病床前，握着她的手，跟她说话、讲故事、轻轻地唱歌……直到她的学生完全醒过来。

医生说："这个孩子死而复生简直是个奇迹。"

女孩清醒过来对大家说："我感觉到妈妈用一双温暖的手，一直牵着我，把我从一个黑黑的冰冷的井里拉上来……"

人们把赞扬的目光投向那位充满爱心的老师，老师的脸微微红了说："我记得读过一句名言，母爱可以拯救一切。"

这件事告诉我们，师爱有多么崇高，师爱有多么伟大而神奇的力量。

二、尊重学生人格，平等公正对待学生

在现代社会中，人格尊严是所有人都非常关注的。尊重学生人格不仅仅是为了调动学生学习积极性的一种手段，更是培养学生全面素质的需要，只有学生在求学和成长中体会、感受到了这种尊重，将来走上社会后才会自觉地尊重他人。

儿童阶段的学生，人格都受到格外关注。为了尊重儿童的人格，保护儿童的权利，1959 年第十四届联合国大会通过了《儿童权利宣言》；1989 年联合国大会又通过了《儿童权利公约》。其基本精神是强调儿童不仅仅是被保护的对象，而且是“权利主体”，拥有“包括生存、发展和充分参与社会、文化、教育生活以及他们个人成长与福利所必需的其他活动的权利”。

中小学教师要充分认识自己的劳动对象——学生是拥有自己独特的能力、观点和想法的人，他们应当像成人一样受到关注、受到尊重。在中国相当长的时期，特别是封建社会中，人们把教师置于居高临下、任何事情都比学生懂得多的“权威”地位。认为教师自然在包括人格在内的各个方面都高于学生，无视学生的人格主体，把“教”与“学”的关系视为一种完全的授受关系，自然难以做到师生在人格上完全平等。今天的教师，在教育教学活动中，要从尊重学生人格出发，充分尊重学生的权利、能力、观点和想法，教师的任何教育教学行为都不应当有损学生的人格尊严。在关爱学生方面，一定要注重动机和效果的统一，对越幼小的学生越应当如此。

❀**案例三：**

有位幼儿园老师正在给孩子讲白雪公主的故事，一个孩子站起来举着手说："老师，我想拉屎。"正讲得津津有味的老师生气地说："上课不准说这么粗俗的话，等着！"孩子忍不住了，换了个自认为文雅的字眼说："老师，我的屁股想吐。"老师的动机也许是好的，但这样对待一个幼儿园的孩子，无论从哪个角度说都是错误的。

面向全体学生，对每个学生负责，是对教师重要的职业道德要求。

"尊重学生人格，平等公正对待学生"，是教师关爱学生的基本态度，也是作为教师应当树立的师生观，这种师生观的核心是教师对待学生首先要公正。

公正公平，永远是善良、正直的人们追求的共同目标，也是我们的教育、学校、教师以及全社会的一种价值追求。这种追求首先要体现在师生关系中，中国古代教育中"有教无类"的理念，体现了教育的本质要求，有利于学生学习积极性的发挥以及学生公正、善良、平等待人等方面的道德素质的养成。

"平等公正对待学生"，具体表现在教师的职业活动中，对不同性别、不同年龄、不同家庭背景、不同智力、不同相貌和个性的学生，在任何时候、任何情况下都尽可能做到一视同仁，而不是以教师个人的好恶为标准，更不应当以个人的私利为标准。

我们相信，对于绝大多数教师而言，为了一己之私或者虚荣心而偏爱某些学生的有意的不公正行为是很少的，因为这是明显的违背教师职业道德底线的行为。在教师的职业活动中，比较容易出现的是偏爱或者过分关注成绩好、表现好的学生，忽视甚至

歧视成绩差、表现不好的学生，防止这种现象，应当成为师德修养的重点。

平等公正对待学生，主要体现在教师职责范围内对学生的教育教学、奖励惩戒、评价学生时，自觉做到平等、公正。例如针对学生的不同情况分配个别辅导时间，让每个学生公平地参与教育教学活动，尽可能客观公正地评价学生等。特别是对学生的奖惩，对学生十分重要，也十分敏感。教师在实施奖惩时，一定要了解清楚事情的来龙去脉，实事求是，合理、适度、公正地选择奖惩的方式方法，做到不伤害学生。

面向全体学生，对每个学生负责的重要前提是教师要始终相信每个学生都有特长和潜能，相信每个学生都是可造就之才，相信每个学生都能成才。要注意培养学生的学习兴趣。对于偏科学生，学生中经常出现的歪才怪才，不应当把他们视为“另类”，更不应当扼杀他们的特长。因为学校教育不是生产标准件的工厂。教师要注意保护学生独特的爱好，利用一切机会发挥他们的特长。没有兴趣就没有学习，兴趣是学习最好的动力。学生对某门学科有了兴趣就会刻苦钻研，努力学习，将来就可能在某些专业上有所发明，有所创造，有所发展，成为拔尖创新人才。

教师职业决定了教师不能只喜爱学习成绩好的学生，更不应当把学生分成三六九等。对由于种种原因学习困难的学生，或者个性特别的学生更要特别关照，因为他们比一般的学生更需要老师的帮助，老师要用更多的时间对他们进行个别辅导和帮助，要尽可能多用鼓励、赞赏的方式增强他们的自信心，激发他们内在的学习动力。这样的师爱的传递不仅仅是调动学生的学习积极性，更重要的是使学生在受教育过程中获得安全感、归属感，从而形成良好的道德品质，对他们终身成长都有重要作用。

❄**案例四：**

20世纪70年代以来，教育界流传着著名的“皮格马利翁效应”。这一名词来自一次真实的测试。1968年，著名教育家罗森塔尔和雅各布森公布了他们的一个经典研究：“课堂里的皮格马利翁”。研究者在一项预测未来发展的智力测验中，从一所普通学校随机抽取20%的学生，明确地告诉他们：“你们学术有为，有巨大的学习潜能和冲击力，是未来的花朵。”一个学期后，再以这批学生进行测验，结果发现，他们的分数有明显的提高。研究者认为，在这一研究中导致学生成绩提高的原因是由于这份“学习有为者”名单；是对名单中学生的上述“预言”，引起了教师对学生的良好期望，激发了学生的自信心。据此，罗森塔尔和雅各布森提出了“罗森塔尔效应”，即教师对学生的爱、关怀和期望将在教学效果上产生相应于这种期望的良好作用。在这个试验中，老师在获取某些学生有潜力的信息后，产生了期望，而期望化作了对学生的关注、鼓励，学生则因老师的鼓励增强了自信心、求知欲，从而产生了向上的巨大动力。这种现象被教育学家称作“皮格马利翁效应”。让每位学生都享受到教师的关爱、信任、鼓励、期望。那么无论哪种层次的学生都会获得心理上的满足，从而产生一种积极向上的原动力。学生生龙活虎的潜能将被激发，期望效应就能产生巨大的作用。

三、对学生严慈相济，做学生良师益友

随着社会的发展进步，特别是对人的价值和尊严的肯定，师生关系已经发生了根本的变化。教师与学生在人格关系上是完全

平等的，作为人的存在是相同的。但教师是教育的主体，负有教育和培养学生的责任，学生是学习的主体，负有学习的责任。两者的主体地位和责任不一样，这样的一种关系，除了要求教师和学生成为朋友外，还要求教师有一定的威信。所以在《中小学教师职业道德规范》中倡导教师要“对学生严慈相济，做学生的良师益友”。

做学生的良师益友，还应当转变一个观念，即教师在任何时候任何事情上都比学生强。唐代著名教育家韩愈在他那著名的《师说》中，破除了教师一定在任何方面、任何时候都优于学生的观念，提出“弟子不必不如师，师不必贤于弟子，闻道有先后，术业有专攻……”的见解。他还强调“圣人无常师”、“不耻相师”的主张，提倡人们相互为师。韩愈肯定学业的精进在于勤勉，荒废在于嬉戏；德行的成就在于深思，毁坏在于苟且。他主张教师尤其要勤学钻研，“焚膏油以继晷，恒兀兀以穷年”，以身立教，成为学生的表率。

与韩愈同时代的思想家和教育家柳宗元，在师生关系上提出了“交以为师”、“以师为友”的见解，主张老师与学生之间保持师友关系，彼此得到教益。这种师生民主、平等的思想，比韩愈的见解又进了一步。

宋代教育家朱熹一生热爱教育，讲学不倦。他强调教师的道德修养应“穷理致知”、“知行相须”。他认为“知行，常相随。如目无足不行，足无目不见”。他认为师生的道德修养方法在于“立志”、“主敬”、“存养”、“省察”功夫。志向明确，目的专一，身心集中，经常反省，检查自己的言行，才能在事业上和德性上达到很高的境界。朱熹在江西白鹿洞书院讲学时，曾亲自主持制定并题写了《白鹿洞书院教条》，作为师生共勉的道德准则。

他要求师生在修身上做到“言忠信，行笃敬。惩忿窒欲，迁善改过”；在处事上，做到“正其谊（义），不谋其利。明其道，不计其功”。

❊ **案例五：**

北京的一所国际学校，有来自30多个国家100多名学生和10多位美、英、法、澳等国的老师。很多来这所学校参观的老师都会问同样的问题：“校长先生，这所学校学生来自世界上好多个国家，对学生的评价标准有很大差异，你们学校好学生的标准是什么？”校长一脸茫然和诧异，想了半天才说：“啊！孩子都是可爱的，他们各有各的特长和优缺点，在我们看来，没有好学生、差学生之分，因此也就不存在好学生的标准问题。”

还有老师问：“从来不评好学生、三好学生什么的吗？”

校长的回答是：“从来不评。因为学生不是学习好就好，或者打球好就好……这样不行。每个人都有自己的特长、品质、人格，包括很多方面。有的这方面好，有的那方面好，今天他这件事好，明天他那件事好，特别是小学生，成长变化更大，怎么可以轻易断言谁就是好学生，谁就是坏学生呢？”

“学习不好总是缺点吧？”有老师这样问道。

校长的回答是否定的，他果断地说：“不！所谓学习不好，很难有个科学的标准。例如有的孩子英语成绩不太好，可他进校的时候一点英语都不会说，他做了很大的努力，有了很大的进步，这不能说他学习不好，更不能叫缺点，这是优点。只有神才是完美无缺的，但尘世间没有神。”

这位国际学校校长的回答看似简单，但他却正确回答了我们的教育目标或者说是人才评价标准问题。

❀案例六:

爱因斯坦上小学时，数学是有名的“2”分生。老师认为他是“白痴”，甚至一度要让他退学。但爱因斯坦的妈妈始终相信自己的儿子聪明，使小爱因斯坦树立了信心，潜能得到发挥，后来成为举世闻名的科学家。爱因斯坦有段名言：“仅用专业知识教育人是不够的。通过专业教育，他可以成为一名有用的机器，但是不能成为一个和谐发展的人。要使学生对学习的价值有所理解并且产生热烈的感情，那才是最基本的。他必须获得对美和道德上的善有鲜明的辨别力，否则，他只会用他的专业知识，就更像一只受过很好训练的狗，而不像一个和谐发展的人。”著名数学家陈省身教授1943年到爱因斯坦家做客，看到爱因斯坦那藏书不多的书架上赫然放置着一本老子的《道德经》德文译本，而且上面有很多批注和奇奇怪怪的符号。可见爱因斯坦对道德研究的重视，对人格的重视。

❀案例七:

英国伟大的爱国主义诗人拜伦曾经被形容为“苦难的丑小鸭”。他生长在一个父母关系恶劣的家庭中，他出生时就是瘸脚。酒鬼父亲在他只有几岁时就常常痛打他，使他幼小的心灵就蒙上了人生的阴影，这只丑小鸭面临毁灭的命运。小拜伦的母亲出于无奈，给他请了两名家庭教师，从精神上、学习上帮助他，其中的历史老师对拜伦产生了伴随他终身的影响。

那位深谙教育规律的历史老师面对“苦难的丑小鸭”的困境，首先不是急于向他传授书本上的知识，而是首先给孩子以温暖，关怀他，爱护他，鼓励他，让小拜伦树立信心。这位历史老师语重心长地对拜伦说：身体残疾不可怕，可怕的是心灵残废。要勇于和命运抗争，要以顽强的毅力到人生的旅途上搏斗。他深知小拜伦需要关怀，需要温暖，需要爱。这位历史老师不以貌取人，不以财富取人，不以地位取人，他从小拜伦身上看到了诗人的萌芽和正义的种子。他给拜伦讲述罗马帝国辉煌的建筑，古希腊灿烂的文明，地中海诸国的优美风光……用热情的关爱、深刻的哲理、丰富的知识之泉浇灌着这个受伤的幼童的心田，使拜伦看到了世界美好的一面。这一切都深深地铭刻在诗人童年的记忆中。后来，拜伦在他的东方旅行和献身希腊人民革命的英雄壮举中，留给世人的不朽诗作，都深深地刻着他的启蒙老师的痕迹。

从教育规律的角度分析，有的老师之所以把有的孩子视为差生，是因为他们有一个前提假设：认为孩子的发展是齐步走的，我教到这里，大家都应该学到这里，达不到要求就是笨蛋。其实每个人的发展是千差万别的，有的人这个方面发展快，有的人另一方面发展快。有先有后也受各方面的影响：家庭、环境、兴趣、老师等。然而老师的这个“统一行动”前提假设是齐刷刷的，这个前提本身就是错的，其最大的问题是忽视了人的学习能力、智力等方面的发展差异。

孩子，特别是在幼儿园和小学阶段的孩子，对自我的认识主要来自别人。老师一次一次给孩子有意无意的消极评价，很容易进入孩子的自我意识。老师的评价还会影响这个学生周围的其他学生。因为在小学生心目中，老师是最大的权威。久而久之，可能就真的出现了一些所谓的差生。如果老师换一种说法，可能就是另外一种结果。

❀案例八：

北京师范大学第二实验小学特级教师霍懋征，谈到“差生”

转化，是那样的充满激情。她在讲述她的成功经历时，常谈到这样一个故事：

有个街道工厂女工的孩子，平时家里没有人照顾，孩子比较调皮。他根本不想学习，留了两次级，哪个教师都不愿教他，外宾参观时教师把他藏起来，怕他胡闹。搅得学校没办法了，校长决定把他送工读学校，我去找校长，要求把这个孩子转到我的班。校长说不行，你教的班是优秀班集体，他要是去了，会一马勺坏一锅汤。我说没事，他虽然现在表现不好，但他今后还有很长的路要走，送工读会影响他的一生，您就把他交给我吧。我给全班做工作：不能笑话他，更不能歧视他。这个男孩比别的学生大两岁，有劲。于是我说："小永啊，我想请你帮我做一件事，从学校校门到东楼这一片，是咱们班的卫生责任地段。请你带着我，再带两个同学来负责咱们班责任地段的卫生，你来当组长好吗？"他听我说可当"官"了，特高兴。于是每天早上来和我们一块扫地，干得很认真。从这儿开始，我们师生间的关系拉近了。他看我腰不好，扫一会儿直一下腰。有一天他给我找来一把长把扫帚说："老师，我发现您腰有毛病，拿这个扫可以不弯腰。"我心里感叹：这个看上去挺粗的孩子，不仅能细心地发现老师的病痛，还挺会关心人呢！

有一天他没来上学，午饭后我立即到他家，发现他正感冒发烧，还没吃饭。我赶快回校给他买了份饭，又带着校医去给他打针、吃药。安排他吃了饭，我就到工厂跟他妈妈商量，中午在食堂包饭。他妈妈说，霍老师，不瞒您说，我们没有这个条件。我说那你甭管了。第二天我就给他包了饭，我还让他当"饭长"，跟食堂阿姨和另两个同学把饭从地下室抬上来，给大家分饭。我又找食堂炊事员说，跟你商量点事：我们班来了个男孩子饭量大，你们每天多给我们班一点，于是每天给我们分的量就大一点。何永山分饭很公平，因为剩下的饭足够他吃了。这样为大家服务，又拉近了他和同学的关系。他也不再胡闹了，大家也接受了他。“文化大革命”来了。因为出身好，他当了红卫兵，保护我少挨了好多打。外地红卫兵来学校打、砸、抢、打老师时，他都挺身出来，保护学校、保护老师。

去年5月，我突然接到一个电话：“娘啊，娘，我的亲娘啊，您答应一声！我找了您十几年了。”我说请问你贵姓。“我姓何。”“噢，你是小永吧？”“是啊，我可找到您了！”原来他的工厂搬到外地，回来后因为我搬了家，他很久没找到我。他说：“您是我的亲娘，没有您就没有我的今天！”他已经50多岁了，是个即将退休的技术员。他带着爱人、孩子来看我，他的好多事让我感动，让我体会到了关爱学生的重要。

这样的例子，在霍老师60多年的从教生涯中还可以举出很多。霍老师的实践，已经升华为一种新的教育理念。

热爱学生，就是要关心爱护全体学生，尊重学生人格，平等公正对待不同智商、不同特长、不同爱好、不同学习成绩、不同家庭背景的学生。对学生严格要求，耐心教导，不讽刺挖苦学生，不体罚或变相体罚学生，保护学生的合法权益，促进学生全面、主动、健康发展。

四、保护学生安全，关心学生健康

学生是弱势群体，保护学生安全是教师职业道德底线，也是教师职业与其他职业的本质区别。特别是对于处于少年儿童阶段的幼小学生，易受到外界侵犯和伤害，教师更应该有一种保护学生安

全，关心学生健康的天然敏感。呵护他们、引导他们是每一个教师不容回避的社会责任。由于社会的发展，人们活动范围的扩大，交通工具的变化，人际交往范围扩大，法制还有待建立健全，校车等办学条件还有待改善，自然灾害增多，孩子们身边的危险因素在增加。保护好每一个孩子，让他们安全地学习和成长，是中小学教师面临的新情况，也是中小学教师新的职责内涵。保护学生安全，不仅是教师作为一个正直的人的个人良知或者本能，更重要的是教师作为公职人员的一种国家责任担当。教师在其职业活动中，保护学生安全主要体现在以下四个方面：

第一，对学生进行生命教育，使学生热爱生命，尊重生命。

教书育人，应当从做人开始，从对人的生命价值的认识开始。中国正在推进的基础教育课程改革和素质教育，至少包括了作为中小学教师应当了解的以下几方面的内容：

(1) 对“我是谁，我们从哪里来，又要到哪里去”一类的问题做严肃的追问和思考。关注人的生命、关注人类的命运，对人存在的意义、人的价值和尊严、人的发展与幸福有一定的了解并渗透到教育教学活动中。

(2) 尊重个人的价值，尊重人对自我实现的追求，重视人的超越性追求和理想，崇尚自由的意志和独立人格，对人类个体与群体之间的关系有科学的实事求是的认识。

(3) 对人的心灵、需要、渴望与梦想给予深切的关注。追求超越功利的价值取向，乐于用符合社会进步要求的、积极向上的审美的眼光看待事物。

(4) 尊重文化的多样性，个体的差异性。对于差异、不同、另类，甚至异端，能够报以宽容的态度并给以科学的引导。

中小学学生中，难免有少数人存在家庭情感、学业压力、伦理错位、价值迷茫、心理脆弱等情况。如果没有生命教育、心理疏导等方式进行排遣，最终很可能出现学生在花样年华选择逃避社会的极端行为——自杀，给家庭和社会造成难以承受的损失。据统计，我国每年自杀死亡的青少年高达1.6万人，高居青少年非正常死亡的前列。潜在自杀倾向和思想颓废的青少年更是难以统计。及时遏止青少年自杀念头、纠正中小学学生的不良心态，是教师教育内容的一部分。

很多中小学学生带着无限的期望走进校园，面对老师描述的浩翰无际的知识海洋一次次叩问：我到底是谁？我为什么来到这个世界？我在这个世界上意味着什么？生命的价值在哪里？我应该做些什么？世界需要我做什么？我能够做什么？我应当如何度过此生？幼小的生命承载着如此之多的梦想、情感、困惑、苦恼，对这些问题作出回答或者给以正确的引导，是为师的教育责任，更是为师的道德责任。面对学生的看似稚嫩不着边际而又深刻的哲学思考，教师应当告诉他们，应当怎样发展自己、怎样丰富和完善自己的生命。以生命教育为突破口，从根本上去进行学生的世界观、人生观的培养。生命教育是真正充满活力的人的教育，是引导人走向美好和完善的教育，针对每个生命个体实施的生命教育应当成为每位教师教育教学的重要组成部分。推动青少年尊重生命、敬畏生命、珍爱生命，活出激情、喜悦、尊贵的人生，进而提升全民族的心理健康素质，推动和谐关系、和谐家庭、和谐社会的建设。

第二，面临突发事件和灾难彰显崇高的师爱。

我们希望世界和谐、和平，没有战争、没有灾难。但任何世界、任何环境都不是绝对平静和绝对安全的。千变万化的自然环境难免产生水灾、火灾、地震等意外灾害，复杂多变的社会环境

难免会有突发事件，作为学生主心骨的教师，在这方面应当随时都有生命意识、责任意识、安全意识。在给予学生学科知识的同时，随时对他们进行生命安全、生命价值的教育，引导学生认识生命、热爱生命、珍惜生命、尊重生命、健康成长。教师要在各类课程中尽可能体现生命意识，讲解生命知识，实践生存技能锻炼，对常见的危及生命的灾难进行避险演习、逃生演习等，使学生能够临危不乱、遇险不慌，提高抗险能力、自救能力。

谁都不希望灾难发生，谁都不愿意利用灾难去彰显自己的英雄行为，但复杂的自然环境和社会环境难免会有灾难发生。在危急时刻，教师应当能够挺身而出，保障学生的生命安全，这也是对教师的职业道德要求。美国《教师职业伦理规范》规定："当学生健康及安全受危害时，教师应当为保护学生做出恰当努力，不应当故意使学生处于尴尬或者危险之中"。

❀案例九：

2003 年 12 月 23 日，重庆开县发生天然气井井喷特大灾难。在核心灾区内，老百姓家中的鸡鸭猪羊死了，天空的飞鸟、地下的老鼠、水中的鱼都死了，这里成了寂静而恐怖的世界。令人欣慰的是，灾区附近的中小学按照学校紧急划定的线路，及时组织千名师生连夜大转移，其中最小的学生只有 5 岁，最远的师生队伍到达了 30 公里以外的四川宣汉县境内，历时 13 个小时，共转移学生 3420 名，老师 500 多名，全部脱险！

"井喷"的阴影还没有从开县人心中消失，2004 年 9 月 4 日，突如其来的 200 年不遇的特大洪水又让开县人遭受灭顶之灾。全县教育系统 168 所学校受灾，9000 多名师生被洪水围困，学校如悬孤岛，数千名师生的生命受到严重威胁。面对洪水的袭击，

5000多名教师立即投入抢险救灾。汹涌的洪水没有把他们冲垮，30多个小时的昼夜奋战，没有让他们倒下，他们又一次创造了在校学生零伤亡的奇迹！许多老师都是本地人，为了组织学生转移，他们没有一个回家照顾家人和亲友，没有一个退缩。这就是我们的老师，危难之际，他们是这样的尽责和勇敢。他们宁肯自己吃点苦，甚至牺牲生命都在所不惜，最放心不下的是学生的安危，最怕失去的是学生和家长的信赖，他们用平凡的工作铸就了闪光的师魂！

井喷发生后，高桥小学副校长廖代成，首先想到的是学生的安全，来不及回家通知父母，拖着残疾的左脚，挨个叫醒学生，组织转移，而家中71岁的老母亲、1个哥哥、3个外甥同时遇难！麻柳初中党支部书记、校长廖百纯，把各班疏散不了的学生集中起来，由学校领导统一组织转移，而他却让妻子独自带着年幼的孩子逃往四川宣汉，整整5天5夜，音讯全无，他把所有心思都放到了组织学生转移上。

灾难是不幸的，但走过灾难的师生们，对人生、对社会、对真善美的感悟是无价的；对工作、对事业、对挑战自然的体验是珍贵的！灾难是一面镜子，更是一块试金石。在两次特大灾难中，重庆开县的老师所做的一切都是为了学生。在灾难考验面前，他们临危不惧，挺身而出，舍生忘死；在紧要关头，他们处变不惊，果断决策；在危险面前，他们身先士卒，义无反顾。他们真的让人感动，令人敬佩，支撑他们的是责任感和爱心，是高尚的师德！

❀案例十：

2008年的四川汶川地震中，在我们的教师队伍中涌现出一大批忠于职守，舍身保护学生的优秀教师。灾难发生时，正在教学位上的教师们在瞬间主动地、自发地、忘我地保护学生的行为，印证了教师不愧为全社会的高尚道德典范：教室的讲台一般离门最近，教师在突发灾难时逃生最易，但我们的教师完全是出于职业本能或者说师德本能首先想到的是他们的学生。四川北川县北川中学的张家春、曾长友、李佳萍老师为了学生逃生，用自己的身体抵住已经变形的门框，尽全力将学生们推出门外，而他们却被埋在了废墟下；四川汶川县映秀小学29岁的张米亚老师遇难时，双臂还紧紧搂着两个孩子；严蓉老师置生死于度外，先后从摇摇欲坠的教室中救出13名学生，最后一次进入教室抢救学生时不幸遇难；四川什邡县龙居小学向倩老师在抢救两个手足无措的学生时，不幸被倒下的楼房轧倒，身体断为两截……这些教师的行为彰显了人民教师的崇高师爱，使中华民族的师德精神又一次得到了升华。

❈案例十一：

经历汶川地震生死考验的陕西省宁强县黄坝驿九年制学校教师王敏老师说：教师职业精神的核心是一切为了学生。突然发生的大地震，使我对此有了刻骨铭心的感受和理解。地震袭来时我正在去教室的路上。“地震了，赶紧到操场上去！”我本能地一边大喊，一边跌跌撞撞地朝教学楼奔去。因为那里有我的学生！

这时教学楼已经非常危险。剧烈的摇晃使楼顶的砖木瓦片雨点般倾泻而下，把二楼到一楼仅有的一段露天楼梯堵住了。来到二楼楼梯口的20多个一年级学生吓得哇哇直哭，乱作一团，大声哭喊着：“老师，老师！”孩子们揪心的呼喊，既是在求助，更是危难时刻对老师最高的信任。孩子对老师的呼唤，如电光石火般一下唤起了我作为老师的责任感和自豪感。危难之中，学生们首先想到的是老师，他们最需要的更是老师！我的眼泪一下涌了出来。

我顾不上在幼儿园同样处在危险中的两岁的儿子，冒着被砖瓦房梁砸伤甚至砸死的危险，用胳膊护住脑袋，不顾一切地冲向楼梯，踩着碎砖烂瓦奔上二楼，来到孩子们面前。地震的喧嚣声中，我歇斯底里般对孩子们狂喊着："别怕，有老师在。赶紧跟着老师，顺墙角下楼！"惊恐的孩子们感觉有了主心骨，我顺手抱起两个最小的孩子，带领孩子们沿着墙角，迅速逃出了危机四伏的教学楼。

把这些孩子带到安全地带后，我回头一看，楼梯口上还有两个小学生被吓呆了，站在那里浑身发抖。我来不及多想，再次拼命冲进教学楼，一手抱住一个往楼下飞跑。为了避免落下的砖瓦砸着他们，我尽力将头和身躯向前倾斜，把两个孩子紧紧揽在怀里，用自己的背和头尽量护住他们。眼看再有一步就要脱离险境了，就在这时，一大堆砖瓦倾泻而下，重重朝我头上、背上砸来。在倒地的一瞬间，我把孩子紧紧护在怀里。隐隐约约感到热乎乎的鲜血从头上喷涌而出，眼前一黑，就什么也不知道了。

我常常在想：自己原本是一个瘦弱胆小的人，平时连一桶水也提不动，晚上上厕所要丈夫陪着，白天一个人也不敢在山林里走路。地震那一刻，不知哪来的勇气、哪来的力量和镇定，让我没有丝毫的畏惧和胆怯，毅然决然地冲进岌岌可危的教学楼，最后竟一手抱着一个孩子冲了出来。答案只有一个，那就是：教师的天职是一切为了学生。通过这场灾难，这场包括我自己在内的众多教师与死神抗争救学生的过程，我更深深地体会到：一切为了学生，不仅仅是政策法规规定，也不仅仅是素质教育的要求，而是师德底线，是教师的灵魂。它是在教师职业活动中逐渐凝聚

而成，而且在关键时刻往往得到自觉的崇高的升华，从而能自觉地，如条件反射一般毫无功利目的地把学生放在高于一切的地位。

我这个普普通通的老师，不仅是向大家讲述我在地震中的故事。更重要的是，我是在用包括我自己在内的在地震灾害中的思想和故事告诉人们：什么是教师！我不是英雄，我只是做了我们教师应该做的事。面对灾难，我的同行们都临危不惧，组织学生有序疏散，直到学生全部脱险，自己才最后撤离。他们无一例外地把生的希望让给了学生，把死的危险留给了自己。特别是在四川汶川地震灾害的重灾区，无数英雄老师为了抢救学生英勇牺牲，纵使被废墟深深掩埋，也要用血肉之躯全力保护学生。与他们相比，我是幸运者。在灾难面前，在生死关头，在危难时刻，为抢救学生的生命，义无反顾，舍生忘死，那是人民教师无上崇高的责任。借此机会，我用我在危难时刻的感悟告诉那些希望选择教师作为自己终身职业的人们：当你成为教师的时候，你是否愿意、你能否做到——一切为了学生！

第三，从生理和心理两方面关心学生健康。

中小学学生正处于长身体、长知识的人生最重要的阶段，作为帮助他们在这两个方面健康成长的教师，无论是职业责任还是道德责任都是非常重大的。在身体健康方面，由于竞争压力较大，当今的中小学学生普遍休息不够、睡眠不足、视力下降、饮食不利于发育、沉湎于电脑中的虚拟世界、属于他们自己支配的时间太少等问题普遍存在，影响中小学学生的身体素质。虽然产生这些问题的原因是多方面的，但作为教师，我们在三个方面是应当做而且可以做到的。一是任何时候都不要忘记在教育教学活动中教育学生养成有利于自己身体健康成长的良好生活习惯，告诉学生身体健康有多么重要；二是严格执行国家的各项规定，在自己的教育教学活动中尽量不侵占学生的休息时间、娱乐时间以及体育锻炼时间，不随意加大学生的作业量以及增加上课时间；三是在严格执行国家各项规定的基础上，通过教师自己的不断努力和创新，探索科学的教育教学方法，减轻学生课业负担，提高教育质量。素质教育推进和课程改革中产生的很多中小学优秀教师，他们的一个共同点就是创立了自己独特的科学的教学方法，课堂上讲授很少超过15分钟，课后作业也很少，使学生在互动中学习，在快乐中学习，在探索创新中学习，负担轻、压力小、学习质量高，自然有利于健康成长了。

学生的心理健康与身体健康同等重要，相对于简单的生活和不发达的社会而言，现代化社会的一些弊端往往会增加人们的心理压力，影响人的心理健康。当今社会主要矛盾是人与自然的矛盾，人与社会的矛盾，人自身的矛盾。特别是人自身的矛盾越来越严重：无止境地追求感官享受、物质财富、权力地位，造成身心失调、人格分裂、心理不平衡，引起精神失常、杀人、自杀等。这些难免对学生造成负面影响。儒家提倡的“天人合一”、“人我合一”、“身心合一”三个哲学命题，为我们提供了科学的思想方法，那就是加强道德修养和人格培养，找到自己成长的根。应当在德育中加强学生的爱国思想、道德精神、价值观、社会责任感、审美能力、创造精神、勇敢精神的培养。

教师在教育教学活动中要充分考虑学生的心理特点，注重学生的心理感受，留意学生的心理变化，教育教学方式方法不得有损学生的心理健康。教师要特别关注学生特殊时期的心理状况和特殊学生的心理状况。比如青春期的特殊心理状况，毕业班学生的心理状况，家庭发生重大变故（父母离异、亲人去世等）时的心理状况等。特别是那些被孤立和拒绝的学生，教师要特别关注他们的心理问题。例如云南大学杀死同寝室四个同学的马加爵，美国弗吉尼亚理工大学在校园持枪打死30多名师生的赵承熙，事后分析起来，两人都是因为性格缺陷和心理问题长期没有受到关注，遇事把原因推给他人，不与人交往，行动上走极端所致。教师要从尊重的角度关注这样的学生。教师还要注意多与学生以及学生的监护人进行沟通，以便于对学生的心理状况能够准确把握，并及时帮助学生走出心理困境。

五、维护学生权益

树立学生权益观，无论从教师职业道德角度还是从培养学生全面发展角度都是非常重要的。中国封建社会传统文化几千年来很少把学生看作教育的主体，而只是把学生当作服从的对象，当作知识的接收器，而不是掌握知识的主人。把学生看作被传道、被授业、被解惑的对象。学生在教育教学过程中始终处于被动地位。这种状况的一个严重后果是学生记住了教师传授的很多知识而缺乏创新精神。教育过程中缺乏主体定位，扼杀学生主动精神、创新思维的状况应当改变。“维护学生权益”主要体现在以下两方面：

第一，教师应当学习和理解学生作为公民拥有《宪法》、《未成年人保护法》、《教育法》及其他相应法律法规规定的与成年人相同的权利。

还有在教育教学过程中一些特殊的权利，归纳起来，学生在受教育过程中，主要拥有下列权利：

(1) 有受教育的权利；

(2) 有发问和了解与学习有关问题的权利；

(3) 有说“不”的权利；

(4) 有不同于其他人的权利；

(5) 有保留不同观点的权利；

(6) 有保有个人秘密的权利；

(7) 有发展自己个性和兴趣的权利。

教师的教育教学行为要维护法律规定的学生权利和学生拥有的特殊权利，不能以为了学生好为由侵犯学生的其他权利。例如有的教师为了防止学生交友不当，未经学生允许就私自拆阅学生的信件，这样做是侵犯了学生的隐私权；有的教师为了让学生按时完成作业、督促学生按时到校上课而规定“迟到罚款”、“不交作业罚款”等，侵犯了学生的财产权。学生作为社会的弱势群体，他们拥有的一些权利容易受到侵犯，教师在其职业活动中得知侵犯学生权益的情况，应当依靠自己的能力或者向学生家长、学校及相关部门反映，及时制止侵害学生权益的事件发生和持续。

第二，从教育规律和人才成长规律看，教师的教育教学过程同时也是学生受教育权利的实现过程。

知识和人都是在不断发展变化的，在教育教学过程中，师生双方都拥有的权利的约束、碰撞、互动中更加有利于知识的传授和接受，所以教师应当牢固树立学生权益观，使自己的教育教学行为有利于学生受教育权利的实现。在教育教学过程中，有意无意侵犯学生合法权益的现象时有发生。

❀案例十二：

有这么一位学生，她好学上进，有文艺天赋，热爱生活。由

于父母对她要求太高，她的老师又只认分数不认人，她常因分数不高被老师训斥为“猪脑子”、“脑积水”等。在她的权利被漠视，她的尊严被侵害后，她借用2000年的高考作文题《假如记忆可以移植》，写了篇告别人世的作文，走向了绝路。她在作文中写道：

> 假如记忆可以移植，我第一个要做的事儿……哈哈……肥仔是我们班的尖子生，哼，瞧他整天趾高气扬的德行，这次非要把他的记忆给移植了。
>
> 我还想移植比尔·盖茨的记忆，那我就能自由地遨游在电脑的海洋里。我也想移植篮球巨星麦克·乔丹的记忆，让我在球场上大展我非凡的风采。我更想移植爱乐乐团著名指挥家劳林·马泽尔的记忆，那样，我国的交响乐团在国际上一定会举足轻重。我多想移植国外研制航空母舰的科学家的记忆，那样我就可以为中国实现这一项零的突破……

从这篇作文的片断中我们看出，这位学生是多么想找回失去的自信和自尊，多么需要得到老师的关爱啊！但是没有，她终于被逼上了绝路。这个痛心的事件告诉我们，师爱是多么的重要，维护学生的权益有多么重要。

维护学生首先要了解学生，要关注学生，特别要关注各方面都不突出的“大众化”的、不引人注目的学生。

❀案例十三：

上海控江中学教师吴伟国谈起他对每位学生的关注时，讲到一个学生对他的启发，吴老师说：

有一天上完课，我刚走出教室，一位学生追上来，匆匆将一张纸条塞进我手里。我疑惑地打开纸条，一行写得很大的字跃入眼中："老师，请您注意我!!!"那三个惊叹号特别醒目。我心中一惊，自言自语道："怎么，我没注意他？他已觉察到我没注意他？"

吴老师动情地说：每一位学生都不应该，也不允许被遗忘。谁愿意处于人群中而让别人对你熟视无睹呢？中小学生正处于一个特殊的年龄阶段，他们经受着来自生理与心理的双重考验，带着迷茫期待着别人的关注和体贴。在他们的眼中，教师无疑代表着某种权威。教师的首肯与否对他们是至关重要的。一旦学生认为自己被教师所忽视，有的由此滋生出自卑感，有的可能在逆反心理的驱使下变得狂妄自大，目空一切。不管是前者还是后者，后果都是严重的。一个教师如果不把他的学生放在心上，他又如何去要求他的学生喜欢听他上课，学好自己所教的这门课程呢？学生的心理发展还很不成熟，他们的喜怒哀乐很大程度取决于外界因素。我们常常可以听到学生谈起他之所以喜欢某门课，或是因为教这门课的老师是班主任，或者因为讲这门课的老师好，或是他做了这门课的课代表。学生与某个教师接触多，交谈了解多，于是爱屋及乌，他就喜欢上这位教师的课。这一现象足以说明作为教师"关注每一个学生"的重要。

吴老师为没有关注这位学生而找他谈了一次话。他告诉这位学生，以前课堂提问很少叫到他，是怕他回答不好问题面子不好看，又耽误时间，怕答不好让同学们看不起他。他向这位学生表示了歉意，同时告诉这位学生，他们可以采取有的老师采取的那种好办法，就是今后凡是他认为有把握答对的问题就举右手，没

把握的举左手。老师心里有底了好叫到他回答问题。面对吴老师的“关注”，这位学生感动得直点头，泪水在他眼眶里打转。

吴老师说，作为一名教师，容易喜欢那些思维敏捷、学习拔尖、遵守纪律的好学生。有意无意之中，总是与他们交谈接触得多些，上课提问总是先找他们，既省时也省力，何况听着他们流畅而准确的回答还会使老师油然升起一种自豪之感呢。上公开课的时候尤其如此。对那些支支吾吾，回答的还不是完整的答案，甚至错误的答案的学生，往往容易失去信心。因此找学生谈心、家访只限于这一头一尾。那些成绩平平，表现一般但占多数的“中不溜”学生则往往被忽视。课堂上既不提问他们，课后也极少与他们交谈，家访的名单中也难见他们的踪迹，更谈不上与他们商讨研究班级工作了。那位不甘“寂寞”，向他提出了强烈的要重视他的要求的学生引起了他的重视，但那些和这位学生一样被遗忘而又缺少这位学生的胆量的学生呢？他们甘愿被人遗忘和忽视吗？作为教师，我们应该关注每一个学生，做每一个学生的知心朋友，这是教育教学的需要，也是教师职业道德所要求的。

❀**案例十四：**

天津河北区育英里小学特级教师杨学钧对学业不良、行为不良的学生有她的一套办法。她的座右铭是：“对学业不良、行为不良的学生要心理微调，因势利导！”杨老师讲了这样一个例子：

有一天，一名学生上课时带来一只青蛙。青蛙的叫声引得全班秩序大乱。下课后我问这个学生为什么把青蛙带到教室，他很认真地说：“杨老师，我昨晚在一本书里看到蚂蚁敢斗青蛙，我不相信，小小的蚂蚁怎能斗青蛙呢？今天刚好捉到一只青蛙，我准备把它带回家去试一试。我知道你讲过青蛙是益虫，要保护它，一做完试验，我一定把它放了。”他说话一反以往上课回答问题时吞吞吐吐、含糊不清的样子，表达清楚而严谨，似乎特别通情达理。我没有批评他，只是对他说：“那好吧！不过，你守纪律，可青蛙不懂得守纪律，你先把这只青蛙放到我办公室，那里有个纸盒。等放学后你再来拿去做试验。”这个孩子平时经常不带书、忘记带作业本什么的，你说他，他说忘了。唯独这次，他什么都没忘，放学时来问我要青蛙。我说：“青蛙可以给你，不过有个小小的条件，你要仔细观察蚂蚁是怎样斗青蛙的，然后写一篇日记，明天交给我？”第二天，我一进教室，就看到讲台上放着这位学生的日记本和语文作业，而且都写得非常认真。从这件小事的处理中我体会到了只要老师尊重学生的合理选择，帮助他们实现有益的愿望，他们自己会按照教育规律成长的。

对于暂时后进的孩子，我们要善于发现他们身上的闪光点，千万不要歧视他们，甚至暗示全班同学孤立他们。否则，逆反心理会越来越强。这个孩子很聪明，特别好学，我就利用这一点，通过帮助引导，使他一天天进步起来，毕业时，他以优异的成绩考取了天津第二中学。

教育首先是一种保护。保护那些成长中的孩子固有的好奇心和求知欲、保护孩子的童心和纯真、保护孩子的求异和“可爱的错误”。而这种保护是建立在宽容基础之上的。苏霍姆林斯基说过：“要像对待荷叶上的露珠一样，小心翼翼地保护学生幼小的心灵。晶莹透亮的露珠美丽可爱，却又是十分脆弱的，一不小心露珠滚落，就会破碎，不复存在。”

❃案例十五：

北京市第二实验小学副校长史德志老师的座右铭是："教师只有了解学生才能教好学生。"

史老师认为：中、小学生的发展大致经历儿童期（学龄初期)、少年期、青年期这几个阶段。每一阶段学生的身心发展都有各自的特点，教师要了解、掌握不同年龄阶段在道德意识、道德行为等方面的特点，从而使教育和方法保持系统性、一贯性的同时，注意差异性和层次性。不能不注意不同阶段学生的心理、生理特点和年龄特点，把他们当作"缩小了的大人"看待。

史老师讲了这样一个故事：有一次，一个刚入学的儿童偷偷地咬了一口联欢会餐桌上一个牛眼睛大小的苹果，又将这只苹果放回果盘里。是这个儿童馋吗？不是。是因为他想多吃多占吗？不是。他是出于好奇。因为在他家的果盘里从来没见过这样小的苹果。怎样处理这样的问题？童年时期当道德面貌正处于形成阶段时，犯错误的可能性更大些，机率更多些。但是儿童的行为不能与成年人的类似行为相提并论。儿童中出现的偷窃现象和成年人的类似行为绝不是一回事。如果对待儿童的错误行为像对待成人一样进行揭发和谴责，那么在儿童的敏感心灵中就会长时间地，甚至终身留下伤痕。犯了错误，又被公开批评过的儿童往往会变得沉默寡言，不愿意接近同学。更严重的是他们做好事的愿望和热情会因此而减退，甚至连争取做一个诚实的人的愿望也会随之削弱。在处理儿童各种不良行为时，必须特别慎重，特别要深入研究儿童的内心世界。我们必须把他咬一口苹果又放回集体的果盘里的行为视为好奇，而不能认为这样做是自私，是行为不端。

我们经常看到，有些教师，出于"恨铁不成钢"、"严格要求”、“对学生负责”等心理，尽量想通过直截了当的当众批评、火速告知家长等“没有错误”的办法来帮助孩子改正错误和缺点。他们把孩子的缺点公之于众，希望儿童自己检讨，迅速“醒悟”而痛改前非，并希望儿童表示“永不再犯”。但儿童成长规律证明，在绝大多数情况下，这种教育方法会事与愿违。因为这样对待儿童天真的心灵，就好比把他们最宝贵的东西——自尊心、个人尊严、自豪感、知耻心统统暴露于外，并使之受到伤害。如果儿童自己不想学好，那么任何一个教育者也无法硬让好的东西在儿童心里生根。我们应该记住这句话。

❊案例十六：

著名教育家陶行知先生的“四块糖果”的故事，对我们如何对待有问题的学生有重要的启迪作用。

陶先生任育才小学校长时，有一天发现学生王友用泥块砸自己的同学，他当即制止了王友，并让他放学后到校长办公室。

放学后陶先生来到校长室，见王友已等在门口。陶先生立即掏出了一块糖果送给他：“这是奖给你的，因为你按时来到这里，我却迟到了。”当王友怀疑地接过糖果后，陶行知又掏出一块糖果放到他手里：“这也是奖给你的，因为当我不让你再打人时，你立即就住手了，这说明你很尊重我。”陶行知又掏出第三块糖果塞进王友手里：“我调查过了，你砸他们，是因为他们欺负女学生。这说明你很正直，有跟坏人作斗争的勇气！”听到这里，王友哭着说：“老师，你打我两下吧，我错了，我砸的不是坏人，是我的同学呀……”

陶先生满意地笑了，他随即掏出第四块糖果递过去：“为你正确地认识错误，我再奖给你一块糖果……我的糖给完，我看我

们的谈话也该完了。”

陶先生的四块糖果的“赏识”教育，是我们在教育儿童时应当借鉴的。那些蹒跚学步的幼儿，虽然他们走得晃晃悠悠很不像样，但我们应当看到，他们迈出的每一步都是一种进步。那些吐字不清，逻辑可笑，分不清叔叔、阿姨而在牙牙学语的幼儿，他们每一次低级的“错误”都会令我们会心地微笑，因为我们知道他们这一次的错误就意味着下一次的成功。我们会高高兴兴地夸奖他们：“宝宝做得好。”对于已成为学生的孩子的教育也同样。我们不应当吝啬赞美，吝啬肯定，吝啬鼓励。只有更多地使用这些，才会使孩子们树立向上的信心，鼓起前进的勇气，大胆地往前走。

对待犯错误的学生，师德高尚的教师是这样一种处理方式：两个男生为一件小事争吵并打了起来，其中一学生挨了两拳，他刚要还手，上课铃响了。被打的学生觉得吃了亏，怒不可遏。一位抱着一大摞作业本的女教师正好看到了这一幕。只见她和蔼地对那位挨打的学生说：“小王，你看老师拿了这么多的作业本，你能帮我把这些本子发给同学吗？”这个学生平时很愿意帮助老师做事，于是他满意地接过作业本走进教室发给了同学，包括刚才与他打起来的那位同学。女教师对全班同学说：“刚才小王和别人闹了点小矛盾，可是他为了不影响大家上课，愉快地帮助老师做事，这很好，我相信他下课以后，会正确处理好这件事的。”挨打的学生听到老师的表扬转怒为喜，这节课他听得很认真。

这位教师对这件事的处理方法，使我们想到了正确处理人际关系的一个重要原则——宽容。对于教师而言，“宽容”首先是要能够容忍学生的错误。因为中小学的学生正处在成长阶段，他们的任务就是学习，包括学习知识、学习做人、学习处理各种各样的问题、学习解决各种各样的矛盾。正因为他们处在学习阶段，所以犯错误的概率就相对高些。当然对学生的宽容，绝不是指老师对学生各种错误思想、行为的漠视和放纵，而是教师对学生实施教育过程中的一种科学的、符合教育规律的方法。其前提是对学生要严格要求，目的在于给学生以改正缺点而又不会受到伤害的机会。

六、不讽刺、挖苦、歧视学生，不体罚或变相体罚学生

“不讽刺、挖苦、歧视学生，不体罚或变相体罚学生”，是教师的职业行为中的禁止性规定，是教育教学活动中必须遵守的行为规范，也是教师职业道德底线。讽刺、挖苦、歧视学生是对学生人格的侵犯，是对学生尊严的侵害。可是在学校的教育教学活动中，还常常出现讽刺、挖苦、歧视、体罚或变相体罚学生的现象，分析起来，除了极个别教师和学生有性格缺陷、心理障碍等特殊情况外，更多的是认为“这样做是为了学生好”。

体罚学生是教育大忌，无论法理上还是伦理道德上都是不能容忍的。特别是对于幼小的学生，由于身心的双重打击，往往后果严重。

2011年11月，某中学一名高一女生因早读迟到，被老师罚站教室门口。几分钟后这名女生晕倒，送医院后身亡。这名女生是住校学生，平时健康活泼，只因当日打扫宿舍迟到了几分钟，便被罚站在冬日寒冷的教室外。近年来，因学生犯错误被老师罚站于教室外的事屡见不鲜：有迟到被罚站的，有上课不守纪律被罚站的，有完不成作业被罚站的，有请不来家长被罚站的。有的站一节课，有的甚至站一天。因被罚站有热晕的、冻病的、离家

出走的，甚至受辱身亡的。但让人痛心的是：这一次次血的教训，一件件惨痛的悲剧，并没有使对学生的体罚得到禁止。主要有以下原因：一是觉得学生难管，不体罚不长“记性”；二是认为不让学生上课可以使其痛改前非；三是教室外罚站既可让其反思，又不影响其他学生上课。一些教师甚至认为体罚也是教育的一种手段。从法理上讲，教师没有把学生赶出课堂不让其上课的权利。从情理上论，教师的体罚与家长的体罚是有区别的，在家体罚虽然也不对，但毕竟只是在自己的亲人面前，而在学校众目睽睽下的体罚，有辱人格尊严，把屈辱的种子植入了学生幼小的心灵。允许人犯错误并给人以改正错误的机会，对成年人尚且如此，何况未成年人。热爱学生、关心学生、信任学生、帮助学生，允许人犯错误并给人改正的机会，是师德的基本要求。

❈案例十七：

有这样一位正义感强，对学生要求极严的年轻教师。他的班上有位学生叫王佳，刚转学到他的班里，对班里的严格管理很不习惯，常常做出些越轨的事。一天，这位老师怒气冲冲地在课堂上宣布：王佳同学这段时间错误不断，不穿校服，不戴红领巾，给同学起外号，经常迟到等。为了教育他，我们今天的作文题目就是“声讨王佳”。这是为了教育王佳，教育大家，维护我们班的荣誉，大家要认真。

这位教师的出发点不能说完全错误，但这种处理方式则是完全违背儿童心理学和教育学规律，甚至可以说是侵犯了学生的合法权益。青少年在成长过程中需要得到成年人尤其是老师的理解和尊重，如果孩子在心理承受能力还十分脆弱的时候对他们的错误一味地指责，甚至以作文形式让全班同学声讨，使他们受到心灵伤害，对其健康心理、健康人格的形成十分不利。让全班同学针对王佳写作文，是给王佳施加一种消极刺激，会严重伤害他的自尊心、自信心，很容易使他产生自卑感。孩子犯错误不全是坏事。教师应该从学生犯的错误中发现他的特点，发现他的闪光点，按照教育规律教育孩子。

还是这位年轻老师，有一天在课堂上念学生考试成绩，念到学生王小虎时连续念了三遍："王小虎，30分！王小虎，30分!!王小虎，30分!!!"他这样念的本意是想引起学生对这一全班最低分数的注意，引起王小虎的重视。但这种刺激性的做法，严重伤害了王小虎，王小虎忍无可忍地站起来叫道："我得了30分是你教的，你这样的老师也不光彩！"而且把这句话也重复了三遍。

这位老师的做法违背了教育规律，应当说正常的人特别是学生都是好学上进的，但学生的心灵最容易受到伤害。老师即使是有良好的愿望，但只要对学生态度生硬、简单粗暴甚至当众羞辱孩子，对学生的伤害可能比体罚还要严重。北京市教育科学研究院调查，学生对学校单纯依靠考试成绩，当众公布分数的感受是：60.7%的小学生和43.5%的中学生感到紧张；9.9%的小学生和10.9%的中学生感到害怕；6%的小学生和13.8%的中学生感到厌恶；回答喜欢这种评价方式的小学生只有14.7%，中学生只有10.8%。这样的调查结果，说明单纯以分数评价学生，而且公之于众，学生是多么反感和难于接受。

❈案例十八：

全国教育系统劳动模范、天津十九中学郭雅素老师，从不使用任何有可能伤害学生的言词，而是善于针对儿童特点，从不同的角度帮助学生树立信心。有一年新学期开学，久别学校的学生

们兴高采烈地拥进教室，兴奋地谈论着暑假的趣闻。但有一个学生垂头丧气地低头坐在座位上。郭老师早已注意到了这个垂头丧气的学生，因为她是学习成绩不好留级到这个班来的。看到孩子这种状态，郭老师巧妙而风趣地向大家介绍这位留级生："同学们，开学的第一天，我给大家介绍一下我们班插读的一位新同学王小明。我建议我们全体起立，为王小明插读我们班鼓掌祝贺。"同学们掌声刚落，郭雅素又深情地说："同学们，人生的路很长很长，同一个年级读两次，就可以得到两倍的同学和朋友！"郭老师对"留级"美丽而智慧的诠释，使王小明高兴得热泪盈眶。

人们已不止一次地听别人称赞过郭老师，她一次又一次帮助那些留级生、辍学生、陷于绝望的学生找回了丢失的世界。她曾在10年中带了7个班，收留了许多受到各种打击而绝望的学生。有时这样的学生竟占班里学生的一半之多，然而全班毕业率却始终不曾下降，最高时达到100%，最低的也达到90%。很多人百思不得其解：为什么郭老师能在生源条件如此之复杂的情况下取得这么好的育人效果？用郭老师自己的话说，她是"走进了学生的心灵"。

教师之所以被称为"灵魂工程师"，就在于教师不仅要向学生传授知识，更重要的是要教他们如何做人。社会不仅需要高层次的人才，也需要合格的劳动者。如果一个教师只能教优等生，对某一段时期或某些事情上有问题的学生却束手无策，严格说来这个教师不能算是合格的教师，更谈不上是师德高尚的教师。

❄案例十九：

有这样一位班主任，在新年前夕找她班上一个"后进生"谈话，希望这位"后进生"借辞旧迎新之际留下"旧我"，用"新我”迎接新年。

过了几天，这个“后进生”交给班主任一封信，信上写满了他过去所干过的坏事。班主任看后把信退还给了他。那位“后进生”吃惊地问：“老师，你不愿要我的信？”班主任说：“留下它干什么，建议你也不留。那是你的过去，我相信一个新的你将在新的一年里出现。” “后进生”捧着信流下了眼泪。这个学生之所以流下热泪，是因为他被老师的信任和尊重深深地感动了。对学生的信任、尊重，是教师在教学活动中应自觉遵守的一项极为重要的师德原则。

教师要从内心深处认识到：每一个学生都是一个独特的个体，都应当受到尊重。面对每一个活生生的学生，教师要有独特的爱心、极大的耐心、高度的宽容心理解他们，爱护他们。相信每一个学生都有自己的闪光点。特别是对于一些学习后进生、心理敏感的学生，教师要慎重选择批评教育与激励的方式。从教育规律和教育要求看，教师拥有惩戒的权利。但是惩戒的目的一定是为了学生更好的发展，不是要“整”学生。教育是艺术，是塑造人的心灵的艺术。教师要千方百计爱护孩子的心灵，不能有一点伤害。同样的问题，发生在成年人身上和发生在未成年人，特别是幼小的学生身上，应当有不同的处理办法。

教师在教育教学活动中讽刺、挖苦、歧视学生，在一定程度上反映出教师对自己所从事的神圣职业的淡漠；对于学生中出现问题的放弃是教师的不负责任；对学生中出现问题的厌恶，实际上是教师缺乏一种人人都应当具备的基本道德品质——宽容。这与教师的职业道德与职业责任是相违背的。教师要杜绝讽刺、挖苦与歧视学生，要不断提高自己的人格修养，善于掌握和控制自己不良情绪。

宽容是一种重要的教育手段。宽容不仅需要“海量”，更是一种修养促成的智慧。事实上只有那些胸襟开阔的人才会自然而然地运用宽容。如果老师当着全班的面狠狠批评犯错误的学生一顿，以“杀一儆百”也没有什么说不过去的。这个学生可能从此收敛他的行为，但绝不会认真反省。狠狠批评的教育方式太“通常”了，就很难取得“不通常”的效果。其实这都涉及一个管理心理学的问题。所谓管理，说到底就是理顺人与人的对应关系，使管理者与被管理者之间达到和谐的统一。对于学生而言，你可以用教师的权威把他们“管”得规规矩矩，“理”得笔直。但你如果不会运用宽容，就会把他们的可塑性，把他们的创造力都泯灭了，焉有成就可言？宽容是一首优美动听的歌，它给宽容的发出者也带来好心情。也许它的效应不在眼下却在将来，不管怎样都是美好的。教师在“宽容”的方法上、形式上多种多样。孙维刚等优秀教师把“宽容”归纳为以下五种：

第一，时间上的宽限。

上课中出现的问题，尽可能在课后处理；公开场合发生的情况，尽可能在个别场合解决。

第二，态度上的宽宏。

学生当面出言顶撞，也不要当即火冒三丈。学生的过错大大出乎你的意料之外并伤害了你的自尊心，你也必须克制自己，冷静加以处理。

第三，条件上的宽让。

允许犯错误的学生“讲价钱”，讲条件，给学生留出改正缺点的机会。

第四，认识上的宽容。

有的学生对同一错误一犯再犯，有的学生偏偏在老师强调了某个问题之后“闯红灯”等。不必想不通，不必认为是学生与你过不去。

第五，处理上的宽待。

适当从轻处理，切不可动辄停课检查，劝其退学等。教师面对的是成长变化中的学生，因此，“宽容”应当是教师的美德。

不体罚或变相体罚学生，是维护学生权益的一项重要表现。在法制越来越完善，整个社会，特别是学生和学生家长法制意识普遍增强的社会环境中，不体罚或变相体罚学生显得越来越重要。体罚或变相体罚学生直接侵犯了学生的人身权，也侵犯了学生的受教育权，对学生的身体和心理造成不可弥补的伤害，甚至给学生这样一种暗示：解决问题要用武力。经过多年的努力，教师已普遍认识到体罚或变相体罚学生问题的严重性和危害性，体罚与变相体罚学生的行为已在逐渐减少。但是在个别教师眼中，简单地把体罚与变相体罚学生理解为教师对学生直接的拳脚相加，只要不这样做就不算是体罚。其实，对求知和成长变化中的学生而言，让部分学生抽打违纪违规的学生，长时间的站立，惩罚性的长距离奔跑、劳动，不让进教室上课等现象同样是“体罚或变相体罚”。这些企图让学生知道“疼”或痛苦的滋味，使学生迅速痛改前非的做法效果会适得其反。学生的发展、进步、成人是一个循序渐进的过程，是一个不同的人快慢不一样的过程。我们教育学生要以鼓励、督促、等待等长效的教育行为为主。育人追求“立竿见影”的结果往往会“欲速则不达”，甚至适得其反。

美国有效惩戒中心对家庭体罚孩子的后果进行了研究，归纳为十大严重后果。这对我们的老师和家长都有警示作用。这十大严重后果是：

(1) 对儿童长期的身体虐待是从体罚开始的；

(2) 童年时期挨过打的人长大后更容易变得情绪消沉且偏爱使用暴力解决遇到的问题；

(3) 童年时期挨过的打越多，长大后就越可能打自己的孩子、配偶和朋友；

(4) 体罚增大了儿童对自己的父母和相关的人进行报复性攻击的可能性，特别是当他们长大后；

(5) 体罚儿童发出了这样一个信号，即暴力是解决问题的一个可行选择；

(6) 体罚贬损人的尊严，让人产生无助感和羞辱感，使儿童丧失自我价值和自尊，并导致儿童对人变得冷漠或敌对；

(7) 体罚破坏了父母和儿童间的相互信任，并使儿童虐待的危险性增大；作为一个惩罚措施，体罚并不能减少孩子的攻击性行为或过失行为；

(8) 经常被大人打的孩子最严重的后果是说谎、欺骗，在校不守规矩，欺凌弱小，对自己做错的事情较少怀有悔恨之心；

(9) 体罚对儿童的认知发展会带来负面的影响，挨打的孩子在学校的学习成绩不如其他孩子；

(10) 如果父母对儿童的反社会行为进行体罚，儿童在随后的很长一段时间会表现出更多的反社会行为，这在任何种族和任何社会经济地位的家庭都会出现。

家庭中的体罚会给人的成长和一生带来如此严重的后果，在学校当众体罚学生所产生的后果可想而知。我们的老师一定要坚守教师职业道德底线——不体罚或变相体罚学生。

第五章 教书育人 精业勤业

教书育人。遵循教育规律，实施素质教育。循循善诱，诲人不倦，因材施教。培养学生良好品行，激发学生创新精神，促进学生全面发展。不以分数作为评价学生的唯一标准。

2008年9月1日颁布的《中小学教师职业道德规范》中规定教师教书育人的内容是："教书育人。遵循教育规律，实施素质教育。循循善诱，诲人不倦，因材施教。培养学生良好品行，激发学生创新精神，促进学生全面发展。不以分数作为评价学生的唯一标准。"

教书育人是教师的天职，是全人类对教师的共识。《中小学教师职业道德规范》中倡导"教书育人"，是规范教师的教育教学行为，要求教师遵循教育规律，以素质教育为手段，以培养学生良好品行为基础，以育人为根本任务，促进学生全面发展。针对当前部分中小学教师中存在的重教学、轻育人、有偿家教等问题，强调"促进学生全面发展。不以分数作为评价学生的唯一标准"。

一、"教书育人"是教师特有而神圣的职责

教书育人是教师特有而神圣的职责，今天可以说已形成全社会的共识，也为广大教师所认可。主要原因是随着科技的进步，教育技术手段越来越先进，教育资源越来越丰富，要掌握一门学科知识或者技术能力比过去相对容易。而要使人明白如何做人、如何具备科学的思维方法、如何提高分析问题解决问题的能力却越来越难。

教书育人是教师特有而神圣的职责，这样的认识不是今天才有的。早在2500多年前，世界公认的教师之父孔子就在他的教育教学实践中总结出了以人为本的理论。孔子的以人为本理论内涵十分丰富。西周时代，学在官府。但自从周室衰微后，王室的许多王公大臣失去了昔日身份的显赫和地位的辉煌；有的流落其

他诸侯国，有的回归到民间。到了春秋晚期，应运而生的私学打破了“学在官府”的教育垄断。孔子成为中国历史上大规模设坛课徒的第一位教师。孔子教育思想的核心是“仁”，“仁者，人也”（《礼记·中庸》）。以人为出发点去探索人的品质、人的道德修养和为学为人之道、治国安邦之道。“人能弘道，非道弘人”（《论语·卫灵公》）。孔子对以人为本的关注和弘扬始终贯穿他的整个思想体系，为人类社会的发展特别是人的全面发展做出了巨大贡献。

孔子在他的学说中明确地把人从动物界中区别开来，强调人是社会性最强的动物，是有思想的动物，是有道德的动物，是万物之灵，从而提出应当关爱人的生命、珍视人的尊严、塑造人的完美人格。“仁者爱人”、“己所不欲、勿施于人”（《论语·颜渊》）；“己欲立而立人，己欲达而达人”（《论语·雍也》）；“修己以安人”、“修己以安百姓”（《论语·宪问》）等论述，充分体现出对人格、人性、人道的尊重，对人类社会和谐发展的哲学思考，对人类命运的深刻关注。

作为教师，孔子在他的教育教学过程中，始终重视人格主体意识，强调人的个性差异，如“智者乐水，仁者乐山。智者动，仁者静。智者乐，仁者寿”（《论语·雍也》）等。他把自己教的几个学生的性格概括为：高柴愚笨，曾参迟钝，颛孙偏激，仲由卤莽。把学生看作各具个性的、活生生的人。正是对每个学生的个性差异的认识，孔子提出对不同的学生因材施教，通过对人的个性的发掘和尊重，对学生施以独特的个性化的教育，打破对人的种种限制和束缚，使人获得精神上的最大自由。正因为孔子重视人的个性，高扬人格的主体性，才有《论语》中孔子、子路、颜渊等个性鲜明的人物形象。孔子的教学取得了“弟子盖三千，身通六艺者七十有二人”的良好效果。这是我们今天为什么把“因材施教”作为素质教育重要内容的主要原因。

❈案例一:

苏霍姆林斯基是前苏联著名的教育实践家和教育理论家，堪称教师的楷模。他长期担任帕夫雷什中学的校长，但他从没离开过教学岗位，始终直接从事教育教学工作。他的信念是：真正的教师一定要和儿童有共同的兴趣、爱好和意愿，要通向孩子们的心灵。他几十年如一日地利用一切机会与场合直接接触孩子。他常年都做班主任工作，从预备班一直跟到十年级。他有一句名言：“没有也不可能有抽象的学生，每个孩子都是一个世界——完全特殊的、独一无二的世界。”

苏霍姆林斯基曾经具体而系统地对3700多名儿童进行了“跟踪观察”，为每一个孩子写下了观察、了解笔记。他说：“在笔记本的3700页中，我记载了我的全部教师生涯。每一页都奉献给一个人——我的学生。”苏霍姆林斯基每天晚上对一天的活动与问题都进行思考和整理，把它们放在理论高度上进行深入研究；每天清晨从5点钟到8点钟，是他的写作时间。他在不长的教师生涯中，写下了一系列的专著与论文。1980年苏联出版《苏霍姆林斯基著作索引》一书，竟长达108页。他的教育理论著作在全世界有几十种语言的译本。

如果我们的教师都像苏霍姆林斯基那样热爱教师职业，理解关爱学生，潜心而几十年如一日地观察、记录、研究学生，我们的教育教学何愁不能出成就、出成果、出人才。

二、遵循教育规律，实施素质教育

进入21世纪，基础教育改革发展的重点是：加强基础、减轻负担、培养能力、发展个性、提高质量。

教书是育人的主要手段，育人是教书的根本宗旨，两者相辅相成，辩证统一。教书育人的重要途径是要遵循教育规律，实施素质教育。教育的目的是提供一个资源，使学生能够以健康方式自主地发展自己的身体素质、心理素质、社会功能、知识水平、创造能力。教育的价值是促进人全面发展，使人幸福。

素质教育是以促进学生身心发展为目的，以提高国民的思想道德、科学文化、劳动技术、身体心理素质为宗旨的基础教育。

人的素质是多方面的，但要立身处世，要把每个人的特长和潜能充分发挥出来，在有健全的身体素质基础上，人必须具备科学、信仰、艺术、人文这四个方面的素质。作为人的这几个方面的基本素质，在现代社会，主要靠学校和教师培养。作为教师，无论从职责还是职业道德上，都应当把培养学生这四个方面的素质，即人类普遍认同的价值标准——真、善、美、爱作为自己教育的教学重点和目标。

实施素质教育，应当遵循社会和人的发展规律。无论多么先进的技术，都难以替代教师在培养人的上述几方面素质中的作用。

❈案例二：

近年来，美国硅谷精英们大都让自己的子女上“原始学校”。所谓“原始学校”，是课堂教学中只有传统的纸和笔，禁止使用电脑的学校。谷歌、苹果、雅虎、惠普等公司的高级主管们，都

喜欢把自己的孩子送到当地一所只有9个教室的“原始学校”上学。这所学校的教学工具只有笔、纸以及必须动手使用的织针、橡皮泥等传统材料或工具。

在科技高度发达的今天，很多学生父母和教育工作者认为：基础教育是为人生打基础的，为人处世、价值观、人生观、行为习惯、思维方法、学习方法的培养重在人——教师来培养，而不能指望包括电脑在内的任何先进的机器。电脑与中小学是不能融合的，教育应该注重学生的动手操作能力及体力活动，学生应该通过具有创造性的、动手的活动来学习。电脑会束缚人的创造性思维与行动，妨碍人与人之间面对面的生动的交流，使人分散注意力，教育应当回归自然和遵循其自身的规律。“原始学校”的实践证明，上“原始学校”不影响升学。作为“原始学校”的北美华德福学校联盟调查：1994至2004年间，94%的华德福中学毕业生都考上了大学，不少还考上了像欧柏林学院、加州大学伯克利分校等名校。

素质教育是一个系统工程。实施素质教育，应当从社会发展规律和学生个体发展规律两个方面为重点。在以知识经济发展为主导的当今社会，生活变化节奏快，知识增长变化快，信息爆炸铺天盖地，人与人之间的竞争激烈。这样的高速发展变化，要求社会在制度、体制、机制等方面相适应，更要求人的素质迅速全面提升。

著名媒体人杨澜做客北京史家小学“史家讲坛”时表示：教育的重点应当放在人的成长上而不是成功上。她认为今天的孩子与孩子之间似乎不那么亲热了，因为他们彼此间都是对手。人们对于成功的理解过于狭隘了，孩子们没有必要这么早就形成激烈的对立竞争的关系。要让孩子们感觉到我和别人是不一样的，有良好的自我认同，并且能与周围伙伴融洽相处。作为教师，要为学生寻找和分享成长快乐的机会。

孩子是有差异的，成人不应用同样的目标要求所有的孩子。现在尽管每个人都有自己理性的选择，但最终却形成了一种极不合理的荒谬的取向：别人上奥数，我们也不能落下；别人上各种各样的补习班，我也必须上。孩子们不停地超前学习，初一就要学初二的课程，初二又赶初三的课程，寒暑假都在上各种各样的补习班。重压之下，是孩子的疲倦、厌学，身体素质下滑，没有朝气，淡漠情商，缺乏想象力和创新精神。教育成功的标准是看学生能否从学习中得到乐趣；教育的目的是让那些小小的脑筋成为喷泉而不是水库。对学生全面发展意义重大的寒暑假，国外的学生是这样度过的：

美国：60%以上青少年参加义务服务活动。据统计，美国12岁以上的青少年有60%以上的人参加过各种义务服务活动。如在当地的流浪者收留中心为无家可归的人做饭，油漆陈旧的建筑物，到医院去照料病人，到湖边去清理脏物等。他们没有暑假作业，但有名目繁多的游泳、野餐、打球、远足、参观银行和警察局、学做面包等满足学生兴趣的“特色暑期学校”。

英国：孩子们的暑假活动分为两类。一是亲近自然。通过野营，观察美丽的野生植物、动物。孩子们在老师的带领下搭小帐篷，劈柴、做饭，采摘蔬菜、水果，自己动手创造生活。二是培养责任感。戏剧小组、艺术小组不仅教会他们一些技能，更重要的是通过一些主题活动，让孩子们认识自己生活的社区，寻找历史遗迹等。

法国：在漫长的暑期里，学生们除随父母旅游之外，利用这段自由时光去图书馆、博物馆、科技馆参观学习，增长知识。

日本：在升学竞争同样激烈的日本，许多学生利用难得的长假去野外游玩。学生自我组织也很流行，他们根据自己的兴趣爱好组织网球、足球、羽毛球、爬山、舞蹈、乐器等方面的俱乐部，发展学生们的业余兴趣和爱好。

实施素质教育，应当遵循学生成长规律。中小学学生正处于生理发育、心理发展、知识积累、认识社会的重要时期，也是成长变化最敏感和最快的时期。素质教育的实施，要求教师充分了解学生身心发展变化特点，遵循学生成长规律，树立科学的学生观，增强素质教育效果。儿童少年时期是人的身体发育最快的时期，这一时期，大脑和神经系统发育最快、成熟最早。为教育的实施提供了自然物质基础，但人脑和人的生理系统不是可以随意使用的机器，人的成长是有规律的，人的成长是有差异的，人的这些特性要求教师在设立教育教学目标，使用教育教学方法时要充分考虑学生的身体素质条件，按照人才成长规律施教。

学校教育促进了中小学学生认知的发展，逐渐具备了人类思维的完整结构，开始从具体形象思维为主要思维形式向以抽象逻辑思维为主要思维形式过渡。开始运用假设、逻辑推理、运用逻辑法则的认知活动。高中学生已经能够以理论作指导去分析、解决各种问题。学生的这些特点要求教师在教育教学中要根据教材要求和学生实际情况，要适应大多数学生的实际水平，使不同水平的学生都有收获，都得到发展。

中小学阶段不仅是身体发育最快、认知发展最快的阶段，也是思想品德和人格发展最重要的阶段。他们的道德行为也由依附、模仿过渡到自觉以至养成习惯。人格不断发展为由社会自我到心理自我，价值观已经逐步确立，情感体验更为丰富，各种品质趋于成熟。对于学生的这些成长变化，教师在素质教育实施过程中应当通过不同途径予以关注、了解，借鉴其他教师的先进经验，对学生进行引导和帮助。在上述这些非学科的、“软”的知识或问题解决后，学科知识的学习效果会好得多。

❀**案例三：**

《中国教育报》2012年2月3日刊登胡茂全《两位美国母亲的分苹果哲学》的文章，对我们如何对学生实施素质教育很有启发。文章大意是：美国一名著名的犯罪心理学家为了研究母亲对人一生的影响，做了一个有趣的实验。他在全美选出50名成功人士和50个有犯罪记录的人，分别给他们写信，请他们谈谈母亲的教育对自己的影响。

半个月后，心理学家收到大量回信，其中有两封都是讲述母亲分苹果的故事。一位加州鹈鹕湾监狱的囚犯在信中写道：“小时候，有次过圣诞节，妈妈拿来几个苹果，大小各不相同。我第一眼就看中那个又红又大的，而且非常想要得到它。这时，妈妈却把苹果放在桌上，问我和弟弟约翰：你们想要哪一个？我刚想说想要那个大苹果，约翰却抢先说出了我想说的话。妈妈听了，瞪了他一眼，责备他说：好孩子要学会把好东西让给别人，不能总想着自己。为了得到妈妈的表扬，我灵机一动说：‘妈妈，我想要那个最小的，把大苹果留给约翰吧！’妈妈听了很高兴，把那个又红又大的苹果奖给了我，约翰只拿到一个小苹果。从此以后，为了得到自己想要的东西，我就伪装自己内心真实的想法，不断说谎。上中学时，为了得到想要的东西，我不择手段，又学会打架、偷窃、吸毒、抢劫、杀人，直到现在，我被终身监禁。”

一位来自白宫的著名人士是这样写的：“小时候，父亲过生日，妈妈拿来几个苹果。我和弟弟们都争着要大的，妈妈却把那

个最大最红的苹果举在手中说：‘很好，孩子们，你们都说了真心话，这个苹果最大最红也最好吃，谁都想得到它。可这个大苹果只有一个，让我们来做个比赛吧，我把门前的草坪分成三块，你们每人一块，负责把它修剪好，谁干得最快最好，谁就有资格得到它！’结果我通过自己的努力，赢得了那个最大的苹果。我非常感谢妈妈，她让我明白了一个最简单也最重要的道理：想要得到最好的，就必须努力争第一。她一直这样教导我们。在我们家，想要好东西要通过比赛来赢得，这很公平，你想得到什么，就必须付出努力和代价！”

同样是分苹果，一位母亲让孩子用说谎来伪装自己，从而使其一步步滑向深渊；另一位母亲让孩子说出真实的想法，引导他们做一个诚实努力的人。一个不经意的举动，改变了孩子的一生。母亲推动摇篮的手，既可能推动孩子成才，也可能在不经意间为孩子埋下了堕落的种子。这位美国心理学家的实验对教师的启迪意义在于：教育特别是素质教育要追求动机和效果的统一，要按照教育规律施教。

三、循循善诱，诲人不倦，因材施教

循循善诱，诲人不倦，因材施教，是早在2500多年前孔子通过自己的教育实践总结出的教育规律，也是中小学教师特有的职业要求。无论传授学科知识还是教育学生立身处世，都离不开这一教育工作的科学而又具体的方法。

（一）循循善诱

对中小学教师而言，年龄越小的学生这一方法越重要。针对我国教育中长期存在的应试倾向严重，“见分不见人”的状况，《国家中长期教育改革和发展规划纲要》明确提出：“注重学思结合。倡导启发式、探究式、讨论式、参与式教学，帮助学生学会学习。激发学生的好奇心，培养学生的兴趣爱好，营造独立思考、自由探索、勇于创新的良好环境……”

❃案例四：

谈到师德要求中的循循善诱，我们不禁想起情境教育创始人、全国教书育人楷模、著名儿童教育专家李吉林老师。了解李老师的人们这样评价她：“用真挚的情感和高尚的情操去拨动儿童的心弦，书写明天的诗。”李老师常常这样形容自己：“在儿童的世界里，我在爱孩子的过程中，渐渐长大了。我把这种爱升华成自己的理念，又把它细化为自己的行为。”正是这样的教育理念，促使李老师创立了她那包括循循善诱在内的独特而有效的教育教学方法——情境教育。

李老师教学的最大特点，是结合教育教学内容，创设孩子们喜欢的情境。讲花草，讲大自然，讲梦想，李吉林把孩子们带到蒲公英丛生的地方，让孩子们描述蒲公英，孩子们七嘴八舌地说：“金黄色的小花，真像野菊花”，“也像一棵小巧玲珑的向日葵”，“我觉得像小姑娘的圆脸”……李老师小心翼翼地摘下蒲公英的种子使劲一吹，轻软的种子便乘风飞去，孩子们的心灵也随之放飞了，大自然成了生动的课堂。为讲日出，李吉林半夜起床赶到日出观察点进行实地实景设计；为讲牛的奉献精神，她顶着烈日到郊外田边观察老黄牛、大水牛，让孩子们从自然界、从动物中、从生活里领悟哲理，写出真实的情感和思想，写出好的作文，写出美好人生。李老师说：她这样做，是为了把教材教

活，把课堂教活，把孩子们教活。让孩子的思维飞起来，让孩子的心儿飞起来。

为了情境教学，李老师曾经10多年没有星期天、没有节假日，忘我地探索情境教学。她那把学生引入“形真、情切、意远、理蕴”的情境教学模式，激发起学生的学习兴趣，使学生主动地学习、创造性地学习。学生在快乐的氛围、生动活泼的情境中提高学习效率。李老师教的学生小学二年级人均识字就将近2700个，已相当于小学四年级学生的识字水平；学生的课堂阅读量已达到同年级学生的6倍；小学升初中统考，合格率100%，优秀率90%以上，全班43名学生有33名被重点中学录取。李吉林说：“教师不能满足于做教书匠，要立志当教育家。教师不仅是实践者，更应该是思想者。”李老师常说：“儿童的眼睛，儿童的情感，儿童的心理，构筑了我的内心世界，给了我智慧。爱会产生智慧，爱与智慧改变人生。”

循循善诱要与学生进行有效沟通。教师首先要尊重学生，以平等、平和、平易的心态对待学生。积极关注学生，全神贯注地聆听学生讲话，对学生细微的情绪变化做出积极回应。

（二）诲人不倦

诲人不倦是教师的又一职业特征和职业道德要求。诲人不倦的教师，不能光向学生传授具体的学科知识，而应当重在激发学生的学习兴趣和人生志向。让学生探索自然奥秘：追问宇宙是什么？从哪里来？到哪里去？规律如何？树立世界观，探索人生奥秘：追问人从哪里来？到哪里去？怎样生活才有意义？树立人生观。做这些的目的，是为了教育孩子头脑清醒，目标远大，不在意眼前的名利、得失，情绪轻松，身心健康，思维灵敏、头脑清晰地去学习和探索。培养学生科学的思维方式、严谨的处世学习态度、大胆的创新精神、正确的人生追求。

今天的诲人不倦，重在调动学生的学习积极性、主动性、科学性。新中国成立以来第八次课程改革，对教师在教育教学过程中诲人不倦提出了七个方面的具体要求：

(1) 帮助学生确立能够达到的学习目标；

(2) 帮助学生根据所处环境寻找、选择、利用学习资源；

(3) 帮助学生设计适合他自己的恰当有效的学习方式；

(4) 帮助学生发现所学东西的个人意义和社会价值；

(5) 帮助学生营造和维持学习过程中积极的心理氛围；

(6) 帮助学生对学习过程和结果进行科学客观的评价；

(7) 帮助学生发现自己的特长和潜能。

我们有理由相信，如果一个学生在上述七个方面的问题解决好了，学习任何一门学科知识都会有好的效果。

诲人不倦，要求教师对学生要有耐心。这种耐心是建立在理解学生特有的认知水平基础上的。正因为是对人生、对知识处在学习阶段的学生，他们身上必然会存在这样那样的缺点，作为教师，应当以一种宽容的心态认识到这是学生在努力学习做人、努力获取知识过程中的局限性，从而以一种职业耐心去帮助学生克服这种局限，认识和改正这些缺点。给学生一种在成长过程中有人陪伴的安全感，而不应当恨铁不成钢地简单粗暴地一味进行批评。只有教师在教书育人过程中诲人不倦，才能真正使学生学而不厌。诲人不倦，需要理解、关心学生，更需要与学生多交流和沟通。国外流传的《20 美金的价值》的故事，对我们关注学生、多与学生交流和沟通也许有启发：

❀案例五：

一位父亲下班回到家很晚了，他很累并有点烦。他走近家门发现他5岁的儿子还靠在门旁等他。儿子谦恭地问道："爸，我可以问你一个问题吗？"

"什么问题？"

"爸，你一小时可以赚多少钱？"

"这与你无关，你为什么问这个问题？"父亲生气地问。

"我只是想知道，请告诉我，你一小时赚多少钱？"儿子哀求。

"假如你一定要知道的话，我一小时赚20美金。"父亲说。

"哦，"儿子低下了头，接着又说，"爸，可以借我10美金吗？"父亲发怒了："如果你只是要借钱去买那些毫无意义的玩具的话，给我回到你的房间并上床。好好想想为什么你会那么自私。我每天辛苦工作，没时间和你玩小孩子的游戏。"

儿子安静地回到自己的房间并关上了门。

父亲坐下来还很生气。后来，他平静下来了，开始想他可能对孩子太凶了。或许孩子真的很想买什么他很需要的东西。再说他平时很少要过钱。

父亲走进儿子的房间："你睡了吗，儿子？"

"爸，还没，我还醒着。"儿子轻声回答。

"我刚才可能对你太凶了，"父亲说，"我将今天的气都爆发出来了——这是你要的10美金。"

"爸，谢谢你。"儿子欢叫着从枕头下拿出一些被弄皱的钞票，慢慢地数着。

"为什么你已经有钱了还要？"父亲生气地问。

“因为这之前不够，但我现在足够了。”小孩回答，“爸，我现在有20美金了，我可以向你买一个小时的时间吗？明天请早一点回家——我想和你一起吃晚餐。”

这个小故事告诉我们，人与人之间需要沟通，需要交流。而信任、理解、帮助、化解难题、解决矛盾等，需要交流和沟通才能实现，师生之间更是如此。这些交流、沟通，比我们在同一时间创作的物质财富更重要。笔者借这个小故事提醒辛苦工作的各位老师：我们应该花一点时间来陪伴那些在乎我们的学生，特别是遇到困难的学生。这是我们在职业活动中循循善诱的重要内容。

（三）因材施教

人是最复杂的，最独具个性的，世界上没有在所有方面都一模一样的两个人，特别是处在求知阶段的学生更是如此。孔子被称为“教育之父”、“教师之父”。也可以说是中国历史上第一个高扬个性意识的教育家，他以人为出发点去探索和研究人的品质、道德修养和为学之道，强调人是道德的动物，是万物之灵，有巨大的个性差异，因此特别关注和弘扬人的主体意识；他提出的“己所不欲、勿施于人”（《论语·颜渊》），是做人的道德底线；“己欲立而立人，己欲达而达人”（《论语·雍也》），是对人格、人权的尊重；“修己以安人”、“修己以安百姓”（《论语·宪问》），是对人类社会和谐发展的关注。孔子强调人的个性差异，认为人有不同的特点和爱好，如“智者乐水，仁者乐山。智者动，仁者静。智者乐，仁者寿”（《论语·雍也》）。提出要“因材施教”，通过对人的个性的认识，注重学生的个性教育和发展。孔子的因材施教理念体现了对学生不同智慧的肯定和对个体的重视。

《国家中长期教育改革和发展规划纲要》对因材施教提出了明确而具体的要求："关注学生不同特点和个性差异，发展每一个学生的优势潜能。推进分层教学、走班制、学分制、导师制等教学管理制度改革。建立学习困难学生的帮助机制。改进优异学生培养方式，在跳级、转学、转换专业以及选修更高学段课程等方面给予支持和指导……"要做到因材施教，教师首先要树立以学生为本的观念。以学生为本内容是非常丰富的，概括起来，主要包括以下六个方面：

(1) 一切为了学生的发展；

(2) 让学生得到全面和谐发展；

(3) 让全体学生都得到发展；

(4) 让学生主动发展；

(5) 让学生个性得到充分发展；

(6) 让学生的能力持续发展。

教育追求的目标不是培养"标准件"，而是要遵循学生个体发展规律，尊重学生的个体差异，培养学生的创新精神，把学生独特的兴趣、潜能、特长充分发挥出来。这就需要教师在具体的教育教学活动中因材施教。因材施教，是有针对性地激发青少年的求知欲，引导学生走上热爱科学、崇尚真理之路。

❈案例六：

著名作家刘绍棠在北京二中读初中时，作文课常常不能当堂交卷，也常常不按规定的题目写作。但他的语文课老师发现他喜欢写作，而且常常在作文中"标新立异"，就允许他可以不按老师的命题作文，可以写自己感兴趣的东西，并耐心细致地加以指导，使他 14 岁时就发表了第一篇作品，由此走上了文学创作之路，成为著名作家。假如他的老师不让他这样做，硬要他按老师的题目和要求写，很可能会压抑他的文学方面的求知欲，使他后来成不了作家。可见了解学生，因材施教多么重要。

❈案例七:

著名特级教师李镇西讲的对待一个大家认为“不可救药的学生”的故事，对因材施教很有启迪作用。

李老师要到一个新的班教学了，同事们告诉他，这个班有个“不可救药的学生”，要他作好思想准备。李老师对这个学生的情况进行了一番调查后，到班里的第一件事就是找这个学生谈心。一见面，这个学生就对李老师说：老师，我知道你要说什么。我一无是处，没有任何优点，大家都讨厌我，你也别费心了。李老师耐心地告诉孩子：人人都有特长，任何人都不可能没有任何优点。在李老师的耐心启发下，孩子真诚地告诉李老师：他喜欢看武侠小说，不知道算不算优点。李老师抓住孩子的这个“闪光点”，告诉孩子：这是优点。但这个优点还要补充两个条件：第一，必须看我帮你挑选的武侠小说；第二，必须边看边把看过的武侠小说都抄写下来。由于这是孩子喜欢的事，他答应了李老师的要求，并且做得非常认真，再也不在课堂上打闹影响别人学习了。后来参了军，成了小有名气的作家。

因材施教的目的，是要使每个学生的心理品质和能力在原有的基础和可能的发展水平上，获得长足的进步，使学生在思想品德、智力水平、行为习惯和身体素质等方面达到最佳状态。

在具体的操作层面上，一是要分层施教。对不同层次的学生和相近的学生进行分层次教学。二是定向施教。在教学方法的运

用上，根据学生不同需要设计个性化的教学程序和方法，有针对性地进行教学。三是发挥特长。鼓励学生充分发挥自己的特长，帮助学生找到一种能发挥个性特长的学习方法。

❀案例八：

福建福州市一中特级教师、中国数学奥林匹克国家级教练员李迅的座右铭是："要让自己成为最受学生欢迎的教师。"

李迅的数学课一扫讲授的枯燥，计算的繁琐，证明的死板，他把普通的数学课演绎得充满了情趣，激活了学生的思维，让全体学生都能够在他的引导下在数学这个奇妙的王国里遨游。李老师常说："兴趣是最好的老师。"

当有人问起李迅为什么会成为"最受学生欢迎的教师"时，李迅说：其实，受欢迎的教师概括起来就两个字：诚，才。在学生面前，教师应该是一个真诚的、活生生的人。不能一味地、居高临下地从"师"的高度去看待学生、去要求学生。应该创造一种轻松愉快的氛围，把自己和学生放在一个平等的地位上。对待学生要尊重、公正。教师还要有宽容的心胸，良好的品性，特别注重对个别学生的关注。

要赢得学生光靠真诚还不够，还必须要有真才实学。科技发展日新月异，教师面临繁重的更新知识的学习任务。要具备广泛的兴趣，随时摄取新知识、新思潮、新方法，在积累中不断否定，更新自身。不受欢迎的教师，除了个别人是品行不端，学识浅薄，对学生缺乏热情外，主要是居高临下看待学生，对学生缺乏一种由衷的尊重，放不下架子，以教育者自居，尊严至上，不和学生在平等的地位去探讨问题，处理问题方法简单。

一个教师要受到学生普遍的欢迎，课堂教学效果是个重要方面。作为教师，45 分钟课堂教学质量的高低直接关系着学生水准的提高。现在的学生接受信息广，要求高，他们上你的课要能获得新知识，也希望觉得有趣，是享受才行。因此，要让学生爱上你的课不是靠灌输，而要“师傅领进门，修行在个人”。重要的是要以教师的人品、学问引起学生的兴趣，课堂上尽量揉入新观点、新方法，开拓学生的新思维。

当有人问起李老师在教学实践中，既培养尖子生，例如数学奥林匹克竞赛金牌得主，又在班里大面积提高数学教学质量，两种教学方式的关系如何处理时，李迅老师是这样回答的：“对大面积学生的教学要注意的是深入浅出，调动学生的学习主动性。注重对学生的观察和测验，利用观察法获得的观察资料，测验法获得的测验资料，区别不同学生能力的高低，弄清他们各自的长处和短处，把两者有机结合起来，制定相关的教学需求和教学目标。对一些尖子生则采取强化措施，扩充知识量和题量，让他们主动自学，自己掌握、研究、创造和发现，然后教师进行评价、总结。同时尽可能地向他们提供学习、交流和锻炼的机会，使之脱颖而出。”

李迅老师结合自己的实践，归纳出优秀教师中的专业型教师的行为特征：

(1) 以教学成绩为基本取向，对从教所需的专业知识特别执迷；

(2) 注重对学生学习过程的观察与分析；

(3) 注重新的教育理论的吸收、教育现象的研究和教学方法的改进；

(4) 注重通过学生学习的成功体现自己的工作价值；

(5) 有独特的教育见解、教学风格和教学方法；

(6) 有强烈的求知欲，有极强的钻研精神，永远探索，永不满足。

除了李迅老师归纳的上述几个特征之外，许多优秀教师的人格特质给我们以启示：

第一，用“真诚”与“真才”吸引学生。

学生对教师有很明显的情感取向和专业取向，“诚”，是师生间情感联系的一种粘合剂，是把教与学组合为同一体的化合物。“才”，是师生课堂活动中知识交流的化合物，是教师取信于学生的一个重要资本。

第二，给学生最大的知识满足感。

课堂是教师专业活动的主要舞台，教师要追求完美的课堂效果。要让学生觉得上课是享受才行。学生爱上的课，都是顺畅、愉悦、充满美感的课。在老师的“指挥”下，学生始终带着一种高涨的、激动的情绪学习、探索和思考。在学习中意识到、感觉到自己的智慧力量，体验创造的欢乐。

第三，不断更新、充实知识。

每位老师不仅要力求成为学科教学的专家，而且要力求成为一个不断探索、知识渊博的学者。用生动、丰富的生活语言去说明抽象的教学命题。要把许多人看来是装饰性的知识，通俗地运用于教学之中。

第四，争取做学者型教师。

不做教书匠而要做教育工作者，这是道德高尚的教师行为中又一引人注目的特征。优秀的教师不能停止在娴熟的基本功阶段，要实现最终的事业成熟，还必须是一个教育教学的研究者。

第五，要强调教师的科学敬业。

首先要把从与学生拼时间、战“题海”这种教与学的方式转变到讲科学、讲效率上来。必须把转变教师教育观念，不断提高教师的素质放在突出的地位。因为只有教师具备了先进的教育理念和较高的教育理论素养，才能对教育教学的本质与精髓从容把握，对教材的理解与掌握高屋建瓴，对学生的心理或学习障碍才能够洞察了然，科学的教育教学方法才能够运用自如，这样就不会让学生在无意义的重复练习上枉费精力与时间。

在对待教师工作的问题上，必须纠正这样一种观念，即不应该看教师在教室里泡了多少时间，安排学生做了多少习题。而应该看单位时间的效率，能用半小时完成一节课的任务，且让学生基本掌握，这就是最好的敬业。对教师自身来说，把自己的时间与精力作出合理而科学的安排，使自己先进的教育理念和教育理论素养、对教材的理解与领悟、教育教学的研究能力、现代教育技术的运用等综合能力不断有所提升，才是更科学、更高层次的敬业。

四、培养学生良好品行，激发学生创新精神，促进学生全面发展，不以分数作为评价学生的唯一标准

课程改革的进展，对师德修养提出了新要求。世纪之交，为迎接知识经济的挑战、全面提高国民素质、提升综合国力，党中央国务院做出全面实施素质教育、进行基础教育课程改革的重大战略决策。2001年，教育部印发义务教育各学科课程标准（实验稿）。十年改革实践，促进了教师教育思想观念的转变，引导了教学改革和人才培养方式的转变，得到中小学教师的广泛认同。随着我国改革发展要求和课程改革深入推进，课程标准亟待进一步修改完善。

2011年末，修订后的义务教育语文等学科的19个新课程标准颁布，从2012年秋季学期开始，全国义务教育阶段各年级又将陆续使用“新课标”。新课标的特点和变化是：

第一，德育为先。

各学科有机渗透；坚持推进素质教育，德智体美全面发展；坚持能力为重，注重知行结合；坚持与时俱进，充实新思想和新内容；坚持减轻负担，控制课程容量和难度。比如，各学科把落实科学发展观、社会主义核心价值体系作为修订的指导思想，结合学科内容进行了有机渗透，进一步突出了中华民族优秀文化传统教育。如语文课程专设了书法课；数学建议将《九章算术》列为教材内容；历史增加了传统戏剧等反映我国传统文化的内容。同时进一步增强了民族团结教育的针对性和时代性。根据我国多民族的基本国情，按照社会主义和谐社会的总体要求，在原有民族团结教育内容中更加突出了“民族交往、交流、交融”和“共同发展”的内涵。另一方面就是强化了法制教育的内容。

第二，强调能力培养。

我国基础教育有重视基础知识和基本技能的传统，但学生的创新精神和实践能力的培养比较薄弱。为此，此次课程标准修订特别强调能力培养。首先是进一步丰富了能力培养的基本内涵。如数学课程把传统的“双基”目标发展为“四基”，增加了“基本活动经验、基本思想”的新要求。提炼了“探究学习”的基本步骤和一般方法，以加强对能力培养的指导。理科课程强化了实验要求。如物理明确列出了学生必做的20个实验，化学要求学生独立完成8个实验，以加强动手能力的培养。

第三，与时俱进，反映社会和科技发展新成果。

加强课程内容与现代社会和科技发展以及学生生活的联系。

及时反映新时期我国经济社会发展的新成就，历史增加了“十六大以来的新成就”。反映科技进步新成果，物理增加了“宇宙探索”、“我国载人航天事业”、“新能源”等知识。结合学科特点，把我国社会发展中出现的现实问题作为课程内容，引导学生进行科学判断。如化学把“婴儿奶粉中的蛋白质含量”、“臭氧空洞和臭氧层保护”等有关知识列入了课程内容。

第四，从儿童身心发展的特点和需要出发，科学合理地安排课程容量和难度。

减轻学生过重课业负担。在课程容量上，大部分学科精选了内容，减少了学科内容条目。在课程难度上，有些学科直接删去了过难的内容；有些学科降低了一些知识点的学习要求，从“认识”和“理解”调整为“了解”；有的学科对难度较大又不宜删除的内容，以“选学”方式处理，既增加课程弹性，也控制了难度；还有些学科按照学生的认知特点，适当调整了不同学段的课程难度，使梯度要求更加清晰，更好地体现循序渐进的原则。

(一) 培养学生良好品行

培养学生良好品行，在今天的社会大背景下，更具有其特殊的意义，是中小学教师教育教学的一个重要目标。从师德的角度看，培养学生良好品行，关键在于教师要结合自己的教育教学实践，教育学生如何成人、成才、成功。

由于中国人口众多，人均占有自然资源太少，经济全球化等原因，今天的学生面临更大的竞争压力，因此在做人方面比过去要求更高了，这是必须面对的现实。压力面前学生首先要成人。所谓压力，主要来自三个方面：

(1) 中国将在今后若干年内仍面临巨大的人口压力。据有关专家测算，到2030年，中国人口将达到16亿。

（2）中国人均占有自然资源远低于世界平均水平：能源占有量为世界人均的1/5；石油占有量是前苏联的1/7、美国的1/10；铁矿石仅为世界平均水平的1/3；煤炭仅为世界人均的40%；铜矿石、耕地、水资源人均占有量仅为世界平均水平的1/4。中国的可耕地总量仅占世界总量的7%。

面对上述双重压力，中国唯一出路是：把教育放在优先发展战略地位。大量增加教育投入，大力发展教育事业，通过教育全面提高人的素质，把人口压力转变为人力资源。

（3）就业竞争压力。人口众多使各方面的压力空前加大。每个学生都应当明白中国发展面临的困境。要有生存和发展的危机感、责任感、使命感。为建立节约型社会，建立和谐社会而学习。学习是分层次、有重点的，首先要学会做人，要先成人。

成人是成才和成功的基础。在当今社会变革剧烈的大背景下，在彻底解决了人的基本生存需要的情况下，特别是在中国由于人口太多而造成的升学压力、就业压力巨大的背景下，“成人”的重要性凸显出来。所谓“成人”，不是“成年”，也不完全是“成熟”，而是指成长为人格健全、身心健康，有先进的价值标准、道德观念、理想追求，较高文化科学知识水平的人。对于如何才算成长为人，没有统一标准。但从学生这个特定的社会角色来看，最起码应具备以下四个要素：第一，健全的人格；第二，高度的社会责任感；第三，强烈的求知欲；第四，不断创新的精神。成长为人，不是以某个成功的人为标准，而是以社会发展的要求为尺度。对于学生来说，要把个人成长与国家前途、集体荣誉、个人发展联系在一起，才能真正成长为人。或者说成长为对社会有用的人。

成才要有自身特点。所谓成才，首先要明确的是什么是“才”。成才首先要学会学习。中国已开始从学历社会、身份社会走向能力社会。学生正处于人生成长的最重要阶段，都具有成才的潜质。但不能认为自己学习成绩好，将来肯定是大学生、是研究生就是人才，其实，即使是大学生、研究生，甚至是博士，都仅仅是成才的一个基础性条件。所谓成才，是建立在适应社会需要、发挥自身优势、利用现实条件基础之上的，只有综合了这三个因素，成才方能成为可能。教师应当对自己所教学生特别是高中学生的潜质、能力、特长做出正确评价，因为机遇只给有准备的人。学生的主要任务是学习，学习的内容不仅是书本知识，还有实践知识。对于这两种知识的学习，都是自身素质的提高，都是对未来成才的准备。对中小学学生而言，首先要打牢文化根基。文化知识是人才成长的基础和条件，在学生成才过程中具有关键性作用，要具备扎实宽厚的基础知识和综合知识。

中小学学生处在人格完善和心理成熟期，学业负担的压力、上下求索的徘徊、朦胧情感的困惑等经常会困扰他们。如果这些困惑或郁闷长时间得不到解决和释放，就会影响心理健康，从而产生神经衰弱、抑郁症、焦虑症和心理急症——自杀等严重后果。因此，不断帮助学生搞好心理卫生，调整心态，保持健康心理，比考试分数重要得多。要结合教学告诉学生，人生的路很长，在路上要不断调整心态，学会忘却，学会忍耐，学会放弃，学习和生活才有欢乐。为了将来，学生应当要不断发现快乐、创造快乐、享受快乐，而不应当一味地抱怨和攀比。

成人加成才方能成功。当今社会，成功已成为最引人注目的话题。一个个成功者的故事我们耳熟能详。每个人都渴望成功，学生更希望成功。教师应当告诉学生什么是成功。成功首先是一

种精神。成功是知识的积累、运用和创新，是对失败的深刻感悟和不断超越，是智慧和理性的升华。

成功是一个艰辛的实践过程，是对每个目标的奋斗过程。学生的成功是将勤奋和努力融入每天的学习生活之中。在校学习期间的目标是取得良好的学习成绩，提高自身的综合素质，为自己的人生之路奠基。

学生的良好品行包括高度的社会责任感，高尚的道德情操，强烈的爱国热情，文明的生活方式，良好的个人生活习惯、学习习惯及公共生活习惯，公正、诚信、感恩、合作、奉献等良好的品行。培养学生的良好品行是每一位教师的义务。教师应自觉地结合自己的教育教学内容，将品行培养落实到教育教学工作的全过程，渗透到每一门学科教学中。

（二）激发学生创新精神

所谓创新，是指以新思维、新发明和新理论为特征的过程。创新最早源于拉丁语，原意是指更新、创造新的东西、改变等。创新是人类特有的认识和实践能力，是人类主观能动性的重要表现形式，是推动民族进步和社会发展的不竭动力。一个国家想要发展，一刻也不能停止创新。今天，创新在社会管理、经济发展、教育改革、科学研究、技术进步等方面的作用越来越重要。

追溯起来，创新实践最初产生于经济领域。1912 年，美国经济学家熊彼特出版了《经济发展概论》一书。在这部颇有影响的著作中，熊彼特提出：创新是把一种新的生产要素和生产条件以“新结合的方式”引入生产体系。整个人类社会发展史，就是一个不断创新的过程。没有创新就没有人类的进步。人类社会经济和文化的每一次重大发展，都依赖于科学的重大发现和技术的重大发明，依赖于人类认识的革命和观念的更新。创新的目的是为了进步，是为了提高效益。

从教育角度分析，创新是人的自我发展的基本路径。创新与积累行为构成一个矛盾发展过程，是人类实践范畴的超越。创新是超越自我，创造新的自我！在当今日趋激烈的国际竞争中，取胜的关键在具有创新思维和创新能力的人才，而创新型人才培养的关键在教育，中小学教师应当自觉在教书育人过程中实施创新教育，激发学生的创新精神，培养学生的创新能力。所谓教育创新，主要是借鉴世界先进文明成果，适应新情况，解决新问题，努力推进观念创新、制度创新、管理创新，形成与社会经济发展相适应的教育。

中国在创新方面不容乐观，据科技部研究，2002 至 2006 年，世界一流科学家中，中国有 112 人入选，仅占总数的 4.2%，是美国的 $1/10$。在 158 个国际一级科学组织及其下属 1566 个主要二级组织担任领导职务的 9073 名科学家中，中国仅 206 人，占 2.3%。其中在一级科学组织中担任主席的仅 1 人，在二级组织中担任主席的仅 24 人。

在 1980 年到 2002 年获得诺贝尔奖、鲁斯卡奖、伽德纳奖、沃尔夫奖、菲尔兹奖、图灵奖、日本国际奖、京都奖这八项国际科技大奖的 497 名科学家中，没有一名中国国籍的科学家。

按照我国《国家科学技术奖励条例》评选的国家自然科学奖一等奖，是衡量中国科技创新水平的一个重要标志。该奖授予在基础研究和应用基础研究中阐明自然现象、特征和规律，做出重大科学发现的公民。所谓“重大科学发现”要具备三个条件：前人尚未发现或者尚未阐明；具有重大科学价值；得到国内外自然

科学界公认。评审严格。在设立以来的12年中，只评出了4个一等奖，8次空缺。说明我国基础研究和创新成果与国际一流水平还有相当大的差距。

国际社会衡量一个国家的发达程度或者创新贡献，一个重要标准是诺贝尔奖得主多少。至今中国大陆无一人获得，而海外华人已有9位诺贝尔奖得主。原因何在？与我们的教育有很大关系。温家宝总理曾多次看望著名科学家钱学森，钱先生几乎每次都问：为什么我们的学校培养不出杰出人才？此问多遍后，被大家称为“钱学森之问”。据说温总理曾约见几位大学校长和教育专家讨论“钱学森之问”，他们的回答是：“老师不行，不是大学出问题，是基础教育出毛病了。”2009年，教育进展国际评估组织对全球21个国家进行调查，其中中国孩子的计算能力排名世界第一，想象力却排名倒数第一，创造力排名倒数第五。原因很简单，学生的学习目的和社会对教育、学校、教师评价标准就是考试成绩、升学率，因此学生的应试能力很强。

束缚学生创新思维和创造能力的另外一个问题是，从小学到大学，几乎对任何问题和作业都设定标准答案，不能有独立思考后得出的“非标准答案”。谁违背了这些标准答案就不及格，绝大多数学生是在背诵标准答案而不是创新思考中学习的。从心理学和生物学的角度说，长期固守一种模式，必然思维僵化，头脑简单。最终形成一种固定的思维模式，削弱了创新思维和创造能力。2010年，北京高考的理科状元被美国11所顶尖高校拒收；2005年，中国大陆11名高考状元申请入读香港大学被拒，主要原因是面试中思想僵化。港大拒收的理由是：港大对高考分数跟面试表现同等重视，港大不录取“书呆子”。

香港和世界上很多教育发达的国家，重在培养学生的创新精神、独立思考能力。现在中国的科技人才在数量上可以和科技人才大国美国媲美，但拔尖创新人才与美国相距甚远。原因很多，首先是思想观念上的差距。由于传统观念影响，中国对学生强调忍让、谦虚、服从等思想太多。而美国强调学生应当大胆、探索、冒险、征服、竞争。系统地接受过东西方教育的诺贝尔奖得主杨振宁教授从哲学角度对中外教育进行了分析比较，他说："欧美鼓励学生广泛的兴趣，中国注重狭窄的专业；欧美注重宽泛的不规则的训练，中国注重扎实的操练；欧美注重学生东找西凑，中国要求学生按部就班；欧美要学生充满活力，中国希望学生守规矩，安安静静，能吃苦耐劳；欧美注重学生勇敢精神，中国要求学生谦虚；欧美学生充满自信，中国学生缺乏自信心。" 据多个不同单位调查，我国改革开放以来的3000多名各省高考状元中，到目前为止没有一人是任何领域的领军人物。

几年前，有几位诺贝尔奖得主到北京与一个班的初中学生交流。有位教授半开玩笑地问："同学们，怎么中国老没有人得诺贝尔奖啊？" 有好几位学生异口同声地回答："因为诺贝尔奖没有考试！"

"童言无忌"，学生们的一句简单回答，道出了教育在培养创新人才方面的弊端。国际知名的数学大师陈省身教授，曾经给中国科技大学少年班题词："不要考100分"。这个看似简单的题词，道出了教育创新的关键所在：过分看重高分、满分、100分、状元，不利于创新。陈教授的解释是，如果要考100分，必须关注细枝末节，任何地方都不能有一丁点错误，这样一种思维方法怎么可能创新。

要激发学生的创新精神，教师首先要创新。2006年，袁贵仁部长在《教育家成长丛书》出版座谈会上指出：“我们说学生要创新，教师首先要创新。教师不能创新，学生就很难创新。往往有创新思路的学生被批评为不老实、不刻苦。所以教育问题，不光教育观念问题，还有教育方法问题。我在北京市当教委主任时就了解孙维刚老师，当时还没有大力提倡素质教育，实际上他实施的就是素质教育；他的数学教得非常好，学生升学考试数学考得很好，而且只在课堂做作业，没有课外作业，学生学得比较愉快、轻松。孙维刚老师的教学方法好是好，但难学到。学不了的原因是达不到孙老师的水平。越没有水平越是加重学生负担，当然也有别的问题，但这是根本。”

教学是一门科学，更是一门艺术。认真探讨教育教学规律，不断改进教学方法，大力提高教学效果，是教师创造性地开展教学活动的主要表现。开展创造性教学活动不是一件容易的事，它不仅要求教师有强烈的创新精神和求知欲望，还要求教师具有一定的创造能力。对多数教师来说，具有创新精神、开拓意识是最关键的。没有这种精神，教师就不会主动地去实践、去探索。钻研业务在教师职业活动中非常重要。因为钻研业务不光是为了展示自己的水平、特长，而是要通过教育对象起作用。

中小学教师通过教书育人，实施创新教育，激发学生的创新精神，培养学生的创新能力。引导、鼓励、支持和帮助学生敢于追问、大胆想象、勇于探究，培养学生的自信心、好奇心、探索性、挑战性等创新人格品质。要让学生不迷信权威、显贵、头衔、等级，而要把这些看作一份工作、一份职责、一个岗位，相信自己一定能成功。

（三）促进学生全面发展

中小学是学生定位人生的重要时期，中小学教育应当满足每位学生成长发展的不同要求，根据学生的个性特征给予最适合的教育，帮助学生最大限度地完善特长、发挥潜能。对那些具有某种天赋或者学习能力滞后的学生，尽可能因材施教，使其学有所得、学有所用。

怎样通过教育，把孩子从“自然人转变成社会人”，或者说促进学生全面发展，美国精神病学会的“社会化”诊断标准很有借鉴作用：

(1) 至少有一个同龄的朋友，并且友谊维持六个月以上；

(2) 在看不到有什么好处的情况下能够主动帮助别人；

(3) 做了错事，造成不良后果，未被人发现，能够主动认错；

(4) 别人做了对自己不利的事，原谅别人，不指责不告状；

(5) 对朋友的成功表示关心，能够分享别人的幸福和快乐。如为别人生日、考试优秀、获奖等感到高兴，主动向别人祝贺。

一般来说，在上述五条标准中，6岁以下儿童应至少符合其中一条；7至12岁的孩子应至少符合其中两条；13至18岁的孩子至少应符合其中三条。如果达不到上述要求，就是社会化不足。社会化不足，就会不关心他人、不关心集体、不善与人交往，容易走极端。这就不可能有创新能力。

要按照教育规律，恢复“以人为本”的价值取向。尊重差异，发展个性，挖掘潜能，鼓励冒尖，扩大自主权，增加选择性；教学相长，师生共同发展。教育特别是义务教育要解决的是全民族的基本素质问题，而不是只为培养少量的“精英”打

基础。

几乎所有的中国学生在国外学习的共同体会是：在课堂上，无论你的观点如何，你对一个问题发表什么样的见解，教师都会非常重视，不管是对的还是错误的，都能通过讨论得到正确的答案。

由于传统原因，中国社会从小到大、从家庭到学校，甚至从学校到社会，很少给孩子自主选择的机会，很少教给他们自我选择的能力。从上学、上课、写作业、参加考试到高考选择专业、找工作，孩子们一直在“被选择”。这种被选择的结果必然抑制创新思维，造成适应能力和竞争能力的退化。这种“精细化”培养的学生，不可能全面发展。

中小学教育对人的培养应当是粗放的，开放的，让学生从课堂走向自然、接触社会、实地观察、收集信息、独立思考、选取材料、得出结论。目的是要使学生对学习有持续兴趣，中学教育还要培养学生步入社会所需要的能力。因此，作为中小学教师，即使我们现在因竞争、升学等原因暂时做不到，我们也应当努力追求把学习变得轻松、愉快、有趣，让学生在玩中学、在乐中学、在做中学，始终保持浓厚的学习兴趣。尽量避免把学校当作一个缺乏情感色彩的严肃工作场所，避免老师在孩子心目中成为居高临下的“领导”。

过重的课业负担会挤占学生成长的空间；分数的重压，会扼杀学生的学习兴趣；盲目追求名校和高学历，必然弱化学生的创新精神和奋斗意志。中小学教育应当最大限度地挖掘每名学生的潜能。鼓励学生张扬个性，养成独立意识、独立思考、独立人格和独立应对各种麻烦的能力。

❊案例九：

某中学有位语文教师的教研论文《入学教育课》，获得了全市中学语文教研论文评选二等奖。论文中有这样一段话："那么我又问：你读书干什么？考大学干什么？总之你为了什么？也许你会说，为了实现共产主义，为了社会主义建设。而我要明确地告诉你——读书考大学，是为了自己不是别人。读书增强了自己的本领，提高了自己的资本，将来能找到一个好的工作，挣下大把的钱，从而有一个美好的个人生活，比如生活愉快，人生充实，前途美好，事业辉煌，甚至找一个漂亮的老婆，生一个聪明的儿子。所以，我强调读书应该是为了自己！"

作为中小学教师，在教育教学中应当非常严谨，对可塑性极大的中小学学生，特别要根据他们的思维特点进行教育教学。这位教师的文章可能写得不错，但他应该知道，他面对的是中小学学生，对他们进行教育教学的目的，作为教师首先必须弄清楚。我们可以鼓励学生自身发展，实现个人价值，但必须是个人价值和社会价值的统一。即使普通公民也必须要有社会责任，何况成长中的中小学学生。

促进学生全面发展，教师的教育观念应当从传统的知识性教育向发展性教育转变，重在培养学生获取新知识的能力，搜集和处理信息的能力，交流和合作能力，分析和解决问题的能力。把促进学生全面发展作为教育终极目标。基础教育阶段促进学生全面发展包括三个方面：

(1) 树立学生主体意识。学生主体、教师主导。学生提出问题，教师引导学生得出答案。

(2) 培养学生参与意识，积极参与各种活动。美国人的理念

是：我听到了，但忘记了；我看到了，就记住了；我动手了，才理解了。

(3) 培养学生问题意识。李政道说：学问既要会学，又要会问。没有猜想，没有探索，没有激情，就没有科学。问题意识是思维的动力、创新的萌芽，教师要培养、珍惜、爱护学生的问题意识。

促进学生全面发展，教师的教学方法由单纯传授知识向增强学生能力转变：

(1) 由过去教学生学会转变为教学生会学。重点是学会做人，学会学习，主要是掌握科学的学习方法。

(2) 由过去单纯传授式教学转变为师生互动式教学，教学相长、相互促进、共同提高。

(3) 由过去依靠教材、讲解教材转变为开拓、挖掘、扩展教材功能、扩大学生学习空间。

(4) 由过去一刀切、统一的刚性教学转变为突出个性化的、有针对性的柔性教学。

促进学生全面发展，重在促进学生学习方式的转变：

(1) 由过去听讲、记忆、模仿、演练、应考改为参与、感悟、体会、内化、升华的学习过程。

(2) 由过去单维学习变为多维度、多角度、多空间学习：师生间相互学习，学生间合作学习，面向社会多彩学习。

(3) 由记忆知识变为知识重组重构，扩展创新知识。

总之，促进学生全面发展，是要在教学过程中充分运用知识和能力、过程和方法、态度和情感特别是价值观三位一体培养学生。

（四）不以分数作为评价学生的唯一标准

谈到对中小学学生的评价，我们首先想到的是用什么标准？以什么为依据评价学生？因为对中小学学生绝对不能用“好人”、“坏人”，“天才”、“笨蛋”，“好学生”、“差生”这类标准评价。这么重要的命题，直到1983年美国哈佛大学发展心理学家加德纳（Howward Gardner）教授提出“多元智力理论”后，人们才找到了大家都能接受的理论根据或者说基本的答案。加德纳教授在他的《智力的结构》一书中提出，人的智力是由语言智力、逻辑数理智力、视觉空间关系智力、音乐节奏智力、身体运动智力、人际交往智力、自我反省智力、自然观察智力、存在智力这九种智力构成。

“多元智力理论”的主要观点是：每个人都同时拥有上述九种智力，这九种智力在每个人身上以不同的形式、不同的程度存在和表现出来，每个人的智力都各具特色，因此人不存在谁聪明谁笨的问题。作为成长变化中的中小学学生，评价不应当以考试分数作为唯一标准，更不存在所谓的差生。教师只有树立这样的学生观，认为每个学生都是独特的、出色的、有无限发展潜力的，才有可能对每位学生都寄予厚望，寻找和发现每位学生身上的闪光点，实施个性化的教育教学，对学生的评价标准分层，评价内容多元，充分发挥评价对学生全面发展的作用。尽管由于传统观念影响，制度缺陷，用人重学历、轻能力等因素影响，把分数和升学率作为唯一评价标准还不同程度地存在，但我们每位教师都应当从我做起，为建立多元智力等科学的学生评价制度而努力。

学生的作业特别是考试分数是一个重要的评价尺度或者说评

价手段。但让学生做作业和对学生进行考试的目的，是为了分析考生具备的学习能力，考察学生在不同学科方面的智力，是以学生的终生学习和主动发展为宗旨，培养学生的思维、品质、态度、行为，而不单是考核学生某一学科的知识水平，更不应当单纯追求高分。

考试是对学生进行评价的重要手段。而我国目前的中小学教育中，由于种种原因，过于强调应试能力，忽略了思维能力的培养，师生大部分精力耗在应试上或者说提高分数上，既不利于学生形成正确的人生观、价值观，更无助于学生的未来发展。频繁的周练、月考、期中考、期末考、统考、模拟考等考试像一座大山压在学生头上。有些学校用非人性的标语口号来督促学生学习，如“生时何必多睡，死后自然长眠” 等。类似的标语口号在高三毕业班上更多。残酷的竞争、可怕的排名、重复低效的废寝忘食，这些不符合学生身心发展的现象怎么可能让学生快乐学习。考试评价制度离人民群众诉求、学生成长要求还有较大差距：将考试成绩作为衡量学校、教师和学生唯一标准的现象普遍存在。社会崇尚的依然是精英主义，巨大的学校差距使得教育的竞争性和选拔性进一步强化，无序化，从而引起了学校之间、老师之间、家长之间不符合教育规律的攀比和竞争。

教育评价应当是按照社会价值标准，对受教育者的全面素质进行评价，其本质是价值判断。近年来，虽有素质教育实施、课程改革推进、有识之士呼吁，但以考试代替评价的现象依然普遍存在，其直接后果是以应试方法取代教育过程：“考什么，教什么，学什么”，这显然不利于培养学生的全面素质。教育评价应当从强调选拔和分流功能向注重全面评价转变，从管理本位向以学生发展为本转变，从仅关注学习结果到关注学习过程和未来发展转变。

应试教育的功利化产生的一系列弊病，是因为人们把不符合教育规律的措施、方法强加到了学生身上，填鸭式、满堂灌大行其道，学生在重压下没有活力。只有突破人为造成的应试教育，才可能让孩子们幸福成长，才能让他们真正去实现自己的人生价值。学生大多数时间在课堂，应试教育的“苦果”多是在课堂中结出的，课堂应是教育改革的落脚之地。教师作为教育的具体实施和操作者，应该站在师德的高度对教育现状进行反思，对自己的教育教学方法进行改革和创新。促进学生的全面发展，如何从我做起？如何通过自身的努力，促进以分数作为评价学生唯一标准的转变？山东杜郎口中学的课堂实现了从“讲”中心到“学”中心，从“师”中心到“生”中心的巨大转变，是对师生的极大解放。这也说明，在同样的社会背景和教育环境中，教师推动学生评价改革，不以分数作为评价学生的唯一标准，通过探索和努力是应该而且可以做到的。

课堂是学生生命的组成部分，应当让学生在课堂中快乐地求知，快乐地成长，这是教育和教师对一个个鲜活生命的尊重。应试背景下的课堂并没有给孩子自我成长的养分，这种靠灌输培养出来的高分，走出校门，他的成长有可能就停滞了，因为学习对他来说，只是为稻粱谋的一种手段。这样的教育，怎能奠定学生一生幸福的基础呢？课堂应当是展示学生风采的舞台，学校本该是学生快乐的天堂，所以，课堂必须以唤醒学生的学习意识，促进学生“学习力”的发展为最重要的目的。

传统应试教育观认为：分数考得高的学生就是好学生，升学率高的学校就是好学校。在科技不发达、生产力低下、信息闭塞、人不受重视的时代，这种教育观很难改变。然而，由于科学

的进步、生产力高速发展、经济全球化等原因，使人类适应自然界的能力极大增强，人的必要劳动时间大大减少，自由支配的时间显著增加，社会对人的要求正在向多元化转变。在这样的时代，人的全面发展受到前所未有的重视。单纯用分数评价学生的直接后果是学生的个性被抹煞，创新精神遭打击，自信心、自尊心受到伤害。新修订的《规范》提出不以分数作为评价学生标准有利于素质教育的开展和实施。

不以分数作为评价学生的唯一标准，首先教师要转变学生评价观，只要学生在德、智、体、美、劳等任何一个方面有突出表现，教师都应该予以肯定和承认，使学生了解自己的优缺点，提高学生自我管理的意识和自我约束力，从而学会做人，学会做事，学会合作，学会学习。

按照教育规律和国外经验，对教师、学生、学校的评价都不应当进行横向比较。因为学生不是机器，每个人都有不同的性格、品格、素质，人是不应当进行横向比较的。

联合国教科文组织提出了21世纪教育的四个基本点："学习认知；学习做事；学习为人处世；学习和睦相处。"实际上就是强调素质教育内容。这说明实施素质教育是国际性的发展趋势。基础教育的目标是为学生终身发展打好基础，这个基础不仅是文化知识基础，更重要的是情感、道德、价值观、社会责任感等素质的培养，为学生的可持续发展奠定基础。

《国家中长期教育改革和发展规划纲要》对改革学生评价提出了明确的要求："建立科学的教育质量评价体系，全面实施高中学业水平考试和综合素质评价。建立学生发展指导制度，加强对学生的理想、心理、学业等多方面指导。"

"改革教育质量评价和人才评价制度。改进教育教学评价。

根据培养目标和人才理念，建立科学、多样的评价标准。开展由政府、学校、家长及社会各方面参与的教育质量评价活动。做好学生成长记录，完善综合素质评价。探索促进学生发展的多种评价方式，激励学生乐观向上、自主自立、努力成才。"

这是《纲要》在制度设计层面作出的规定，也是从教师职业道德角度对教师提出的新要求。新时期的学生评价，应当既要有总结评价，又要有过程评价；既有主体评价，又要有客体评价；既要有定量评价，还要有定性评价。改变把考试分数作为唯一评价标准的做法，使评价在学生全面发展中发挥应有的作用。

❀案例十：

20 世纪 90 年代初，笔者到美国芝加哥参加师范教育国际研讨会。负责接待的美国前新墨西哥州教育局长凯瑟琳女士谈到中美对学生评价的差距时讲了一个小故事：一所美国学校初三年级出了一道《论述生物的种间和种内进化如何进行的》这样一道作文题。有个学生写道："……人类进化是最快的，因为大家都愿意和美女结婚，与美女结婚生的孩子又漂亮又聪明。"由于美国的作文要求有结论，这个学生的结论是："假如你是丑女，我建议你赶快自杀，使人类进化得快一些……"凯瑟琳女士说：这样的作文,在美国至少会给 80 分,因为这个学生去思考了,而且还能自圆其说。当然我们会通过讨论告诉他让人自杀不对。凯瑟琳女士多次到中国考察教育，因此她强调说：这样的作文在中国，你们肯定会给他 0 分。你们会说这个孩子荒唐，歧视丑女等。从这个小故事可以看出不同国家对学生评价的差距。

人们喜欢用"园丁"赞美老师，是他们把稚嫩的幼苗浇灌成大树，生机盎然的学校应当成为社会发展的希望所在。但现实

是：由于评价学生过分看重甚至只看分数，快乐离学生越来越远，学生脸上的笑容越来越少。

在中小学阶段，人格养成、习惯培养、品质塑造等比知识传递重要得多。好的老师应当遵循教育规律，善待孩子，让孩子快乐成长。应试教育环境下的升学率竞争以及更深层次的畸形教育价值观，需要更多的师德高尚的老师去努力改变。要做到政府依法办学，努力实现义务教育发展的均衡；学校老师依规律教学；从为学生服务的角度评价学校、老师，真正把孩子们从书山题海的压迫中、高度的选拔竞争中解放出来。

第六章 为人师表 以身立教

为人师表。坚守高尚情操，知荣明耻，严于律己，以身作则。衣着得体，语言规范，举止文明。关心集体，团结协作，尊重同事，尊重家长。作风正派，廉洁奉公。自觉抵制有偿家教，不利用职务之便谋取私利。

2008年9月1日颁布的《中小学教师职业道德规范》中规定教师为人师表内容是："为人师表。坚守高尚情操，知荣明耻，严于律己，以身作则。衣着得体，语言规范，举止文明。关心集体，团结协作，尊重同事，尊重家长。作风正派，廉洁奉公。自觉抵制有偿家教，不利用职务之便谋取私利。"

在研究师德的多方面重要价值时，我们尤其应重视教师的为人师表意识和行为的价值。为人师表，简单说是指教师自觉地以自身的纯正品德为学生作表率、作榜样、作示范，即以身作则或身教。为人师表的重点，是规范中小学教师的社会道德责任。强调要学为人师，行为世范，树立优良学风教风；模范遵守社会公德，维护社会正义，引领社会风尚。要求切实维护人民教师的良好职业形象，明确提出"作风正派，廉洁奉公。自觉抵制有偿家教，不利用职务之便谋取私利"。

教师应当以温和、良善、恭敬、检点、谦让的态度赢得学生的信任与亲近。师表的人格魅力和气质内涵应当包含温、良、恭、俭、让五个方面：

(1) 温：为人宽容，大德大度，容人容物，温和，不尖刻，不激烈，对人对事特别是对学生不走极端；

(2) 良：善良，善解人意，对人和万事万物充满善意和敬意；

(3) 恭：谦恭，和睦，宠辱不惊，淡泊名利；

(4) 俭：做事有分寸，办事有度，对自己的行为不放纵，有节制，生活节俭；

(5) 让：谦让，严于律己，宽以待人，不斤斤计较个人得失。

为人师表作为师德内容之一，其特殊价值在于它具有巨大的教育功能。其教育力度正如孔子所说："其身正，不令而行。"为人师表的这种巨大教育力量，首先来自教育者的严格律己，凡是要求学生做到的教师自己率先做到。其次，身教是活生生的、真实的、直观的。其三，身教不凭借言教，是通过平等交往而耳濡目染、潜移默化，不带任何“压力”，因此它最容易激发学生的敬仰、信任、共鸣、向往和模仿，从而对教师的言教也愿意听从。教师的为人师表或身教是自觉地将自身品德外化为教育手段，其高效性是任何教育力量都不可比拟的，这是教师的至高境界。

❈**案例一：**

台湾的星云大师在传道中多次讲到与人相处的秘诀，他认为人与人相处要想减少摩擦，避免冲突，轻松愉快，应当搭起心灵沟通的“四道桥梁”：

第一道桥梁：见面三分情。表达友善热情的“你好”、“今天很好”、“今天天气很好”，或者“你来了”、“你辛苦了”、“请坐”等话语，像香水一样，一滴就能使四周弥漫迷人的香气。

第二道桥梁：相逢要微笑。无论故友新交，一张生动有笑容的脸，能使人如沐春风，让彼此放心笑谈人间事，化解人间隔膜和烦恼。一个满脸肌肉紧绷的人，就像一朵失去颜色和香味的花，得不到信任更得不到赞赏的眼光。

第三道桥梁：生气慢半拍。如果遇到矛盾，感觉自己如愤怒的火山即将爆发，不妨深呼吸，把已到嘴边的话慢半拍说出来，心境会大不相同。即使余怒未息，至少也会减弱许多因愤怒失控造成的杀伤力，不致因过失的言语对彼此的情感产生伤害。

第四道桥梁：烦恼自说好。人都会遇到烦恼，烦恼时，不要伤害自己，更不要波及别人。有负面情绪时就像面对一团乱麻——剪不断，理还乱。其实我们可以不剪也不理，只需先澄清我们的心，再用这份澄清之力，替烦恼结束“穿绳”，使我们的

身心不再凌乱，不再纠结。

星云大师的与人相处之道，对天天与人（成长变化，可塑性大，常会犯错误的学生）打交道的老师尤为重要。愿这四道桥梁引导我们通向快乐幸福的从教之路。

作为教师，就应当像著名书法家启功教授题写的北京师范大学校训一样：学为人师，行为世范。教师为了做到为人师表，必须时时、事事、处处严格要求自己的德性要先于、高于、优于一般社会成员或学生，并且要坦诚地接受学生、社会的监督与评价。为人师表的这种纯真性、严明性、教育性，不仅不能有半点疏忽，也不容有任何虚假成分掺杂其中。因为学生的自尊心和敏感性对教师的任何一点表里不一、言行不一的表现都明察秋毫，产生“被欺骗感”和对正面教育的“逆反心理”。教育教学中很多教训表明，在教育过程中再没有比教师的消极身教和伪善对一切真、善、美的否定所产生的恶劣影响更大的了。这种反证更加表明为人师表、身教是师德教育功能的集中、高效表现。它远远超出了一般的道德规范，升华到了人间真、善、美的高度和谐，与人格美的至高境界。从这种意义上说，如果说当今教育存在这样或那样“危机”的话，其中最严重的危机莫过于教师的榜样危机。这就是重视师德建设、强调为人师表的客观要求。

著名道德研究专家、中国人民大学教授罗国杰谈到教师职业道德时，强调教师要用高尚的人格力量去感染学生。罗国杰教授指出：

一般来说，我们所说的“人格”，大约有三种意义：一是指人的气质、能力、性情等方面的总和，这是从心理学、社会学和人类学等方面来看；二是指人的道德品质，这是从伦理道德方面来看的；三是指一个人依照法律和社会其他准则，作为权利和义务主体所应有的资格，这主要是从法律方面来看的。我国宪法中，就明确规定：公民的人格尊严，不受侵犯。

那么，什么是“人格力量”呢？是一个人的社会价值的重要特征，是一个人在社会生活中的尊严、价值和形象的体现。崇高的“人格”，有一种强大的感染力量，它能以自己的品格，教育别人、影响别人、发人深省、催人奋进。一个好的领导者之所以能够团结别人，使一个集体得以形成强大的凝聚力，其中，个人的“人格力量”，有着极其重要的作用。

真理的力量和人格力量的结合，将形成一种强大的力量，从政治上、道德上向人和人之间的一切关系辐射，有利于形成新的风尚，改善社会风气，形成人民群众对党和社会主义的凝聚力，推动我国的社会主义建设事业顺利地向前发展。崇高的“人格”，有一种使人敬佩和信任的品质，因此，一旦这种力量同真理相结合，就能够使人们从内心愉快地接受真理，相信真理，把真理变成自己的信念和行动的纲领。我们可以说，真理只有和崇高的“人格力量”相结合，才能产生巨大的力量。

法国教育家、思想家卢梭在《爱弥尔》中写道：“在敢于担当培养一个人的重任以前，你自己是否造就成了一个人，是否是学生心中的模范。”中小学教师职业与其他职业的区别在于，他们所面对的是好奇心大，辨别是非能力弱，模仿行为能力强，心理素质薄弱的未成年人。这一特性决定了师表的重要，也决定了教师的一言一行都有教育作用，教师要言传身教，以身立教，要为人师表。为人师表要求教师要有高尚情操，严于律己，以身作则，在为人处世的各个方面率先垂范，做学生的榜样，做社会的榜样，以自己的学识魅力教育学生，用自己的人格魅力潜移默化地影响学生。在自己的教书育人职业活动中体现和渗透知荣明耻、关心集体、团结协作、尊重学生、尊重同事、尊重家长、作风正派、廉洁奉公等优良品质。

一、为人师表，坚守高尚情操，知荣明耻，严于律己，以身作则

教育家叶圣陶说："教育工作者的全部工作就是为人师表。"师表是指起示范作用的榜样和表率。指教师在人品、学问、处事等方面，成为他人学习的榜样和表率，行为世范。师表自古以来就倍受重视，最早见于《北齐书·王昕书》："杨愔重其德业，以为人之师表。"《史记·太史公自序》中把"师表"与"师范"共用，意思都是指学习的榜样。在中国古代，由于职业划分没有现在这么细，人们从职业的重要性出发，把为人师表，作为为官与为师的共同要求，由此也可以看出古人对教师的重视。到了现代，特别是1905年中国废科举办新学之后，为人师表主要是用于对教师的要求了。为人师表，"表"在何处？外表较好理解：气质高雅、端庄大方、穿着得体、幽默风趣、衣着整洁、不卑不亢等，大庭广众之下，不用介绍，让人一看就是为人师表的教师。

❀案例二：

若干年前，笔者亲临一幕，足见师表之重要：拥挤的公共汽车上，一老妇高呼装有巨款的钱包不见了。售票员和开车的小伙子很负责任，当即决定所有人不准下车，将车开到派出所去逐个检查。急着上班的人们嚷成一片。其中有两个老师说：几十个孩子还等着上课呢！售票员问：你们真是老师吗？两位老师递上工作证，售票员草草看了一下，让两位老师从司机所在的车门处下

了车，还对着拥挤的车箱大喊：还有没有老师？是什么使那位售票员如此信任老师，如此对待老师？是师表、是对老师的信任和尊重。

❀**案例三：**

国内外知名的史学大师，原北京师范大学校长陈垣先生诞辰百年纪念时，他的学生启功教授几乎是流着泪写下了《夫子循循然善诱人》一文，深情地回忆起自己当年只有中专学历，却被陈垣先生破格聘任为辅仁大学讲师后对自己的“耳提面命”。启功先生说：陈垣先生和我这个新教师谈话时，首先就详细告诉我要做好教师必须要做好以下九个方面：

(1) 站在讲台上要有个教师的样子。和学生的脸是对立的，但感情不可对立。

(2) 对学生万不可有偏爱、偏恶，万不可讥诮学生。

(3) 以鼓励夸奖为主。不好的学生，包括淘气或成绩不好的，都要尽力找他们一小点好处，加以夸奖。

(4) 不要发脾气，你发一次，即使有效，以后再有更坏的事件发生，又怎么发更大的脾气？万一发了脾气之后无效，又怎么下场？站在讲台上即是师表，要取得学生的佩服。

(5) 教一课书要把这一课的各方面都预备到，设想学生会问什么。自己研究几个月的一项结果，有时并不够一堂课讲的。

(6) 批改作文，不要多改，多改了不如你替学生写一篇，改多了他们也不看，要改重要的关键处。

(7) 要有教课日记。自己和学生有某些优缺点，都记下来，包括作文中的问题，记下以备比较。

(8) 发作文时，要举例讲解。缺点尽力在堂下个别谈；缺点改好，有所进步的，尽力在堂上表扬。

(9) 要疏通课堂空气，你总在台上坐着，学生总在台下听着，成了套子，你讲得多么用力也是白费。在学生座位行间走走，既回头看看自己板书的效果如何，也看看学生会不会记，在他们的座位上给他们指点，对于被指点的人，会有较深的印象，旁边的人也会感觉兴趣，不怕来问了……

陈垣这样名震中外、著作等身、桃李满天下的史学大师、教育专家，对一个新聘用的教师指点得这么具体，这么全面，这么浅显却又这么深刻，可见教师职业行为中师表形象、严谨治学是多么重要。

启功教授说：陈垣教授写在黑板上的字，绝不写到黑板下框处，怕坐在后面的学生看不见，写哪些字，好像都曾计划过的。陈垣教授说："备课不但要准备教什么，还要思考怎样教，哪些话写黑板，哪些话不用写，易懂的写了是浪费，不易懂的不写则学生不明白。" 陈垣大师就是这样把师德融汇到自己很具体的职业行为中去的。

陈垣大师告诉启功的"不要发脾气，你发一次，即使有效，以后再有更坏的事件发生，又怎么发更大的脾气？万一发了脾气之后无效，又怎么下场？站在讲台上即是师表，要取得学生的佩服"，这一条对为人师表格外重要。

❊**案例四：**

全国优秀教师师德报告团成员、四川省渠县渠江镇第一小学教师蔡改严格要求自己“制怒”，对我们避免情绪失控，以免有损师表很有启发。

蔡老师说，有一次，我出差后回到学校，发现教室的后门被损坏了，教室里乱哄哄的，还有一堆垃圾。想到我才出差几天，班里竟然成了这个样子，我气坏了，在课堂上大发雷霆，狠狠训斥了所有的学生，并要求每个学生就此写一则日记。我的本意是要同学们认识自己的错误，懂得学会自己管理自己。然而交上来的日记中，孩子们大都把矛头对准了我。中队长写的是：“老师，您在我心目中一直是那么和蔼可亲，我从没见您发过这么大的火，为什么要改变您在我们心目中美好的形象呢？”喻雷同学写的是：“老师，您笑起来是那么美，但您发起火来真难看！”胆小的陶雪艳同学写的是：“老师，您生气的样子好可怕哟，吓得我发抖。”父母都是医生的陈侣多则以小大人的口吻告诫我：“老师，您知不知道，气大伤肝。我想提醒您，您已经不年轻了，身体第一，工作第二。”……学生们的日记既让我惭愧，又让我感动。第二天，我诚恳地向同学们道了歉，我说：老师昨天的态度确实不对，我也确实不年轻了。同学们，你们有什么好办法帮助我，让老师不再发火？孩子们七嘴八舌，出了很多主意，最后，酷爱足球的陈侣多同学说：老师，以后您要是再发火，我们就给您亮“黄牌”。这孩子的点子还真把我难住了。我犹豫了一会儿，转而心头一喜：学生敢于向老师说不，这多么难能可贵。我同意了他们的做法。一个多月后，有一部分同学为做数学作业没去上体育课，我忍不住又发了火。就在我怒气冲天的时候，我

发现李燕妮迟迟疑疑地举着一张小黄卡；刘飞左顾右盼，也举起了一张小黄卡；看我没有什么反映，勇敢的陈侣多站起来高高地举起了他的那张“黄牌”。那一张张醒目的“黄牌”将我一下子镇住了。我难堪了好一阵，但要将满脸怒气顿时变成满脸笑容，我很难做到。我沉默着走出教室，在走廊上努力平息下了自己的怒气。没想到，就在我微笑着重新走到讲台的刹那，迎接我的是热烈的掌声。我真诚地对孩子们说：谢谢你们的监督和帮助。我保证，对我亮“黄牌”在我们班上是第一次，也是最后一次。我的话再一次赢得了孩子们的掌声。学生给我亮“黄牌”，不是为了赶我下讲台，他们提醒我要不断严于律己，追求教育的尽善尽美。老师和学生，应该在人格上互相为师，共同进步。

人类社会发展到今天，为人师表的内涵更为丰富：公正无私的高尚人格，敬业爱生的仁者胸怀，坚持真理的浩然正气，诲人不倦的奉献精神，精湛宽厚的学识技能，教学相长的谦逊品德，探索创新的终身学习，追随科技进步的现代意识，尊重学生人格的师生观念，因材施教的育人自觉，保护学生合法权益的法治精神等，激励着广大教师向师德表率、育人模范、教学专家而努力。

二、衣着得体，语言规范，举止文明

为人师表的“表”，首先体现在教师的外表上，师表的外表首先表现在《规范》倡导的“衣着得体，语言规范，举止文明”三个方面。

（一）衣着得体

教师的举止是对学生的示范，教师的外表也应当令学生敬慕，用时髦的话说，教师在学生心中要有“范儿”。教师在学校中、课堂上是中心人物，其外表自然会引起学生的关注。如果教师的衣着过分追求个性化：昂贵、夸张、浮华、艳丽、暴露、悬挂过多稀奇古怪的饰物等，都会给学生以不好的印象，甚至会影响到教师的威信。当然，太过随意、邋遢、刻意追求所谓新潮艺术的破旧、不洁甚至肮脏等，更不符合教师职业身份了。教师的衣着应当考虑学生的视觉效果和心理反映。教师在其职业活动中的衣着应当庄重、高雅、整洁、大方。衣着得体不单单是反映个人的审美情趣，而是教师职业形象的需要。得体整洁的衣着，能衬托出人的气质高雅、端庄大方。穿着得体、举止优雅、幽默风趣、不卑不亢，自然而然透射出清新的书卷气，大庭广众之下，不用介绍，让人一看就是教师。

衣着是心灵的外在反映，一个人如果心灵清净，常怀喜悦，他的面容自然会安详、静雅，而这正是为师所需之气质。教师应当精神永不委顿，以童心、好奇、开放、乐观、热情去拥抱生活。

很多老师认为，为人师表要做到：社会公德，模范遵守；衣着整洁，朴素大方；语言规范，文明健康；举止得体，稳重端庄；以身作则，注重身教；作风正派，品德高尚。

教师职业具有很强的示范性，教师个人的形象，对学生有潜移默化的影响，正因为如此，教师要自觉规范个人的言行举止，在学生中树立良好的外在形象。教师个人的形象对学生产生的影响是很大的：一是有认识作用，使学生分辨善恶美丑；二是有示范作用，可为学生树立榜样；三是有调节作用，可在一定范围内营造良好的氛围；四是有矫正作用，使学生自觉地改变自己。

教师的仪表风度本身就是教育内容。教师是学生的一面镜子。教师要求学生要讲究仪容、仪表，那么教师本身就是一个很

好的典范。布鲁纳说：教师也是教育过程中最直接的有象征意义的人物。教师必须是一面好镜子，有时候教师的这种示范作用比课堂上讲的内容作用还要大。教师的仪表风度是沟通学生心灵的桥梁。

教师的外表、言谈举止、神态等都会给学生留下深刻的印象。特别是班主任新接一个班，教师的第一印象尤为重要。它能赢得学生的好感、尊敬与信赖，使学生愿意和你接近。这样，学生容易和你沟通，你的教学工作有一个良好的开端，它也有利于形成一个良好的课堂气氛，从而提高课堂教学效率。

教师职业的仪表风度要求是由教师职业的特殊性决定的。教师既不能像军人那样威严雄壮，也不能像演员那样变化多端，更不能对自己的穿着打扮采取无所谓的态度，而应是文质彬彬，情趣高雅。因此，教师仪表风度的基本要求是：自然纯真，朴素大方；适合时宜，表现个性；举止优雅，情态谦和。

教师职业仪表风度的发展途径首先应当是树立自信心、接纳自己。我们常常看到这样的现象，长相较好的教师自信心强，长相一般或较差的教师信心不足，行为拘谨，如走路不敢挺起胸，不敢正视别人，说话声音偏低等。其实长相好的人是少数。长相具有先天性，不易改变。但每个人都有自己的优势，都有自身的特点，要有信心接纳自己，扬长避短，最佳地表现自己的特色。在日常生活中，经常会发现有的人拼命想把自己打扮得漂亮、出众，结果花了很多钱、花了很多时间，但总是不得体甚至适得其反，究其原因，在于他们的审美水平较低。无论是服装、发式，还是行走站立的姿势，都要符合审美规律，要符合自身的特点。因此，教师的外在仪表要符合自己的身份，要给学生以赏心悦目的好感、亲近感。

教师为人师表，包括教师的仪表仪态这种外在的表现，因为人的外表是连着内心的，十分珍重自己外表的人，要用功夫的不光是美容美发健身，还得使自己的内心存有高尚、善良、明达。古人云："形者，神之宅也。"这就说明了外形与内心的关系。一个人的外表容貌，其实是个显示器，它把你的内心和盘托出，所以孟子说："有诸内必形于外。"人们都觉得婴儿可爱。除了他们柔嫩弱小惹人爱怜外，更因为他们的表情像青藏高原的天空一样纯净。在他们的心里，没有罪恶，没有贪欲，没有妒忌，没有对未来的焦虑和惶恐，没有自怨自艾，没有骄横狂妄。这样的脸，这样的表情，给人一种纯洁、开朗、宁静无邪的感觉。作为教师要以自己的外表影响学生，首先应当给学生一种圣洁、高尚、善良、达观、自信的印象。

❀案例五：

公共汽车上，一位佩戴中学校徽的教师见一位步履蹒跚的老人上了车，立即起身把座位让给了这位老人，自己站在过道旁边，右手抓着扶手，左手拿出一本书来阅读。突然一个急刹车，教师站立不稳，撞到前面一打扮时髦的女士身上。女士立刻柳眉倒竖，大骂了一句："他妈的，德性！"教师看了看她，正色地说："对不起，小姐，不是德性，是惯性！"这简单的两句对话，从"惯性"折射出了两个人截然不同的"德性"。这简单而又体现出职业特点的对话，使人们看见了这两人不同的道德。

为人师表，归纳起来应当是：师心美、师表端、师风正、师志坚、师学勤、师业精、师能强、师品高、师纪严。

（二）语言规范

语言规范首先是对教师法定的任职要求，国家实施的教师资

格制度规定：取得教师资格，普通话应达到省级政府语言文字部门认可的二级乙等水平。语言规范更是教师职业活动需要，也是教师职业道德的一种体现形式。如果一位老师讲课时字正腔圆、声音悦耳、节奏鲜明、抑扬顿挫、深入浅出、妙语连珠、口吐莲花，学生能不佩服乎？能不全神贯注随老师畅游知识海洋乎！

语言表述是实施教育教学的重要手段，语言规范不仅是指普通话是否标准，达到什么等级，更重要的是要符合教育规律，要让学生听懂。如果教师在教育教学中只顾自我表达甚至自我表演，同样不符合师德所要求的语言规范。

❀案例六：

捷克斯洛伐克杰出的教育家夸美纽斯非常注重教师钻研业务要在教育对象身上发挥作用，他在担任列什诺中学校长的时候，有一位文学老师邀请夸美纽斯去听他的“公开教学”课。

课堂上，这位老师像一位口才超众的演说家，讲课中自始至终滔滔不绝、旁征博引：从《荷马史诗》到希腊悲剧、但丁《神曲》，其中还穿插了不少历史知识和民间传说。眉飞色舞，口若悬河。学生们开始觉得新奇，听起来很认真。随着这位老师越讲越多，他们的脸上便觉得茫然。再加上老师为了完成预定的教学任务，越讲越快，使学生如堕云里雾中。本来这堂课应该成为学生们的一种艺术享受，现在却变成了沉重的负担，使学生头昏脑涨，索然无味，收效甚微。

下课之后，那位老师眼睛里迸发出得意的光芒。同事们也交口称赞：有的说他学识渊博，语言优美；有的说他备课充分，资料丰富……

夸美纽斯对这位老师违背教学规律、卖弄自己的做法深恶痛绝，他说："谁要是想教学生，却不按照他们能领会多少，而是按照教师自己所希望的多少，这完全是愚笨的行动。学生所要求的是扶持，而不是压迫；教师就好像医生一样，只不过是病人的仆役，而不是其主人翁。"听了夸美纽斯这番切中要害的话，教师们若有所悟。公开课、示范课不应当成为个人的表演课。那位教师也惭愧地低下了头。

（三）举止文明

教师在学生心目中像一面镜子，其学识水平、思想境界、品德行为、艺术审美等都会影响到学生，从学生身上反映出来。孔子说："其身正，不令而行；其身不正，虽令不从。"教师的言行举止是无声的示范，以身作则，率先垂范，身体力行，春风化雨，润物细无声。语言粗俗，行为不检点，随处吸烟吐痰，遇事发火骂人，放纵自我，街头乱扔废物，不遵守交通规则，成天抱怨世道不公、自己怀才不遇等，这些看似小事的行为，会对学生产生很大的消极影响。教师应当时刻牢记，要求学生做到的，教师必须自己先做到，先示范。

❃案例七：

有位在大医院工作的医生，成天面对痛苦不堪、牢骚满腹、对医生不满的患者，自己也变得心情烦躁，甚至对医生这个救死扶伤的高尚职业也怀疑起来。一件小事彻底改变了他的生活态度和职业道德。有一天他正准备下班时，一位患者进了诊室，表情恬淡地和他打了招呼。这位医生看到患者的检查结果显示病情严重，在回答了患者的问题后，诚恳地反复强调要进一步诊治。患者表示了感谢，临走时顺手把检查用过的废纸带走，扔进了门边

的垃圾桶。这么一位面对严重的病情还不急不慢、轻手关门、不乱扔垃圾的老者，突然消解了那位医生郁积了一天的烦躁和郁闷。他仔细看了患者留下的病历，发现他是一位小学老师。这位患者细小而非刻意而为的举动，使这位工作压力巨大的医生带着老者给他的平和心情踏上了下班路。以后他经常对人说起这件事，从此他很少烦躁和郁闷了。由此可见高尚师德的作用多么巨大。

三、关心集体，团结协作，尊重同事，尊重家长

教书育人，是集体性很强的劳动。在知识爆炸、信息密集、专业划分越来越细的今天，教师间的合作育人越显重要。中小学教师的教育教学工作有一定的独立性无可否认，如独立备课、分班上课、批改作业，对学生个别辅导、个别谈话、单独家访等。但总体说来，教师的工作需要集体的团结协作、需要很强的团队意识，一个学生要在德、智、体、美、劳各方面都得到和谐发展，成长、成人、成才、成功，是多个学科教师共同努力的结果。单凭教师个人的力量是不可能实现教书育人目标的。

教师在教育教学过程中，除了面对学生外，还要与从事其他学科教学的教师发生联系。现代教育课程的综合化趋势更需要加强教师之间的合作。不同年级、不同学科的教师要相互配合、齐心协力、全面教育和培养学生。每个教师不仅要教好自己的学科，还要主动关心、积极配合其他教师的教学，从而使各学科、各年级的教学有机融合、相互促进、相互尊重、相互学习、团结互助。这不仅有教学的意义，而且是师德的重要内容。团结协作对学生也具有教育的功能。

在中国革命历史上，原国务院总理周恩来堪称顾全大局、善

于团结协作的典范。对于教师团结的重要性，他曾经有过精辟的论述：

> “文人相轻”，似乎是旧社会知识分子的通病。而无产阶级所从事的事业，无论是新民主主义革命还是社会主义革命和建设，都是人民大众的事业，需要每一个社会成员的自觉参加。作为一名教师，他面对的不是一个学生，而是一个集体，这不仅要求教师自身要加强团结，而且还要努力用集体主义的观念去教育，引导学生。因此，教师自身在团结问题上的认识和作为就显得非常重要。

中华文化一贯强调“自强不息”和“厚德载物”的有机统一，既注重个人和团体自身的不懈奋斗，更强调个人和团体要承载民族和历史的重任；个人和团体的自我奋斗，只有与民族的最高利益结合在一起，才有真正的价值。这就是中华民族代代相传、生生不已的“厚德”。

对于教师而言，团结协作比别的任何职业都显得重要。因为中小学教师的劳动，既有独立性又有集体性。现代教育的一个突出特点是教师的群体协作性。学校的教育教学是一项系统工程，需要众人参与，多方合作，协同一致，才能高质量地完成对学生的全面塑造和培养。这就从客观上要求教师在教育过程中，除了要处理好与教育对象的关系外，还要处理好与同事的关系，共同做好教育教学工作。教师之间在职业活动当中不可避免地会产生许多矛盾和问题，需要用道德手段加以调节和解决。

前苏联著名教育家马卡连柯，是世界教育史上第一个提出“教师集体理论”的教育家。他认为：团结一致的教师集体是学校

中进行正常工作并取得良好成绩的必要条件。首先，教师集体是培养学生集体和教育学生强有力的武器。学校最主要的教育手段，就是良好的教师集体和组织完善的、统一的学生集体。而学生集体的形成，又取决于教师集体的力量。显然，教师只有形成集体之后才能掌握统一的教育方法，对学生提出统一要求，使学生形成团结的集体。其次，教师集体是发挥个人工作能力的重要保证。他说：“教师集体的统一是最有决定性的一件事情。就是最年轻的、最没有经验的教师，如果在统一的、精诚团结的集体里，有很好的有才能的领导者来领导，那么，跟任何一个反对教师集体的有经验、有才能的教师比起来，也能作出更多的事情来。”

著名教育家陶行知对教师通过集体的力量塑造学生有过这样一段精辟的论述：“每一个活人之雕像，是这个人来一刀，那个人来一刀，有时是万刀齐发，倘使刀法不合于交响曲之节奏，那便是处处伤痕，而难以成为真善美之活雕像。”

按照一些优秀教师的说法，同心协力，共同做好教育教学工作的教师集体应当具有以下这些特征：

第一，有共同的奋斗目标。

良好的教师集体有共同的见解、共同的信念，彼此之间相互帮助，彼此之间没有猜忌。同一学校里的教师维持友好的关系，而且要变成好朋友，为实现共同的目标而奋斗。

第二，有坚强统一的领导。

要想使自己成为尽善尽职的教师，就只有团结在教师集体里的中心人物——校长的周围，因为他是国家全权委托的在一所学校的领导人。

第三，统一的教育方法，与学生集体保持密切的联系。

在教育过程中，教师之间应有统一的步调和标准，教师集体应认真地培养和巩固学生集体。教师集体和学生集体不是两个集体，而是一个集体，而且是一个教育的集体。

第四，教师个人利益与集体利益相一致。

如果教师集体中的每个成员把全校的成功放在第一位，把他班上的成功放在第二位，把教师个人的成功只放在第三位，那么，这样的集体才会有真正的教育工作。

❊**案例八：**

1988年10月24日，邓小平同志在一次重要的讲话中指出："过去也好，今天也好，将来也好，中国必须发展自己的高科技，在世界高科技领域占有一席之地。如果六十年代以来中国没有原子弹、氢弹，没有发射卫星，中国就不能叫有重要影响的大国，就没有现在这样的国际地位。"今天，邓小平同志提到的这些高科技领域中国都占有一席之地。载人航天已经成功。这些成就，使人们把目光投向了一个团结协作、人才辈出的教学科研集体——清华大学物理系。1999年9月18日，中共中央、国务院、中央军委对当年研制"两弹一星"作出突出贡献的23位科技专家予以表彰，并授予于敏、王大珩、王希季、朱光亚、孙家栋、任新民、吴自良、陈芳允、陈能宽、杨嘉墀、周光召、钱学森、屠守锷、黄伟禄、程开甲、彭桓武"两弹一星功勋奖章"，追授王淦昌、邓稼先、赵九章、姚桐斌、钱骥、钱三强、郭永怀"两弹一星功勋奖章"。在这23位闻名全球的科技功臣中，大多都是清华大学物理系和西南联合大学物理系的创办人、长期担任物理系主任的叶企孙大师的弟子。叶大师的弟子还可以数出很多：杨振宁、李振道、钱伟长……

叶企孙大师主持的清华大学物理系之所以人才辈出，正像叶

大师对他的弟子、国内外知名的无线电专家冯秉铨教授所说的：“我教书不好，对不住你们。但有一点是对得住你们的，那就是我请来教你们的先生个个都比我强。我可能犯过不少错误，但有一点可以告慰于你，那就是我从来不搞文人相轻、从来不嫉妒比我强的人。”

从20世纪30年代起，清华大学物理系在国内逐渐受到重视，主要原因就在于有几位学术水平很高的物理教授：叶企孙、吴有训、萨本栋、周培源、任之恭、赵忠尧和霍秉权。他们团结一致，一心为国家搞科学，相互尊重，光明正大，心口如一，从来不你猜我忌，互相倾轧，团结促成了物理系的欣欣向荣。7位教授治学严谨，重教育质量，努力造就人才，不参与图谋获取高地位和权威等无谓活动，所以当时在几年内培养出了一批优秀人才。叶企孙先生和吴有训先生善于团结人，他们二人推让过系主任和理学院院长的职务。这7位教授的高贵品质足为后人效法。

叶企孙、吴有训到了西南联大后，北大、清华、南开三校合到一起，当年留校任西南联大助教的胡玉和说：“叶先生宽厚待人，尊重他周围的同事，在他的影响之下，教授之间关系融洽。……我在当助教期间，更多地受到了以叶先生为首的师长们的春风化雨的熏陶。他们不仅给我们传授了科学知识，还教授我们如何去做人。”

作为“两弹”元勋的王淦昌教授，秉承了清华大学物理系团结协作的作风。王淦昌在他年近九旬的时候，曾语重心长地忠告年轻科学家：今天已不是18、19世纪时代那样的年代，可以靠一个人关起房门单独搞研究，作出名载史册的大贡献。现在的重大科研项目，大都是涉及几个学科领域，需要一群人协力同心地攻关。没有良好的人文素质，不会做好人的团结协作，不论个人的本领多大，也是无法实现崇高的志向的。大师的所言所行，值得我们永远记取。

东北师范大学王逢贤教授对教师的团结协作有精辟的见解：教师与教师之间的关系以及教师与整个教师集体之间的关系，是教师道德生活的一个重要领域。教师的劳动成果决非由单个人劳动所能取得的。学生在学校里获得德、智、体几方面的全面发展有赖于教师集体的共同努力。在现代社会中，学校的教育任务更不可能由个别教师来完成，它必须由各门学科和发挥各种不同职能（如思想工作、教学工作、管理工作）的教师来共同承担。因此，处理好各个教师之间、个别教师与教师集体之间的关系是教育过程本身的需要。

马克思指出："只有在集体中，个人才能获得全面发展其才能的手段。"因此，处理好教师之间的关系，也是个体教师获得其发展的不可缺少的条件。集体的或其他教师的经验教训，都可以转化为每个教师的精神财富，集体的支持和帮助是教师工作的重要动力和保证。

为形成一个良好的教师集体，可以使用各种调节手段，如行政的规定（制定教学计划、分配教育任务、确定和执行各种规章制度）、经济监督（规定教师工作量和劳动报酬）等。但是也应该看到，教师之间的许多矛盾和问题，是需要用道德手段来加以调节的。

教师劳动是一种精神生产劳动，它具有很显著的个别性特点。在同一时间和空间内，往往只是一位教师面对着他的劳动对象单独进行各项活动；而教师对教材和教育内容的钻研与掌握，很大程度上也是在个别劳动的情况下进行的。这种个别性劳动的形成，更需要教师确立道德观念和规范，才不至过高估价个人的

作用，产生轻视集体的思想，才不会造成在教师集体中产生人为矛盾和问题。

教育劳动的表现形式往往是千差万别的，即使是在统一的教育目的和教学大纲的指导下，仍然表现了各个教师在教育上的不同风格和特色。他们各自从事着不同方面的探索和创造，很难用一种统一模式去限定教师在教育过程中的行为。再加上对教师的工作成绩（特别是质量方面）较难于作出客观的、恰如其分的评价，这就更要求教师之间都以尊重他人的劳动去相处，以形成良好的教师集体。

在处理教师之间的关系方面，应当遵循的道德准则是：亲密团结，互相协作，相互支持，相互尊重。努力克服文人相轻、相互猜疑、业务封锁等恶习，在维护和加强教师集体的协作精神基础上联合起来并按照个人意愿发挥他们的技术专长。这样的组织将带来无尽的愉快和裨益。如果每位教师谦虚谨慎、尊重同志、互帮互助、关心集体、维护学校荣誉，他们所在的学校才能形成良好的校风。校风是全体教师共同具有的思想行为作风，它是学校教师诲人不倦、不断探索的教风，勤奋向上、孜孜以求的学风以及开拓创新、脚踏实地的领导作风的综合体现。

良好的校风是一种巨大的精神力量，能对全体教师产生感化作用、同化作用、凝聚作用和约束作用；相反，不良校风是一种腐蚀剂，会对全体教师产生离心作用、瓦解作用和分化作用。谦虚谨慎、尊重同志是从个人的角度对教师提出的要求，是团结协作的基础和出发点。相互学习、相互帮助是从教师之间相互关系角度提出的要求，是“团结协作”这一总要求的中心一环。维护学校荣誉、共创文明校风是从创建优良集体和文明校风、优化育人环境的高度对教师提出的更高要求，是“团结协作”的最终落脚点。

前苏联著名教育家马卡连柯说过：“如果一个人今天在一个集体，明天在另一个，以后在第三个，第四个，那么他就连一个集体也不能够熟悉；一个人开始在集体之间徘徊不定，因此他就养成一种最坏的个人主义。”马卡连柯的说法，实际上是对我们的《教育法》、《教师法》等法律法规中都规定“鼓励教师终身从事教育职业”的注解。从团结协作的意义上说，教师职业也需要稳定。

从道德意义上讲，真正的团结，是襟怀坦白的团结，光明磊落的团结，共同向上的团结，遵纪守法的团结。而不是你好我好的“团结”，相互利用的“团结”。团结离不开互相关心、互相爱护、互相支持、互相帮助，更离不开互相提醒、互相监督、互相批评、互相约束。

当今时代，人们普遍感觉到了竞争越来越激烈。但同时，人与人之间的相互呼唤沟通的渴求也越来越强烈。通则和。在校园人际关系中，很多教师和学生已经感到：有了沟通，和谐自然会产生。在诸多人际关系中，“和”是大家的共同追求。

人际关系体现了社会的文明程度。在一个既存在激烈竞争又需要相互合作的时代，人们往往容易顾此失彼或厚此薄彼。在一所学校的范围里，领导用团队精神为大家创造出一种和谐的合作氛围，让教师们在其中安心工作，就是建设了精神文明。

有专门研究人类道德的学者说，归纳人类道德不下千百种，但可统归到两大类中：一种是人类的进取性道德，不屈不挠，锲而不舍，人类才日趋文明，不断发展；二是人类的协作性道德，乐于合作，善于协调，互相取长补短，唯此人类才能办成一些重大的事情。前苏联著名教育家马卡连柯说过：“如果有五个能力较弱的教师团结在一个集体里，受着一种思想，一种原则，一种作风的鼓舞，能够齐心协力地工作，那他们比十个各随己愿的单

独行动的优秀教师要好得多。”

❈案例九:

有这么一个流传很广的故事。有人曾请教上帝：“天堂和地狱的区别何在?”上帝说：“我请你看看他们的区别在哪里。”他们来到一个房间，只见一群人围着一锅肉汤，每个人都营养不良，饥饿而又绝望。他们手里都有一把长柄的勺，可以够到锅里的汤，但由于勺把太长没办法把汤送进自己嘴里，人人痛苦万分。接着上帝又领他进了另一房间，这里也有一群人，一锅汤，同样每人一把长柄勺，但每人都吃得津津有味，非常快乐。原来他们互相用长柄勺喂别人喝汤。上帝说，这就是地狱和天堂的区别：懂得善待别人，可以过天堂般的生活；一心一意只想着自己的人，实际上会生活在地狱里。当你学会善待别人，你也学会了克己；当你学会了克己，你又学会了宽容；当你学会了宽容，你就学会了快乐而进入了天堂。

前苏联著名教育家苏霍姆林斯基从团结对于教师职业的重要性的角度忠告人们：“如果和人多的集体交往使你头痛，如果你感到工作时独自一人或两三个朋友一起比和一大批人在一起好，那就不要选择教师工作作为自己的职业。”可见在教师职业活动中，团结协作对教师多么重要。

没有竞争，就没有发展，如果教师谁都不愿奋勇争先，教育水平就无法提高，教育这块土壤就如同死水一潭，没有生气，没有活力。因此，强调教师之间协调一致，团结配合，并不排斥或否定教师之间的竞争。相反，教师之间只有既讲协作，又讲竞争，才能调动每个教师的主动性和积极性。教师除了按教材和教学计划进行教育教学外，还要不断进行探索和创新。因此，教师之间，应该加强相互交流和学习，不同教学观点，可在教师之间讨论和争论，取长补短，共同提高。

尊重他人是社会公德的一种表现。教师除了是一个社会人之外，更是一个从事特殊职业的人，在其职业活动中有三种人应当特别尊重：学生、同事、学生家长。一般说来，尊重前两种人比较容易做到，因为他们直接共同参与自己的职业活动，联系广泛而紧密，利害关系能直接反映出来。尊重学生家长则相对不易。因为学生家长背景、性格、素质、对老师和学校的配合等差距较大。但家长是学校教育教学的组成部分，对学生的教育和成长起着重要作用，教师应当尊重学生家长。由于孩子在校学习，是教师教育的对象，很多家长对教师有依赖感和畏惧感。加上个别教师以居高临下的师道尊严优越感面对家长，使家长不敢与教师坦诚交流。对这样的家长，教师更应当尊重他们，使他们能够与教师平等坦诚地交流，共同发挥育人作用。至于有的教师因为学生错误，动不动就训斥家长，口无遮拦指责甚至侮辱家长，不仅违背了师德，甚至违背了社会公德。家长是孩子的启蒙教师，更是学生的终生导师，和教师一样承担育人责任。从这个意义上说，教师和学生家长无论从人格还是从育人的关系上都是平等的，都是应当相互尊重的。

家长是中小学教育的组成部分，在中小学教育中起着重要的配合作用。中国学生家长大都有重视子女教育的传统，但其出发点多为“望子成龙，望女成凤”，或认为“万般皆下品，唯有读书高”。对子女教育方式值得研究，在《中国妇女报》1996年对全国中小学生的问卷调查中，学生们认为“家长不能理解我”的占27%，认为“家长不相信我”的占12.9%，认为“家长只知道关心学习成绩”的占31.5%，认为“不知道向家长说出自己想法”的占33.7%，不愿意家长安排的学习内容（如课余参加钢琴、数学、美术、舞蹈、书法等培训班）的占19%，9.1%的孩子反映家长总是斥责或打骂自己。我国学生处在这样的一种家长教育意识和家庭环境中，可见教师向家长积极宣传科学的教育思想和方法多么重要。

❀**案例十：**

中国科学院心理研究所研究员王极盛在大量的数据和案例分析的基础上，指出了中国家庭教育中的问题。王极盛指出：家教是一个大家普遍关心的问题，也是一个社会问题。许多家长对孩子期望很高。为了孩子的教育和成长节衣缩食，早出晚归，物质和精神都付出很大，但往往收效甚微。关键是教育不当，没有一套科学的方法，盲目地、自以为是地教育孩子。人们有一种错误的观念：谁不会生孩子？谁不会养孩子？谁不会教育孩子？以为家庭教育可以无师自通，生、养、教都是自发的、本能的，这是一个很大的误区。近年来，我们采用外国父母教养方式量表及自己编制的父母教养方式量表对北京市1800多名家长进行了测试，结果发现有⅔的家长教育方法不当。归纳起来有以下三种类型：

(1) 过分保护型。

这样的家长占30%左右。过分保护就是父母什么都代劳了。有的中学生到了高中还不会削苹果。父母就像保姆一样干家务，帮助孩子解决一切问题。这使孩子失去了正常的、积极的、自由发展的个性。结果培养出的孩子是懦弱、依赖与无能。这种个性心理特征熄灭了孩子的创造欲望，削弱了孩子的开拓精神，削弱了孩子的竞争意识，甚至孩子智力发展都受到了影响。

(2) 过分干涉型。

这样的家庭也占30%左右。过分干涉就是限制孩子的言行，画框框，定调调，让孩子按父母的认识和意愿去活动，不能超越父母的指令，例如不管孩子有没有兴趣，有没有悟性，强制让他学钢琴、学绘画、参加各种各样的培训班等，使孩子缺乏思维的批判性，做事没主意。孩子不敢超越父母的认识，局限了孩子的思维，使孩子很少有发散性思维，思想被禁锢，没有灵气，也会影响孩子将来的创造力。

(3) 严厉惩罚型。

这样的占 7%至 10%。惩罚型一般有这样几种类型：家长教育孩子态度生硬，对子女缺乏感情，言语粗鲁，方法简单；强迫子女接受自己的看法与认识，孩子嘴上接受，心里不接受；常挖苦责备甚至打骂孩子，损伤孩子的自尊心。这种教育方式可能使孩子的性格压抑，心理自卑，遇事唯唯诺诺，缺乏独立的能力，影响孩子健康人格的发展。更可怕的是还可能使孩子像父母一样，粗鲁、冷酷、没有教养。

家庭教育最理想的是温暖理解民主型。这部分家长也占 30%左右。我们对北京大学和清华大学的 60 名高考状元作过调查，结果发现，几乎所有“状元”的家长都属于温暖理解民主型的。民主宽松的家教环境给学生心理和人格发展提供了广阔的空间，学生可以按照自己的爱好和兴趣发展。当然，民主型家长也对孩子的发展提出建议，理性地指导孩子成长。这些高考状元都谈到，他们的家长对他们的影响主要体现在四方面：一是家长在学习上要求不怎么多，但在做人上要求孩子做一个正直的人；二是不要求孩子考多少分，只要尽力即可；三是为孩子创造好的学习环境，为此，有的家长不看电视甚至少说话；四是这些学生从小到大，都没有挨过父母打骂。所谓“棒下出孝子、出才子”，在今天这样的时代已经不会起作用了。

从上述的一些调查中，我们可以看出，教师向学生家长积极宣传科学的教育思想和方法是多么重要。很多优秀教师认为，教师与家长协调关系要做到“五忌”：

(1) 忌以势待人。教师对学生家长要一视同仁，不能对有钱有权有势有地位的家长笑脸相迎，而对平民百姓家长另眼相看。

(2) 忌恶语伤人。学生表现不好不能迁怒于家长。

(3) 忌群起攻人。学生有了过失，班主任邀请家长来校，其他科任老师不能也趁机纷纷责怪家长。

(4) 忌以分取人。学生成绩不好，如果教师对家长再没好脸，会令家长无地自容，进而对教师产生抵触情绪。

(5) 忌借手打人。有的老师在学生犯错误时，请家长到校状告学生，家长为平息教师怒气或发泄怨气打学生。这种借家长之手打学生的做法更易恶化师生关系。

家访是教师尊重家长、联系家长，全面了解学生，发挥家庭教育作用的重要方式。因此家访应当像备课一样充分准备，很多老师总结出家访要“六忌”。

一忌没有计划。作为教师，特别是班主任，在每学期开学就应当根据学生情况制订家访计划。对每位学生家访时间、地点、方式等心中有数。每学期对每位学生至少家访一次。如果家访凭兴趣、凭感觉、心血来潮，容易只把注意力集中在少数学生身上，而忽视对全班学生的了解和研究。

二忌仓促家访。家访前教师必须对被访问学生的思想表现、学业成绩、兴趣爱好、性格特征等情况全面了解。对正在进步的学生帮其总结成功经验，提出更加严格要求；对出现变化和退步学生，分析其中原因，说明已作了哪些努力，对家长提出配合要求。

三忌登门告状。从道德角度分析，家访是教师对学生的关爱。教师应向家长介绍学生的进步为主，问题应在充分肯定成绩基础上指出。对于后进生，应向家长实事求是地介绍其在校内外的表现，以对学生的关怀感染家长，教师和家长之间的情感才能融洽，彼此努力研究解决问题的方法。如果教师一见到后进生家长就数落学生的不是、家长的失职，言语之间流露出对学生的厌恶和对家长的埋怨，迫切希望家长严加管教甚至暗示家长对学生体罚，结果不但不能赢得家长的配合，而且容易在教师和家长之间形成情感鸿沟。

四忌索拿卡要。教师做好包括家访在内的工作责无旁贷。借家访之机，随意接受学生家长的吃请馈赠，甚至索拿卡要，会严重败坏教师形象，这样的家访效果肯定会适得其反。

五忌访完即了。家访是提高教育效果的一种手段。通过家访，教师可以争取家长配合做好学生工作，还可以了解家庭教育和环境对学生的影响，对不同学生采取具有针对性的教育方法。为此教师应当建立学生家访档案，时刻注意学生的思想动态，把握学生的思想脉搏，及时做好学生工作。

六忌过于随意。教师与家长交往中，应当如课堂上一般言行举止得体，待人平等和气，态度亲切热情，不摆架子，既不讨好迎合，也不训斥指责，要与家长坦诚交流。即使有家长对教师不礼貌，教师也应不予计较。

全国模范班主任、上海市虹口区第三中心小学教师毛蓓蕾，在她的教学生涯中，始终把尊重后进学生家长作为教育教学的重要环节。

毛老师常说：“教师切忌在家长面前训斥学生，数落学生的过错。因为当着家长的面训斥学生，容易使这些家长难堪，一定要维护家长的尊严，理解他们的心情。要通过有针对性的耐心细

致的工作，使有问题学生的家长站在教师同等地位来教育孩子，共同提出帮助孩子改正缺点的措施。”

❄案例十一：

发生在一所小学的这样一个故事值得我们深思：

有一天，天下着大雨，刚开完家长会的学生和家长在房檐下躲雨。小明坐在来接他的爸爸的汽车里指着一个女同学说：“小丽家就住我家附近，捎上他们吧。”在小明和他爸爸的热情邀请下，李小丽母女上了车。下车时雨停了，李小丽把雨伞忘在了小明的车上。第二天，小明在教室里当着老师和同学的面把小丽忘在车上的小雨伞还给了她。小明做梦也没想到，他的这一很平常很自然的举动，引起了老师的特别关注。班主任李老师因此把双方家长都找到了学校。

李老师：“小明这么小就男男女女的，居然向女同学送起花伞来了。你们家长不打算管还是怎么着？”

小明爸爸一惊，忙问：“出什么事了？男男女女的？我没弄明白。”

李老师：“出什么事了？出事就早晚的！”

小明爸爸和李小丽的妈妈几乎同时发问：“我们的孩子怎么了？”

李老师似乎获得了一点优越感，故作神秘地说：“你们小时候听说过‘思想复杂’这个词吧？现在说好听点就是早熟，说厉害点是……我就暂且不说了吧。”

王小明爸爸看看李小丽的妈妈，见她没有什么表示，就问到：“李老师，你就明说吧，你的意思是不是说我们的孩子在谈恋爱？”

李老师："我可没这么说！这可是你说的。"

王小明爸爸："既然不是谈恋爱，那么有什么可严重的？不就是借个雨伞吗？就算是借个七次八次又能怎么样？"

李老师立刻急了，大声地说："如果只在他们俩之间借来借去，别说七八次，这种事情有个一两次就该敲警钟了！你们懂不懂教育规律。"

王小明爸爸马上说："本来孩子之间没什么事，这么一闹，不懂事的孩子也跟上了速成班一样了。"

李老师火了，高声说："家长同志，现在哪还有不懂事的孩子啊？他们比你我懂得多得多……看来家长警惕性还是不够高，你们平时不但不能对孩子放任，对自己也不能放松……"

王小明爸爸反问道："你这是什么意思？"

李老师："我的意思就是，家长不但对孩子口头上要严格要求，而且还要以身作则做好样子。比如你们家长自己，平时就不能老在孩子面前随随便便，卿卿我我的……"

从上面的对话我们可以看出，这个故事是发人深省的。这位老师的出发点也许是好的，但他处理问题的方式值得研究。这样主观推断的结果，这样想当然、按常情推断的简单处理结果，不但冤枉了学生，也伤害了家长。

❀案例十二：

南京师范大学附小特级教师斯霞，在她从教数十年的职业生涯中，坚持每学期开学前对每个学生的家庭走访一次，详细了解他们的生活环境、性格、爱好、身体等方面情况，听家长的期望，对每个学生和家长的情况做到心中有数……

斯霞老师说，在日常的教育教学活动中，遇到需要请家长配

合做好学生工作。教师中容易出现的问题是对一些“犯规”吃“黄牌”的学生喝斥一声：“去，喊你的家长到学校来。”诚然，喊家长来的目的是为了沟通学校与家庭的思想，共同教育学生。但是，那种动辄就让学生喊家长的做法，弊多利少。因为学生普遍认为：老师让喊家长实质上就是“告状”。家长也觉得：孩子回家“喊” 家长肯定是闯了大祸。所以学生喊家长时一般都会受到家长的一顿训斥，个别的还要受皮肉之苦。家长来到学校，多是听老师历数自己孩子的条条“罪状”，心里当然不好受。这种“喊家长”的教育方式，不但起不到预期的教育效果，而且还会加大学生的抵触情绪，增加了学生对老师的反感，个别学生甚至出现情绪异常、失去理智的做法，产生不良后果。

老师让学生喊家长到校，作为家长，总觉得无论多忙，都必须到校，不然孩子不能上课，老师也会认为自己对子女不负责任，结果，许多家长只要学生一“喊”，无论如何都得丢下手头的工作去学校，结果影响了家长的正常生活与工作。有些学生怕喊家长，虽然“勒令”却不敢回家。或者，由于喊不来家长，老师就不准上课，整日在外游荡，这样，难免惹是生非，产生违法行为。不管大小事情，只要学生出现了错误，就让“回去喊家长”的做法，既加重了家长们的心理负担，影响了家长的正常生活与工作，又容易使家长对孩子的教育变得消极和被动，影响了老师在学生和家长心目中的形象。

“喊家长”是学校与家庭传统联系方式之一，但其效果并不尽如人意。按照斯霞等优秀教师的体会和家长交流，应当变换一下方式，即变“喊家长”为“访家长”。“访家长”最直接的效应是：家长首先会从内心感受到老师热情真诚，工作认真，作风细致，不摆架子。而这些认识，正是家长配合老师共同做好学生教育的前提，是班主任得到家长配合教育的心理基础。实践证明，老师“访家长”要比“喊家长”的效果好得多。

❀ **案例十三：**

北京五中特级教师梁捷对“家访”有独到的见解。梁老师认为：家访，或者请家长来学校最忌讳的是转移矛盾。我与家长交往方式很多，写信、打电话、家访，有时甚至在家长下班时在他们的单位门口等候。但我很少请家长来校谈情况。我坚持不告状，因为我觉得凡事都告诉家长，学生有点儿毛病就把家长请来告上一状，实际上只是转移了矛盾。如果班主任只起一个向家长通知学生过失的作用，还怎么能称教师为“灵魂工程师”呢？我认为这种转移矛盾的简单做法，只能说明教师的无能、失败，或者说不负责任。多年来我一直坚持在请家长配合做好学生教育工作方面不转移矛盾。主动承担全面教育学生的任务，从未因学生的过失而向家长告状。学生说：“有什么事就请家长，还要老师干吗？有问题老师自己解决才叫能耐。”虽然话听起来有些幼稚，但不无道理。因为教育工作者的任务不是向家长移交矛盾，而是帮助孩子们在不断规范自身的基础上健康成长，当然必须通知家长，与家长共商解决的问题除外。

有这样一名学生，因作业不认真，做错了几道题，于是家长被“请”到学校，年轻的班主任把这名学生的作业本在桌上用力拍打，愤愤地对家长说：“你看看，你看看！这是你们家宝贝做的作业！不知他成天在搞什么名堂？这孩子真笨，同样是我讲的课，别人都会，就他一人不行！”家长连连弯腰说：“老师，你别发火，是我们没有教育好，是我们孩子不好！”班主任用轻蔑的眼光扫了一眼家长，脸上露出鄙薄的笑……

这样的情景，我们每个有职业责任感的老师看了都会难受。老师把请家长当成单纯的“告状”，如果这样，老师一走，家里就是一场暴风骤雨。

教师是专门的教育工作者，在教书育人方面承担着主要责任，因而在与家长的相互关系中理应处于主导地位，理应有目的地采取积极主动的态度同家长建立和保持联系。教师与家长联系的目的，是为了了解学生，互通情况，相互协调教育思想。共同联系应当具有经常性，决不能把与家长的联系仅仅看作是处理偶发事件的手段，以至于使家长把教师的联系和来访看作是“灾难的信号”。教师与家长的联系方式主要有家访、开家长会、与家长通信、建立家长委员会、开办家长学校、设立家长接待日等。

四、作风正派，廉洁奉公，自觉抵制有偿家教，不利用职务之便谋取私利

廉洁从教是教师处理教育教学活动和个人利益关系之间的准则，也是教师必须坚守的道德情操。廉洁是教师从事教育这一神圣职业的道德基础，也是教师为人师表的人格魅力所在。但在“神圣”中也有发人深省的忧思：

据对北京市5000名13至18岁的学生进行的问卷调查，有23.9%的学生认为：“学生给老师送礼后，就会受到老师的重视和善待。”这样的问卷调查结果，一方面反映了教师廉洁从教令人忧虑的现状，另一方面也要求我们对教师要加强廉洁从教方面的道德教育。

鉴于教师在廉洁从教方面面对的新情况和新问题，“自觉抵制有偿家教”作为教师在廉洁从教的重要内容首次写进了《中小

学教师职业道德规范》中。之所以要在《规范》中倡导和明确规定“自觉抵制有偿家教”，是因为教师不是生活在真空中，社会环境、社会风气甚至社会需求都会使教师受到影响。近年来，虽然教育主管部门三令五申“严禁教师从事有偿家教”，但依然屡禁不止。人的精力和时间都是有限的，教师职业的特殊性决定了学生在课堂上出现的不解问题，应当在学校中、课堂上由教师尽快解答，而不应当留待校外办班有偿补习时解答。

从社会需求和市场方面看，由于就业竞争激烈、升学压力大、父母对孩子期望值过高等原因，家教市场火爆且管理无序；从制度方面看，对教师业余时间兼职缺乏具体规定；从理论方面看，对教师社会兼职方面没有说清楚，对教师“按劳取酬”存在不同理解，有人提出教师业余时间付出劳动获得报酬理所当然，有人认为有些教师正常教学时间不专心工作，业余时间利用办班和个别补习增加收入。凡此种种，都迫切需要尽快完善制度。只要有损教师形象，在社会上造成负面影响的，都应该有禁行性的规定。当然，制度规定是外在的，关键是教师的自我认识和自省自律，要模范遵守师德规范，洁身自好，自觉抵制有偿家教的不良做法。很多师德高尚的教师，根据他们教师职业生涯中的体会，认为教师廉洁从教要做到“四忌”：

一忌丧失原则，与学生家长发生不应有的经济往来。教师即使为学生付出了额外劳动，也应不求回报，保持教师固有的道德标准。

二忌利用某些家长的权利去谋取个人利益，进行不正当的危害教师形象，对学生造成不良影响的交易。

三忌盲目地向家长许愿，丧失原则，最后事与愿违，双方被动。

四忌与学生家长有吃吃喝喝的关系，影响教师在学生心目中的形象。

❀案例十四：

辽宁省凤城市的东方红小学，宽大的操场四周矗立着教学楼、幼儿教育楼、综合楼、实验楼、教职工宿舍楼。现代化教学设施如语音室、微机室、美术室、体操室、舞蹈室等一应俱全。作为一个县级市的小学，能有如此大的规模、如此现代的教学设施，在辽宁省是不多见的。而这所小学，原来仅有4000多平方米的简易平房和一个狭小的操场。这是一位教师，也是校长包全杰的“政绩”。

包全杰校长通过艰苦努力，励精图治，艰苦创业，运用市场经济手段，建起了23549平方米的教学楼和教职工楼，学校的总资产由原来的120万元增加到现在的1200万元。所有建楼的资金，除政府先后拨款50多万元，减免各种税费200多万元外，其余资金都是在包全杰的带领下，由学校自筹的。

包校长主持学校施工建设运作资金1000多万元。每项工程都由学校领导班子议了再议，比了再比，增加透明度。有一年，学校建一座教学楼时，一个施工队的老板向包校长许诺：如果让他承接工程，他会给包全杰一笔可观的酬金。听了这话，包全杰连办公室的门都没有让他进。学校综合楼竣工时，承建工程的刘队长十分敬重包校长的人格，一再表示想给包全杰一笔钱表示酬谢。包全杰说：你非要送，就多送给我点吧！队长被包全杰的回答吓了一跳，他瞪大眼睛，望着包全杰，觉得包全杰的胃口太大了。包全杰笑着告诉他：你看我们学校的大门太破旧了，我想重新建一个大门，学校的锅炉房也该扩建了，你如果感谢我的话，就把这两件事办了，我们东方红小学的老师学生会感谢你的。刘队长深深地折服了。他感叹道：为交这样一位高风亮节、廉洁奉公的朋友，多花点钱也值！刘队长真的花了5万元，为东方红小学修建了一座大门，又花了1万元改建了学校的锅炉房。这笔特殊的“回扣”，使两个人成了知心朋友。

当我们为包全杰那完美的人格、高尚的师德而感动的时候，我们也常从不同的渠道听到、看到有的教师离廉洁从教的师德要求相去甚远。例如，有所小学的班主任在课堂上向学生们宣布他要结婚了，并向每位学生发了邀请参加婚礼的大红请帖。他的班上有几位小学生想到接红帖就要送礼，而他们又没有钱，不送礼又怕得罪老师，无奈之下，只好打电话到电视台求助。

教师结婚向学生发“红帖”，有悖于师德师风，是受不良社会风气的污染。如今，社会上逢“喜”必宴请，“红帖”满天飞，被正直的人们讥讽为“红色罚款单”，现已成为群众忌讳的一大公害。有的年轻教师不甘落后，讲排场、比阔气，竞相仿效，把一张张婚宴“红帖”送给了自己任教班级的学生，表面看来，发请贴的教师并没有要求学生或学生家长具体做什么，但一方面社会风气形成送礼的惯例，一收请贴就要送礼；另一方面教师有“权”，只要班上有一个学生送礼，其他学生就不能不效仿。后果是可想而知的。这样的教师，根本不管学生怎么看，家长会想些什么、说些什么。年幼的学生，接到老师的“红帖”后，虽然满口应承，对那些“年少已知愁滋味”的小学生，心灵的刺激非同小可。

中国是礼仪之邦，见帖送礼几乎是一条不成文的规矩。老师向学生送“红帖”，也就不能排除送帖者想多收礼金的嫌疑。因为老师和学生虽然有师生这一层从属关系，但学生自己没有经济来源，必然会把“礼金”的负担转嫁到家长身上，而家长与老师大多非亲非故，有的甚至根本不认识，因此，老师邀请学生家长出席自己的婚宴，除了为自己“创收”以外，还能作何解释？

教师职业是一种高尚的职业，是培养人，“塑造人类灵魂的圣职”，所以教师从事教育，务必洁身自好，以自己的人格魅力去影响学生。

教师尤其是中小学教师这职业，终究不是发财的行当，实在抵挡不住诱惑，最好还是“跳槽”；否则，就应当安于本分。“君子爱财，取之有道”，这“道”，说到底还是“人品学问”。也就是说，“师权”并非“特权”，“师道”须是“正道”，倘仗着“尊严”，变了戏法，伸手去抠学生的口袋，这种形为巧取，实乃豪夺的伎俩，实在是大失其“道”。

❀案例十五:

清华大学附小特级教师窦桂梅，以自己廉洁从教的示范作用教育学生。

有一年教师节前，窦桂梅刚走进教室，一个女孩手捧一束鲜花跑上前：“老师，教师节到了，我妈特意买了这束鲜花送给您，祝您节日快乐!”窦桂梅激动地说：“谢谢!”课堂上，她隐约感觉到有些孩子神情不自然，而献花的孩子却异常兴奋。下课铃声一响，突然有好几个学生围了上来，有的说：“老师，我妈早就给您准备好了一条纱巾。”有的说：“老师，对不起，明天我一定让我妈给您买一件礼物。”……话还没听完，窦桂梅脸上火辣辣的。她后悔自己未加思索的一声“谢谢”竟引来了孩子的误解。她深情地对孩子们说：“纯真的感情是不需要礼物来证明的。”

教师节那天，教室里出奇的安静。窦桂梅刚走上讲台，孩子们异口同声地说：“祝窦老师节日快乐！”接着孩子们齐声唱道：

“长大后我就成了你，才知道那间教室，放飞的是希望，守巢的总是你；才知道那块黑板，写下的是真理，擦去的是功利……”窦桂梅眼睛湿润了。

从教至今，那束鲜花是窦桂梅所收下的第一份学生家长的礼物，因为她不忍伤害孩子的自尊；那束鲜花也是窦桂梅所收下的最后一份学生家长的礼物，因为她不能玷污孩子的心灵。

❋案例十六:

北京师范大学的林崇德教授，是闻名国内外的心理学专家和师德研究专家，更是高尚师德的实践者。他多次谈到：有什么样的老师就有什么样的学生，严格要求学生首先要严格要求自己。为了当好导师，培养国家需要的优秀人才，我深感严于律己的重要性。律己就是以身作则、为人师表的师风。我是搞智力发展研究的，近年来深感师德问题的重要，我曾花了一年多时间于2001年主编出版了近百万字的《师德通览》。我应当首先成为高尚师德的实践者，做到言行一致，知行合一。我认为，当前淡泊名利，反对学术腐败，严肃学术风气应当是大学教师师德的基本要求。我与学生一起做研究，学术成果署名时，学生的名字往往排在前边；我的论文著作中，十分尊重原始数据，十分重视原创性；作为教育部中小学心理健康教育专家委员会主任，我拒绝编辑那些能赚钱但水平不高、误人子弟的教材；作为学科评议组负责人，在参加相关的评审时，我坚持公平公正，是不是自己的学生一个样。廉洁从教是新时期师德师风的要求，作为研究生导师，我从不接受在读研究生的任何礼品；模范遵守党纪国法，主动上交个人所得税；作为国务院学位委员会学科评议组成员，我严格遵守有关规定，多次谢绝与申报博士点、硕士点有关的来访

要求，更不收取他们的谢礼。有一年冬天，下着大雪，一所学校的领导和同行带着礼物来看我。我说："你们要给我送礼，就连门也不要进了。"我们在楼下的自行车棚里谈了半个多小时的学科建设，临别前，我嘱咐他们把带来的礼物拿走。这样做似乎不通情理，但我认为，作为教师必须如此，否则上梁不正下梁歪。

1994年，佐治亚大学的一位教授邀请我携夫人去美国讲学，条件是提供往返机票和一笔相当可观的酬金。我表示感谢，同时提出希望把这笔经费用来资助我的博士生、现中国人民大学心理学学术带头人俞国良教授出国深造。那位美国教授临走时说了几句肺腑之言："有孔夫子思想的中国老师，这样对待学生，我深为感动，我回国后必须办成此事，若办不成，也对不起这样的中国老师。"

中华民族五千年光辉灿烂的文明史，中华民族享誉世界的优秀传统文化，是对教师进行师德教育、强化教师师德意识、建设教师精神家园的宝贵财富，应当在师德教育中充分运用。国学是中华民族生生不息、薪火相传的精神支撑，是中国人立身处世之本，是我们不可或缺的精神力量。应当结合师德教育，把最精粹、最经典的国学内容，用最生动、最直观的方式介绍给教师，使其成为陶冶情操、提升思想境界、推动教育教学工作的精神利器，培养道德品格和民族文化精神的有效途径。用民族优秀传统文化滋润心灵、舒缓压力、涵养人生、提升境界。

第七章 终身学习 探索创新

终身学习。崇尚科学精神，树立终身学习理念，拓宽知识视野，更新知识结构。潜心钻研业务，勇于探索创新，不断提高专业素养和教育教学水平。

2008年9月1日颁布的《中小学教师职业道德规范》中规定教师终身学习内容是："终身学习。崇尚科学精神，树立终身学习理念，拓宽知识视野，更新知识结构。潜心钻研业务，勇于探索创新，不断提高专业素养和教育教学水平。"

所谓终身学习（又称终身教育），是指社会每个成员为适应社会发展和实现个体发展需要，贯穿于人的一生的学习过程。终身学习这一概念，是1965年在联合国教科文组织主持召开的成人教育促进国际会议期间，联合国教科文组织成人教育局局长保罗·朗格朗提出的。在联合国教科文组织及其他有关国际机构大力推动下，1994年在意大利罗马举行了"首届世界终身学习会议"，从此终身学习在全球形成共识，并作为重要的教育概念广泛传播。许多国家在制定教育法律法规时，都包括了终身学习或者终身教育内容。中共十六大报告中提出：要"形成全民学习、终身学习的学习型社会，促进人的全面发展"，把终身学习提高到了前所未有的高度。

终身学习的意思是：个人或者团体为了自身素质的不断提高而进行的正规的、非正规的学习过程。是学校教育和学校后教育及培训、自学的总和。它包括人发展的各个阶段及各个方面的教育活动。既包括一个人从婴儿到老年期各个不同阶段所受到的各级各类教育，也包括从学校、家庭、社会各个不同领域受到的教育，其终极目的是不断提高人的自身素质，维持和改善个人社会生活质量。国际21世纪教育委员会在向联合国教科文组织提交的报告中指出："终身学习是21世纪人的通行证。"终身学习又特指"学会求知，学会做事，学会共处，学会做人"。这是21世纪教育的四大支柱，也是每个人一生成长的支柱。

一、终身学习，崇尚科学精神，树立终身学习理念，拓宽知识视野，更新知识结构

终身学习首先是中小学教师职业性质特点所决定的。中小学教师传授给学生的思想观念、价值观、文化科学知识，必须是新的符合时代发展要求的。终身学习也是教师作为学生表率的要求，是知识经济和信息时代发展的要求，是教师要不断提高教育教学水平的要求。

（一）终身学习是教师不断提高教育质量的要求

高质量的教育离不开高素质的教师，高素质的教师离不开教师个体的专业发展，教师个体的专业发展离不开终身学习。终身学习的目的是为了促进教师的专业感情、专业知识、专业能力三个方面素质的不断提高。作为中小学教师，在学科知识方面，应当具备宽泛广博的文化基础知识和任教学科方面的专门知识；在施教育人方面，应当具备教育学科、心理学科以及不断涌现和发展的新兴学科的基本知识。教师不仅要具备上述的知识，还要在教育教学的实施过程中充分运用这些知识，结合不断涌现的自己和他人的教育教学经验，运用教学设计、教学媒体技术、课堂教学方法、指导课外活动技能，始终以对教育、对教师职业，特别是对学生的激情和深厚感情完成教育教学任务，追求高质量的教育教学效果。而要达到这样的目的，教师必须终身学习。

教师终身学习也是以非智力因素激发学生学习兴趣，影响学生的学习动机，引导学生增强学习需求的一种教育教学方式。教师积极进行终身学习，自然影响到学生的学习积极性，有学而不

厌的教师才会有学而不厌的学生。

(二)终身学习能不断丰富和完善教师人生

人生是为追求幸福而来的。没有哪个人不想让生活过得健康、快乐、幸福。改革开放以来，随着经济条件的改善，人们逐渐从衣食住行的贫困状态中解脱出来。自动化电子器具的普及，住房条件的改善，交通的便利，使人们大大减少了体力劳动和家务劳动的拖累，开始拥有较多的自由支配时间。人们开始寻求精神生活的充实，期望通过个人努力来达到自我完善，实现高层次、高品质的精神追求，过得更幸福。

对教师而言，终身学习的作用不仅仅局限于对文化知识和任教学科及与任教学科相关知识的掌握，更重要的是终身学习还能促进人的聪慧文明，促进人高尚完美，促进人全面发展，不断滋生教师职业生涯的情趣和幸福感。获得职业生活的幸福，是教师人生的价值和归宿。山东省教育厅副厅长张志勇把教师职业幸福归纳为以下八个方面：

(1) 获得幸福是教师职业生活的根本目的。

做教师，就应该千方百计地去追求教育生活的幸福。如果你的职业生活不幸福，其本身就说明你的教师生涯是失败的。在这里，我们将获得教师职业生活的幸福看作教师人生的根本价值之所在。

(2) 追求精神生活的富足是教师职业生活的本质。

教师这个职业，从本质上说，是一个追求精神生活幸福的职业，而不是一个追求物质生活幸福的职业。谁要是想在教师这个职业中把谋求物质生活幸福作为第一要务，他或许就走错了门！因为教师这个职业是培养人的，我们教给学生知识、开启学生智慧、培育学生身心、帮助学生树立理想，这些都是无法用金钱来衡量的。从这个意义上讲，教师这个职业天然具有奉献的本质特征。

(3) 以积极的心态对待教师这份职业。

追求教师职业生活的幸福，就必须调整教师的职业心态。有朋友说，我当教师，有许多这不满意、那不痛快的事情。其实，正如家家都有本难念的经一样，无论哪个行业的职业人，都有自己身处行业的痛苦与烦恼。或许可以说，我们正在进入一个人人都不满意的时代。在这种情况下，我们做教师的，要善于调适自己的心理状态。一天24小时，以消极失败的心情对待，还是以积极阳光的心情对待，其客观现实都是一样的，但你的人生态度和人生体验，以及这种态度和体验积淀下来的身心健康水平会有极大的差异。既然如此，你何不用一种积极阳光的心态对待生活的每一天呢！

(4) 让自己的教育生活与众不同。

作为教师，要让自己的职业生活有滋有味，就要善于“别出心裁”，就要追求自己职业生活的个性化。在这方面，教师可以从几个方向去突破自己：一是突出自己的教学特色，追求自己独特的教学风格；二是拓展自己的教育教学能力，这不仅是课程改革的需要，也是教师职业能力拓展的需要，更是教师突破专业发展高原期的需要；三是在做教师的同时，学习做一名学者。如果教师实现了这种突破，再回过头来看自己的学科教学，看自己的职业生活，就会有一种“一览众山小”的豪迈！

(5) 经营好自己的个人生活空间。

教师要过好自己的职业生活，也要过好自己的个人生活。没有教师正常的个人生活，就没有教师正常的职业生活。一个被扭曲了个人生活的人，其职业生活也必然是扭曲的。决定一名教师职业生活质量和水平的，决定一名教师职业生活幸福不幸福的，不仅在课堂，更在课外，正所谓“功夫在诗外”。一个人的职业生活图景，往往决定于个人的生活态度、生活样式、生活情趣。经营好自己的个人生活空间，既是个人生活幸福的需要，更是职业生活幸福的重要源泉。

(6) 以感恩的心态对待生活中的人和事。

每个人生活在这个世界上，都要学会感恩。作为教师，要感恩于学生，没有他们，就没有教师这份职业；要感恩于生活中、工作中给予自己笑脸的每一个人，给予自己各种各样服务的每一个人，给予自己各种各样帮助的每一个人。作为教师，还要学会宽容，无论对教育、对教学、对世事，还是对同事、对学生，宽容是很重要的。有了宽容，就有了对话的空间；有了宽容，就有调适的空间；有了宽容，就有了唤醒对方的空间；有了宽容，就有了等待对方转变的空间。

(7) 善于分享与合作。

作为教师，要学会为别人的成功而喝彩，学会与别人合作共同创造成功。今天，外面的世界很精彩、别人的世界很精彩，教师要学会用欣赏的眼光和视角去看待这个世界，去分享这个世界的人们所创造的一切。有合作才有真正的分享，有合作才有更大的创造。与其他职业生活相比，教师拥有三个得天独厚的成果分享空间：一是分享人的生命成长的快乐。教师得天独厚的职业生活就是与成长中的生命打交道，分享孩子们生命成长的幸福，这是教师职业独有的幸福之源。二是分享人类文化创新的成果。学校教育，是传播人类文明的地方，也是创新和发展人类文明的地方，分享学校文化创新的幸福，这是教师职业第二个独有的成果分享空间。三是分享人类发展规律的成果。教师是与人的生命成长与发展打交道的职业，是研究和探究人的生命成长与发展规律的职业，或者说，是认识人类自身的职业。正因为如此，教师能够及时分享人类自身发展规律的成果。

(8) 读书是教师职业生活的底色。

作为教师，要千方百计地沉下心来，读书，读书，再读书！不读书，你就会浮躁；不读书，你就会肤浅；不读书，你就容易变得非理性。一句话，不读书，你就会距离教师这个职业的本质越来越远。

作为以教书为职业的教师，读书与教书同等重要。应当让自己和学生把读书当作疲劳的解乏剂，在读书中追寻心灵与快乐的共振，让灵魂摆脱尘世物欲的干扰，得到向往真善美的心境。读书养人，养人的气韵、养人的信念、养人的心智、养人的境界。英国哲学家休谟有句名言："一切人类努力的伟大目标在于获得幸福。"追求幸福是人类社会永恒的主题。何为幸福呢？见仁见智，但多数人认同的标准是：幸福是人对生活满意程度的主观感受。当人拥有基本的生活、医疗和教育保障条件，温饱无虞后，幸福取决于对精神文化的追求。郑板桥去世的那年，为扬州百尺梧桐阁题联："百尺高梧撑得起一轮月色；数椽矮屋锁不住五夜书声。"矮屋与高桐、琅琅书声与静谧月色，勾勒出一幅雅致幸福的画面。

2011年3月19日，原国家教委副主任柳斌在河南安阳中国文字博物馆举办的全国小学生读书活动开幕式的演讲中指出：

> 知识的直接来源是实践。但经过几千年的历史发展，人类积累的实践经验已浩如烟海。时代发展到今天，获取知识，已不需要时时、处处、事事去实践了，对于儿

童少年来讲甚至可以说获取知识的渠道主要是读书。所以办学校、办教育，要把带领学生多读书、读好书作为当务之急。读书是接受教育的重要形式，读书是教书育人的重要过程，读书是德、智、体、美主动发展，生动活泼地发展的不可或缺的组成部分。所以，人们常常把“上学”叫做“读书”，把接受学校教育统称为“读书”。

知识经济时代，不重视读书的学生是缺乏获取知识能力，缺乏发展潜能的学生；不重视读书的家庭是平庸的缺乏文化氛围的家庭；不重视读书的学校是沉闷、死板，缺乏蓬勃朝气的学校；不重视读书的民族是缺乏发展后劲的没有希望的民族。读书对个人、对学校、对民族、对国家和社会产生现实而又深远的影响。请老师们动员起来，把学生组织好、带领好，引导他们以饱满的热情积极投入到读书活动中。

语文课更应重视读书，要少讲解、少分析、少表演、少搞形式，把力气花在听、说、读、写的实践活动中。要十分重视听、说、读、写能力的培养训练。在小学和初中阶段，尤其要重视的是读。读是更为基本的技能，不但要读而且要诵，要多读多诵，多读多诵，体验就在其中，多读多诵，感悟就在其中。因诵成好、因诵成悟、因悟入巧、因巧入神，语文素养就是这样步步升华的。

有些人把语文课强调熟读和背诵说成是“读死书”，这是极其错误的，如非误解，亦属偏见，偏见比无知更可怕。诵读经典，吟咏美文，传承文明，提高语文素养，丰富精神世界；可以融思考于其中，可以蓄能力于其中，可以富创造于其中。一举多得，何乐而不为呢！

流连于中小学校，弥漫书香墨迹，滋生家国情怀。与先贤对话，让人感受到一种强大的无形力量，生发出生气与活力、内涵与光芒，使人心中迴荡着以天下为己任的爱国情怀。自觉读书修身，读书济世，以文会友，以友辅仁。像东林书院顾宪成所撰“风声雨声读书声，声声入耳；家事国事天下事，事事关心”的名联所表达的一样，如范仲淹所追求“先天下之忧而忧，后天下之乐而乐”的那样形象，用读书与关心国计民生紧密联系的胸怀与精神激励自己，把读书当作知识的学习，更当作对气节修养情操的锤炼，为师治学即做人。要得到教师职业生涯的幸福、教师人生的幸福，一条重要途径就是热爱读书，终身学习。

（三）终身学习是教师适应教育改革发展的需要

教育改革发展要求教师终身学习。近年来，教育的矛盾日益突出：人口众多引起就业竞争激烈，就业竞争引起盲目的学历竞争，学校差别扩大引起激烈的入学竞争，对学生评价和教师评价看分数重升学率，学生课业负担过重，社会对教育的期望值过高等，人们普遍希望对教育制度进行改革。

世界在飞速变化，教育在飞速发展，新情况、新问题层出不穷，如今对教师整体素质要求越来越高，教师的心理压力越来越大。家长望子成龙，希望子女有一个好老师教育子女。因此教师必须正视社会发展中的现实，在学习中认真分析自己的现状，扬长避短，不断提高自己的调控能力，以良好的心态投入到教育教学中。

知识更新的速度大大加快。教师要适应不断发展变化的客观世界，就必须把学习从单纯的求知变为生活的方式，从终身学习中去寻找解决问题的良策。

终身教育是一种知识更新、知识创新的教育，终身教育的主导思想就是要求每个人必须有能力在自己的一生中利用各种机会，去更新、深化和进一步充实最初获得的知识，使自己适应快速发展的社会。每位教师都必须具备自我发展、自我完善的能力，不断地提高自我素质，不断地接受新的知识和新的技术，不断更新自己的教育观念、专业知识和能力结构，以使自己的教育观念、知识体系和教学方法等跟上时代的变化，提高对教育和学科最新发展的了解。终身学习的能力既是社会发展对人的要求，也是教育变革对教师职业角色提出的要求。一个教师的思想观念、知识结构始终一成不变，如何能培养出符合社会发展需要的人才？教师要端正态度，不断进行学习，更新自己的知识体系，培养自己各方面的能力。

二、潜心钻研业务，勇于探索创新，不断提高专业素养和教育教学水平

世界的快速发展变化让人们看到，美国大学都没毕业的比尔·盖茨仅用20多年时间就超越了经上百年积累才成为钢铁大王、汽车大王、石油大王等的富翁，让人们认识到了知识经济和信息技术的巨大威力。学校教育已不可能教给学生终身所需的知识和能力，教育必须由单纯的传递知识转向注重获取和运用知识的能力的培养。在学习方式上由单纯的学校学习转向终身学习。

经济和科学技术的发展如此，教师也不例外。教师要对一切新信息和新事物持开放的心态。对它们当中先进和有价值的信息，要有充分深入的认识、理解和运用。随着科技的发展，人的

认知视野会越来越广阔。培养对新事物、新现象的敏感性，能够敏感地发现新事物的不同之处，及时自我更新。

现代社会要求教师必须具备科学管理知识和处理信息的能力。

在知识社会里，信息浩如烟海。21世纪最重要的学习能力是学会管理知识和处理信息。人不可能也不需要记住所有的知识，但可以知道去哪里找你需要的知识，并且能够迅捷地找到；你不可能也不需要了解所有的信息，但你可以知道最重要的信息是什么，并且明确自己该怎么行动。

科学管理知识和处理信息，要学会有效地利用计算机和互联网等现代技术条件。要管理知识和处理信息，不使用计算机和互联网几乎是做不到的。当计算机与世界上无数计算机连接起来，能给人带来一种全新的生活。利用网络世界提供的无限资源解决自己在教育教学中遇到的现实问题，在网上找到解决问题的方法。别小看这样的技术手段，这是创新的技术支撑。

其次，培养对新事物、新现象的敏感性。能够敏感地发现新事物的不同之处，对于自我更新非常重要。

❀案例一：

山东省寿光市羊口镇第二小学特级教师韩学庆的座右铭是："不想当名师的教师不会是好教师。"

谈到自己的成长，韩学庆说："我工作的学校条件并不好，我是一次偶然的机会崭露头角的。1983年，山东潍坊市召开第二届语文年会。当数百人赶往寿光县城要听一位老教师的公开课时，这位老教师却因偶发事故不能来了，大家焦急地等待。我赌气地说："非指望他一个人么，别人谁上不行？"主持人认为我是说风凉话，便冲我嚷："有本事你上?"我憨憨一笑："如不嫌弃，那就试试呗!"

这次公开课讲的是鲁迅的《少年闰土》。我概括课文的结构和主线，在环境、言行、姿态、心理等诸方面，通过叙述、描述、揭示、想象等各种手段，将少年闰土与成年闰土进行了适度的夸张，从而形成了强烈的对比效果。然后通过体现在闰土身上的变化揭示出深刻的社会原因。叙述，是那么紧凑，跌宕起伏；描述，是那么逼真，令人如临其境；揭示，是那么深刻，这种新颖的公开课方式，很快激起了听众的共鸣，展现了我多年钻研形成的极富变化、感染力极强的语文教学艺术。当下课铃声响起的时候，教室里爆发出长时间的掌声。

有人问韩学庆："您成为名师，人们说您是自己在塑造自己。后来有很多次在示范课等场合您都是主动站出来的。这种'劲'是您教育行为的核心力量，您是如何树立这种自信心的?"

韩学庆说，我这个人好表现自己，但不是那种出风头的逞能。自从当教师的第一天，我就为自己设计了一条奋斗之路：要成为同行中的优秀者，学生崇拜的好老师。我就是这样长期在教育教学中刻苦自励，上下求索，扎扎实实地上好每一节课，总结点点滴滴的经验和教训。当自己有了一定的"积蓄"之后，我就瞄准机会，露它一手，目的就是试试自己到底行不行。这些让我"露一手"的机会一旦有了，我就抓住不放。就在这一个又一个的"偶然机会"中，"积蓄"发挥了作用，这当中有成功，有失败，但重要的是得到了锻炼，自我价值在实践中得到了验证。我始终认为：一个不想成为名师的教师，不会成为一名好教师。

在一个偶然的机会，代别的优秀教师上公开课获得成功，自己产生了一种从未有过的满足感和自豪感，这种满足感和自豪感在教师工作过程中会长久地起着激励的作用。不知其他教师怎么想，对我来说最愉快、最受鼓舞的就是一堂成功的公开课。每当我接受一次讲授公开课的任务，自己想到的是：自己的课应当是这样——学生感兴趣，学后有收获；听课的老师与你在心理上产生共鸣，课后的评价是成功的。然后琢磨怎样处理教材，设计教法，在这个过程中设想出自己认为精彩的教学环节，往往在脑海中浮现学生课堂上的思考、发言的情景，自己当时应当使用的体态语言……一堂课下来，成功了，自己感到在教师中的地位忽然高了许多，谈吐也自如，举止也大方，总想人家跟你谈谈这一节课。在一两天的时间里，与同事们在一起最想谈的就是上课，好像自己又多了许多教学的资本。不知是自豪还是自满，一堂成功的公开课让你食欲大增，谈兴更浓。

教师留给学生的应当是问号，而不应当是句号。知识固然重要，但善于提出问题，提出解决问题的办法更重要。教师对学生应当是“授之以渔”而不是“授之以鱼”。

钻研业务是教师在提高业务水平方面应当遵循的准则。钻研业务是指教师对待业务知识和技能的态度，是教师完成教育教学任务的基本条件，是提高教育质量的前提和保证。很多师德高尚的教师进行了不懈的探索和实践。

❄案例二：

有这样一个故事，对教师如何钻研业务很有借鉴作用：一个叫矿矿的中国孩子到美国的小学读书。有一天，矿矿的美术老师让学生在美术课上完成一幅自己创作的绘画。矿矿的中国画基础很好，他画了一幅《鱼趣图》，中间是条勾画清楚的大鱼，大鱼

后面飘动的水草间游动着模糊一些的小鱼，有的出现半条身子，有的只见鱼的影子。这幅重心突出、浓淡有致、相映成趣的中国画应当说是一幅很好的美术作品。但不了解中国画的美国美术老师却给了矿矿低分数 C。他的理由是矿矿的画没有上完颜色，也就是说没完成作业。当矿矿的爸爸黄全愈博士向这位美国教师详细介绍如何理解中国画后，这位老师恍然大悟。当他听完矿矿对这幅画的构思、设计、寓意等解释后，美术老师当即把分数改成了“A”，而且把它推荐到学区参加画展。这个故事反映了矿矿的美术老师有局限（不懂中国画），但他有宽广的胸怀和严谨的治学态度。同时也说明一个道理，对中小学生的教育一定要严谨。中小学教育的过程和结果同样重要。

❀**案例**三：

北京师范大学第二实验小学特级教师霍懋征有句名言：“向课堂要质量，把课外时间还给孩子。”霍老师说，我一贯主张向课堂要质量，课外不留或少留作业，把课外时间还给孩子。一次我外出开会，一位家长说，孩子把逗号点错了，老师罚他写一千遍逗号，家长看不下去，要帮这个孩子点，这样罚一千遍又有什么用？逗号是在文章中间用的，让学生单独写逗号毫无疑义。别看我的班不留或少留作业，但学生课外活动非常丰富，可以参加各式各样的活动，加强课外阅读。从三年级开始有班级图书箱，师生都把书拿来，互相借阅。班上成立了各种小组，如写作组、故事组、阅读组、板报组、象棋组、美工组、小足球队等，还有饲养组养小鸡、小兔，学生喜欢哪个活动就参加哪个组。从四年级起每学期班上都出一两本油印的《作文选》。我教的班毕业时全班没有一个错别字。我消灭错别字的办法，是主张大量阅读。

一开始读书多，写心得多，错别字就多。我问学生怎么办，大家说老师您罚吧，罚写多少遍。我说咱们不用罚的办法，要自觉消灭错别字。全班一商量，说咱们成立"错别字病院"吧，我说好呀，谁来当院长呢？大家说，错字少的当院长，当大夫。错字多的是重病号。一条条都定下来。我有一本家校联系簿，我说现在借给你们用。于是他们在上面写道："亲爱的家长，最近我们班同学作业中错别字较多，我们决定成立错别字病院。祝贺您的孩子被任命为院长。请您协助我们的工作。"或是"告诉您一个不幸的消息：您的孩子成为错别字病院的重病号，需要治疗。"这样家校配合，学生再提笔写字时都很认真，错别字自然而然地就被消灭了，毕业考试时全班试卷中没有一个错别字。其实学习不是那么苦恼的事，把课外的时间还给孩子，反过来学习质量就提高了。

教师职业道德具有深刻的知识内涵。学校的道德教育绝不是抽象的政治说教，而是贯穿于以科学文化为基础的知识教育过程中。教书育人实际上是一个有机的整体，教书应当以育人为目标，而育人又应当以教书为基础。教师的道德教育贯穿于知识教育中。教师职业道德应具有深刻知识内涵和文化气质。一个没有广博知识，没有科学视野的老师是不可能有道德影响力的。仅仅依靠说教的道德教育必定是苍白的。一个真正具有道德魅力的教师必须同时具有知识的魅力。从这个意义上说，教师应当追踪当代科学与学术的发展，使我们的师德建立在科学的基础之上。

第八章　师德修养　持之以恒

加强教师职业理想和职业道德教育，增强广大教师教书育人的责任感和使命感。教师要关爱学生，严谨笃学，淡泊名利，自尊自律，以人格魅力和学识魅力教育感染学生，做学生健康成长的指导者和引路人。将师德表现作为教师考核、聘任（聘用）和评价的首要内容。采取综合措施，建立长效机制，形成良好学术道德和学术风气，克服学术浮躁，查处学术不端行为。

《国家中长期教育改革发展规划纲要》提出："加强师德建设。加强教师职业理想和职业道德教育，增强广大教师教书育人的责任感和使命感。教师要关爱学生，严谨笃学，淡泊名利，自尊自律，以人格魅力和学识魅力教育感染学生，做学生健康成长的指导者和引路人。将师德表现作为教师考核、聘任（聘用）和评价的首要内容。采取综合措施，建立长效机制，形成良好学术道德和学术风气，克服学术浮躁，查处学术不端行为。"结合《教育规划纲要》的贯彻落实，实施新的《规范》，是加强教师队伍建设，全面提高教育质量的重要任务。《规范》是推动中小学师德建设的指导性文件，建立健全自律和他律并重的师德建设长效机制，引导广大教师切实担负起"立德树人、教书育人"的光荣职责，要把学习贯彻《规范》作为当前和今后一段时期加强师德建设的首要任务。

师德建设一方面需要理论支持以提高认识、引起重视，另一方面，更需要完善的制度保障。所谓"硬件"建设，其实主要指的是与师德建设有关的各项制度的建立和完善。在师德制度建设方面，《教育规划纲要》已提出了基本的框架和要求，师德建设首先要加强"硬件"建设。

一、提升教师人文素质教育，为师德修养奠定坚实基础

加强教师职业道德修养，提高教师职业道德水平，应当加强教师的人文教育，提高教师的人文素质。"人文"一词最早见于《易经》中的"关乎天文，以察时变；关乎人文，以化成天下。"用今天的话说，"人文"是指人类创造的文化，它是人类实践能力、方式及成果的总称。人文素质是指人的发展所需的各种理性

觉识、理论阐述和实践规范，包括对人的立身处世的行为规范，对人的精神和价值追求的理论升华等。提高人文素质需要进行人文教育，人文教育是把人类优秀文化成果以及人文科学通过知识传授、环境熏陶等方式，将其内化为人格、气质、修养，成为人的一种内在品格。人文素质也称文化素质，包括伦理道德修养、语言文字修养、文学艺术修养、文明礼仪修养、政治理论修养、历史和哲学修养等，是一个人外在精神风貌和内在精神气质的综合表现，也是一个现代人文明程度的综合体现。

当今世界各国的竞争，表现为经济发展水平、国防力量和科学技术的竞争，其实质是人才竞争、人才素质的竞争。从整体上说，要促进人的全面发展。因为从20世纪60年代以后，西方各国在医治战争创伤、恢复经济、发展科技方面取得了很大成就。由于在技术进步和发展的同时，忽略了人的全面发展和社会和谐发展，社会矛盾和社会道德问题日趋严重，青少年道德水准下降，犯罪率上升。人们开始反思教育的失误：现代的教育，往往不是以“成人”为终极目的，忽视了人文素质的培养，把人当做工具，培养成为受过良好教育、技术精湛的“机器人”。人被“物化”了，只知道追求金钱名利和物质享受，缺乏社会责任感和道德底线，变得越来越不像一个人了。最典型的是一批科学家在第二次世界大战中为纳粹德国制造杀人武器的教训，人们开始认识到：孤立地发展科技是危险的，必须关心社会，关注伦理道德问题，培养符合社会规范和伦理道德的科技人才。西方发展的教训我们应当吸取，而且中国的发展中已经开始出现西方发展过程中曾经出现的负面现象。

面对这种形势，首先要在教师培养和在职教师培训中加强人文素质教育。教学内容不应当局限于学科知识和教学技能范围，

要充分体现人文精神。对于今天的学生，最主要的挑战不是他们的认知能力或智力，而是他们的道德精神和为人处世能力。对教师进行人文教育的目标是提高教师的文化修养、理论修养、道德修养、师德修养，“行为世范”，影响学生如何做人。

二、注重师德理论学习，以师德修养升华教师人生

《教育规划纲要》提出：“加强教师教育，构建以师范院校为主体、综合大学参与、开放灵活的教师教育体系。深化教师教育改革，创新培养模式，增强实习实践环节，强化师德修养和教学能力训练，提高教师培养质量。”这一规定，重点是要求把教师职业道德理论学习与实践作为各级各类学校师范专业在校学生的必修课，要有专门的教材保障，专门的教师授课，让学生在校学习期间就了解教师的职业道德要求，衡量自己是否愿意受这样的道德约束，能否达到这样的道德要求，从而决定将来是否从事教师职业。应当规定师范专业学生在校学习期间未修满师德课程学分的不能取得毕业资格。

东北师范大学王逢贤教授以他多年对师德建设的理论和实践的研究，从理论上提出了加强师德教育的途径。

师德建设是一项长期的系统工程，需要做全局性的通盘考虑。

第一，要兼顾多数人的低起点和少数人的高起点。

从实际出发，具体地提些几“不准”、几“达标”和若干项规定性标准，其中带些法纪规范的起码要求，起点低些，他律性强些，这是师德建设补救性发动起始阶段所应该的。从全面看，绝大多数师德状况是比较好的。从一个大城市对十多个行业人格

形象的民意调查结果看，教师人格形象优良是占第一位的。教师中师德合格者也占多数。这就说明，师德标准或者要求、规范等应当是绝大多数教师通过努力能够达到的“底线”要求。同时也要针对少数师德层次较高者，提出符合师德固有标准和逐步达标的高要求。这样，才能使师德建设面对全体教师，立足于长远的教师队伍建设。

第二，充分认识师德素质形成的难度和认识误区。

古人说：“经师易得，人师难寻。”这里的“经师”和“人师”虽不是师德的同义词，但确含指了师德是人师的前提性条件，是人师的本质之所在。“经师易得，人师难寻”，是说教师的文化专业知识素质较之教师的师德素质，不论从培养提高还是从社会招募来看，前者比较容易，后者比较艰难。几千年来的事实和现代科学成果都证明，这是一条不容置疑的真理。

然而，现实教育活动中，在培训和遴选教师时，却常常把上述二者颠倒过来，甚至放弃了“人师难寻”和师德标准这一条，只留下“经师”一条，以致在选择、评价教师时，过于重才轻德，在培训教师时全力抓教师的文化专业知识素质。对于师德和“人师”抓得不够，不能不说是目前师德低于师才的一个重要原因。其实，师德的价值重于师才，良好师德的形成难于师才。这不仅早已被大量经验事实所证明，而且也被现代多种科学研究成果所证实。师德作为广义的高层次的品德，其心理结构和社会性结构的复杂性，其形成和发挥作用过程的多种变量及其所需要的相应体制和机制，其对优化教育过程、提高教育质量和效益的影响，都远超出师才。

加强师德建设，如果不从理论深度上树立科学的师德价值观和师德形成观，是难以取得效果的。

第三，对一段时期来存在的师德“滑坡”问题，要进行归因分析。

目前师德“滑坡”虽属少数，但对于教师队伍建设却是一大障碍。师德的形成和变化都与其相关的客观和主观因素分不开。这里暂不论不利于师德形成的主客观积极因素，仅就其消极因素来看，有市场经济发展中的负面影响；有与社会主义思想道德主旋律相悖的多元化思潮，特别是个人主义、拜金主义和享乐主义的影响；有教师物质待遇尚低于其他行业，提职提薪重智轻德、师德不属业务素质等影响；有学校片面追求升学率、给教师加压智育任务的影响；有对西方的“非指导性教学”、“多媒体程序教学”、“学生中心论”、“道德相对论”、“谅解模式”等教育理论全盘接受的影响；也有许多教师，特别是青年教师阅历浅，对社会上的消极现象缺乏抵制能力，忽视自身师德修养的相互影响等。

师德建设面对这样多而杂的消极因素，必须引导、组织教师做出情理结合的正确判断，提高思想理论水平，这是师德建设的治本措施，否则只能是“头痛医头，脚痛医脚”，难以取得内化性的持久效果。

第四，他律与自律并举，重在内化。

师德规范中既有思想观点和情感意志成分，也有行为准则和行为方式成分；既有他律性，也有自律性。一般地说，师德的形成由外部和他律逐步地转化为自我内部的自律，是合乎规律的。只有自律才能使师德内化为具有本色与角色统一的主体性精神财富。

对于目前的师德建设，各地千方百计采取多种多样的措施，诸如制定各种规范师德的条例、规章、准则，改进教师评职晋升制度，改善物质生活条件，开展评比、检查、监督、评估活动，对师德考核不合格的教师实行淘汰、惩处等。这些从外部规范师德的硬措施，对扶正抑邪会收到立竿见影的效果，也有助于向自律转化，是必要的。同时教师所在的学校也应当出台许多自律性措施，开展生动活泼的“树典型、学先进、找差距”活动；开展学习《教育法》、《教师法》以及有关社会主义精神文明建设的理论和教育理论，树立师德意识的活动；倡导岗位磨炼、强化自我学习、自我完善等，这有助于直接形成严格自律精神和完美的师德。

目前，他律与自律并举，偏重他律，是无可非议的务实态度。不过，教师既是成年人，又有文化，对他们中多数已有一定师德基础的人来说，将师德的提高纳入日常整个教师素质提高的活动系列之中、强调自律和内化也是十分必要的。

师德教育作为教师队伍建设的重要内容，与其他任何方面的教育一样，需要用合适的载体才能取得好的效果。推动先进师德理念内化于心、外化于行。先进的师德理论与实践蕴含着丰富的道德情感和崇高的道德价值，是真善美爱的形象表达。对于学生而言，具有陶冶品德情操的教育功能。教师在教育实践中的师德实践若教得其道，注重学生的心灵感受，尊重学生的情趣和接受习惯，往往能够潜移默化地拨动学生情感的心弦，于教育教学中感悟道德良知、提升精神境界，令其终身受益。

三、从哲理领悟师德内涵，自觉进行师德实践

哲学与教育的关系极为密切，与教师职业活动和职业道德的关系极为密切。中国历史上的孔子、荀子、墨子等哲学家，同时

又是伟大的教育家。他们在长期的教育实践中，创立、完善并充分运用了哲学的教育价值。随着教育人事制度改革的深化，中国古代哲学的价值在教师职业道德修养中越来越充分地在以下几方面体现出来：

（一）“和”的原则的运用

在哲学范畴，“和”主要提倡“和谐”和“多样统一”。众所周知，孔子讲的“和为贵”，“和而不同”；史伯讲的“和实生物，同则不继，以他平他谓之和”；《礼记》中的“和也者，天下之达道也”等，是和的原则的精华。“和”还有“合群”、“团结”、“良好的人际关系”等意思。儒学大师荀子在《荀子·王制》中说：人“力不若牛，走不若马，而牛马为用，何也”？意思是人的力量远远不如牛，人走路的速度与耐力远远不如马，但牛马却能为人类所用，这是什么原因呢？荀子认为这是“人能群，彼（指牛马）不能群也”。就是说人能组成社会群体，而动物不能组成社会。个人不能脱离社会而存在。“和”是协调人与自然、人与社会、人与人、人与内在自我关系的重要哲学内涵。“和谐”，“宽容”，宇宙一体，普遍和谐的思想，可以淡化人与人之间的矛盾，消除“文革”中曾经鼓吹并且推行过的“斗争哲学”的影响。教师队伍是整个社会中文化科学知识水平、素质、地位较高的群体，也是学校的办学主体。对学校育人总的要求是要有特色，要适合每个学生，促进每个学生的发展。这一特点决定了教师对自己任教的学科和从事的研究要有独到的见解。这样才能形成在教书育人上“百花齐放”，蓬勃发展的局面。但正因为强调其“特色”，在教师之间的人际关系上，又容易形成“门第之争”、“文人相轻”、“隔行如隔山”等弊端，产生离心作用。因此提倡用“和”的原则来统一、协调教师相互之间的关系尤为重要。

教师的职业性质决定了教育教学要形成结构合理的群体才能充分发挥作用，只有群体作用才能使其劳动对象——学生学到系统的、完整的知识，成为全面发展的人才。仅靠教师的个体作用不可能培养出高素质的人才。因此，作为教师个人，在“团队精神”、“配合精神”、良好的人际关系、学科之间的衔接等方面都应当运用“和”的原则，团结一致，尽可能减少内耗，为实现共同的目标而努力。

（二）“敬”的原则的运用

中国哲学中的“敬”，主要是指人的敬业精神和对人才的尊重这两个方面。在敬业精神方面，对教师的要求，充分体现在职业道德和职业精神方面。要热爱教育事业，热爱本职工作。这种要求有的以法律规定约束，有的作为职业道德提倡，归纳起来，包括了忠于职守、敬业乐群、乐于协作、勤奋严谨、高度的责任感、奉献精神等。敬业是创造和取得成就的基础。作为各方面素质较高的教师，如果达不到“敬业”的境界，不热爱自己所从事的职业，很难说有好的教育教学效果。中国哲学中所讲的人之所以为人之道，所提倡的精神境界和人格修养，所尊崇的气节操守和道义担当，所重申的做人原则，所称颂的职业道德，应当在学校教师中大力提倡，教师也应当积极追求。

“敬”的另一内涵是尊重人才。这一内涵首先是对教师队伍的管理者而言的。政府机关、学校各部门对教师队伍的管理，应当以尊重人才为基础，以服务为目的，以教师为本位。通过为教师解决生活方面后顾之忧，创造良好的工作条件，促进形成和谐的人际关

系。努力争取使德、位、禄与教师的能力和贡献相称，使他们各遂其性，各显其能。

（三）“无”的原则的运用

中国哲学中的“无”，内涵极为丰富，比较难于理解。因为它外形的东西（用现代科学术语来说就是“软件”）较多。从运用于教师队伍建设的角度理解，应当主要是指道家的“无为而无不为”，“无用之用乃为大用”等管理方面的方法学。在现实生活中，人们一般比较注重有形的东西，如住房、科研设备、图书资料、福利待遇等，而忽略那些看不见、摸不着的“虚的”、“无形的”、“超然物外的”因素。其实，只有在事物发展的初级阶段，人们往往才见“硬”不见“软”，见物质不见精神，见外形不见内涵。教师队伍建设中，“硬件”是有重要作用，但它的作用是有限的。而那些看起来似乎没有直接作用，虚无抽象，难于量化的人文精神、价值观、职业道德、思想政治工作等，却能通过宣传、教育、渗透到有形有用中去，使这种虚无之用成为无限之用，激励教师的积极性，发挥“硬件”所不能起的作用。这一点在其他行业可能还不显得那么重要，而在教师队伍建设中却非同小可。因为教师更看重的是自己的才能能否充分发挥，自己的劳动能否得到客观的承认，自己的人格能否得到充分的尊重。笔者遇到过一件事很能说明这个问题：一个企业请一位教授去讲课，衣食住行安排得相当周到，讲课酬金近乎天文数字，但这些并没有使教授感动。一天晚餐，大餐桌上摆上了一个花篮，缎带上写着祝贺教授从教40周年。还有一个大蛋糕，祝贺他60岁大寿。这两个巧合到一起值得纪念的日子，连教授自己都忘记了。教授为这家企业对自己的了解、理解、尊重而深深感动。对于教授这样的高层次人才来说，精神作用是其他任何物质的东西所达不到的。

作为负责教师队伍管理的政府部门、学校及其他相关单位，从哲学角度考虑，不仅仅是要制定一些法律、法规、规章制度，更重要的是应当采取多种措施，创造一种能够充分体现教师价值观念的独特氛围，形成一种凝聚力，使广大教师自觉地为教育事业而奋斗。

（四）“无为而治”原则的运用

从现代管理学的角度分析，中国儒家的“行为理论”如果体现在领导行为上，那就是《论语·卫灵公》中的“无为而治”原则。无为而治的意义在于以最小的领导行为取得最大的管理效果。就是领导者或者领导部门实行“分级管理”，集众人之长而减轻众人之劳。具体到教师队伍管理上，笔者认为当前最大的“无为而治”首先是对政府而言的。政府教育行政部门的主要职责是制定教师队伍建设的法律、法规，检查评估教师队伍建设的效益。

❀案例一：

著名特级教师魏书生十分注重从哲学角度思考教育问题，他认为，管理从空间上说是人与事相互协调的系统；从时间上，是从决策到执行再到反馈的系统运作的过程。魏书生担任盘锦实验中学校长与书记，还兼任两个班的班主任，承担两个班的语文教学，一年平均外出开会、讲学等达 4 个月之久，却从不请人代上一节语文课，他学期之初即进行期末考试，一学期教材用 30 多课时讲完，他不批作业，不改作文，但他的学生的升学成绩却能

比重点中学平均高7到8分等。他究竟依靠什么获得成功？其中最重要的是他那充分体现“无为而治”原则的高效率的班级管理。魏书生说他借鉴吸收了“无为而治”的管理思想，最大限度地调动了学生参与管理的积极性，让学生投入管理，极大地解放了学生的个性与创造性，使班级管理沿教师设计的轨道运转，达到了理想的管理效果。

四、以制度促进师德建设，全面保障教师素质

就教师个体而言，师德重在教师在其职业活动中自觉修炼。对教师队伍整体而言，师德建设需要制度保障。制度保障的重点在教师培养环节强化师德课程学习，在教师准入中进行师德认识考察，在教师考核中把师德作为重点。

（一）重在准入，在教师资格考试和认定环节加强师德考察

《教育规划纲要》提出：“健全教师管理制度。完善并严格实施教师准入制度，严把教师入口关。国家制定教师资格标准，提高教师任职学历标准和品行要求。建立教师资格证书定期登记制度。省级教育行政部门统一组织中小学教师资格考试和资格认定……”教师资格制度是国家法定的教师职业准入制度，自1995年实施以来，对保障教师基本素质发挥了重要作用。伴随着教育改革发展，对教师素质要求逐步提高，对包括教师资格考试和认定的管理层次要求也在提高。中小学教师资格原来分别由地（市）和县级政府教育行政部门考试和认定，现在按照《教育规划纲要》全部由“省级教育行政部门统一组织中小学教师资格考试和资格认定”。且对已经取得教师资格的要进行定期登记，其

中对师德的学习和要求也放在比过去更重要的位置。

（二）把师德内容作为师范专业在校学生必修课

师范专业，顾名思义是培养教师的。按现行的教师资格制度，师范专业学生毕业时即可取得教师资格。因此，师范专业学生在校学习期间就应当完成师德的理论学习与实践考察。所以师范专业应当把师德学习作为必修课。

（三）注重师德表现在教师队伍管理中的运用

改进和完善师德考核。将师德纳入教师考核评价体系，并作为教师绩效评价、聘任（聘用）和评优奖励的首要标准，严格执行“一票否决制”。对师德表现突出的，要予以重点培养、表彰奖励；对师德表现不佳的，要及时劝诫、督促整改；对师德表现失范的，要依法依规严肃处理。

全面落实师德规范要求。实施教师队伍具体管理的县级教育行政部门及学校，应当根据《规范》要求，制定或修订本地本校的师德规范实施细则，进一步完善教育教学规范等配套政策措施，将师德规范要求落实到教师日常管理之中。

《教育规划纲要》要求：“将师德表现作为教师考核、聘任（聘用）和评价的首要内容。”为了提高师德水平，对教师队伍的师德建设和对教师个人的师德表现考核结果，应当与教师考核、聘任（聘用）等挂钩。正是由于要适应这样的需要，《中小学教师职业道德规范》的这次修订中，贯彻了“底线原则”，也就是说，《中小学教师职业道德规范》所规定的要求和标准，是绝大多数中小学教师通过努力能够达到的职业道德标准。既然是“底线”和“低标准”，如果教师还达不到，师德考核不合格，说明

被考核者已不适合从事教师职业了。

师德考核如此重要，除了国家制定的《中小学教师职业规范》、《教育规划纲要》中关于师德的相关规定等顶层设计外，更重要的是在考核的操作层面要有具体的规定和措施。《教育规划纲要》规定："县级教育行政部门按规定履行中小学教师的招聘录用、职务（职称）评聘、培养培训和考核等管理职能。"根据这一规定，实施教师队伍具体管理的县级教育行政部门及学校，应当根据《规范》要求，制定或修订本地本校的师德规范实施细则，进一步完善教育教学规范、校外兼职兼薪、师德考核等配套政策措施，将师德规范要求落实到教师日常管理之中。

（四）加强在职教师师德培训

师德教育必须结合教书育人实践，经历实践、认识、再实践、再认识这样一个不断加深体验和深化的过程。把学习师德规范纳入中小学教师培训计划，作为新教师岗前培训和教师在职培训的重要内容。积极探索典型宣传和警示教育相结合的有效形式。通过定期开展评选教书育人楷模和师德标兵等活动，大力宣传和表彰奖励优秀教师，激励广大教师自觉遵守师德规范，树立中小学教师良好职业形象。

曾任教育部师范司司长、主管教师培训工作的管培俊同志，非常关注师德培训。他曾经提出："改革各种教师培训制度，将师德培养纳入教师培训计划。我国目前的各级师范院校和各种职前、职后短期培训机构，虽然多数均宣布重视师德培养，实际上还是重在教师的文化专业知识培养，师德建设远未完全落实。我们常见的教师培训活动，基本是在提高文化专业素质，极少见到培训师德的。要改变这种'学而不师'、'师而欠德'、'师德无用'的自误与误人的不良状况，需要在深化改革中彻底转变办学思想，将师德培养纳入教育目标、体制、课程、环境、生活、分配、评价和管理等所有教育环节，真正落到实处。这项改革虽然艰巨，但只要改革者心中有师德，通过精心设计，认真试验，是可以逐步建立起全新的培养全面教师素质的新体制的。”

教师是教育者，但从终身学习的角度和师德修养的角度看，教师又是受教育者。只不过受教育的方式与学生有区别。新的《中小学教师职业道德规范》颁布后，举世关注，社会反响强烈。但要使全体教师、师范专业在校学生、教师资格申请者、教育工作者理解规范内容、推动教师师德水平的不断提高，还需要做大量的宣传教育等方面的工作。首先要有供在职教师培训用的和供教师资格申请者学习用的高水平师德教育教材。当前的重点是认真抓好《规范》学习宣传。通过学习宣传活动，帮助广大中小学教师全面理解《规范》的基本内容，准确把握《规范》倡导性要求和禁行性规定，使师德规范成为广大教师普遍认同和自觉践行的行为准则。充分利用各种媒体开展征文等活动，为师德教育营造良好的社会氛围，促进师德规范的贯彻实施。

五、把师德修养贯穿于教师的整个职业生涯

教师的职业活动是一种以人格培育人格、以灵魂塑造灵魂的特殊劳动。徐特立有句名言：“做教育工作的人，一般总是先进分子。”因此，教师必须具有良好的职业道德。而良好特别是高尚的教师职业道德来自于坚定的教育信念，这种信念是教师的精神追求和奋斗目标，是包括职业道德素质在内的教师全面素质提升的关键所在。

在经济转型期，人的世界观、价值观受到来自社会多方面的冲击和影响，自然会影响到教师。在重金钱、轻事业，重实惠、轻理想，重享受、轻奉献，重攀比、轻实干的社会不良风气影响下，师德教育更显其重要。

职业道德是一种在职业活动中体现的实践性道德，教师职业道德相对于其他职业其体现形式更丰富多彩：一堂课、对学生的几句评语，有时甚至是一句话，都会体现出教师职业道德素养，产生教师职业道德影响或者后果。教师职业道德的这一特性，要求教师在教育实践中要根据教育教学环境和对象体现自己的教师职业道德素养，充分发挥师德应有的教育功能。

师德教育不只是为师的某个阶段（如新教师）、某一个领域（如学校）就能完成的，未来社会的道德教育是面向人的终身的过程；从时间上看，道德教育不仅限于人生的青年期；从空间上看，道德教育过程的完成不仅局限于学校，还包括家庭、社会等各个层面。师德教育终身化，是指依据教师职业道德原则和规范，有目的、有计划、有组织地对教师施加系统的连续的道德影响，这种道德影响随着教师职业活动的开展扩展到社会的各个方面，促进整个社会道德的进步。

21世纪是知识经济时代，教育将成为人类生存的基本方式，教育观念正经历巨大的变革。重树人类伦理道德，注重改善人与自然的关系，促进人类和谐发展，为子孙后代留下可持续发展的生存空间等都必须赖于教育。

长期以来，我国广大教师自觉贯彻国家教育方针，学为人师、行为世范，默默耕耘、无私奉献，为我国教育事业发展做出了重要贡献，涌现出一大批师德高尚的教师，在他们身上集中体现了新时期人民教师的高尚师德，体现了教师职业的崇高和伟大，赢得了全社会广泛赞誉和普遍尊重。但在市场经济和开放的条件下，师德建设也还存在一些问题。

有的教师责任心不强，教书育人意识淡薄，缺乏爱心；有的学风浮躁，治学不够严谨，急功近利；个别教师甚至师德失范、行为不端，损害人民教师的职业声誉。这些问题的存在，虽不是主流，但必须高度重视加以解决。制定并实施《规范》，对于加强和改进师德建设，建设高素质专业化教师队伍，引导广大教师自觉践行社会主义核心价值体系，加强自身修养，全面提高教育质量具有重要现实意义；对于全面加强学校德育建设，提高全民族文明素质也具有广泛的社会意义。

2012 年 2 月，教育部颁布了新修订的义务教育课程标准。其中要求在课程改革中要全面实施素质教育，必须坚持德育为先，把社会主义核心价值体系融入学校课程之中。修订后的义务教育课程标准结合学科特点和学生的年龄特征，进一步加强了德育。一是各学科把落实科学发展观、社会主义核心价值体系作为修订的指导思想，结合学科内容进行了有机渗透。二是进一步突出中华民族优秀文化传统教育。如语文课程专设了书法课，数学建议将《九章算术》列为教材内容，历史增加了传统戏剧等反映我国传统文化的内容。三是进一步增强了民族团结教育的针对性和时代性。根据我国多民族的基本国情，按照社会主义和谐社会的总体要求，在原有民族团结教育内容中更加突出了“民族交往、交流、交融”和“共同发展”的内涵。四是强化了法制教育的内容。这些变化，对中小学教师的师德培训提出了新的要求。

六、结合《教育规划纲要》要求贯彻落实《规范》

《教育规划纲要》是未来十年中国教育改革发展的纲领。《教育规划纲要》中提出的教育改革发展战略主题是："坚持以人为本，重点是面向全体学生、促进学生全面发展，着力提高学生服务国家人民的社会责任感、勇于探索的创新精神和善于解决问题的实践能力。坚持德育为先。把社会主义核心价值体系融入国民教育全过程。引导学生形成正确的世界观、人生观、价值观……把德育渗透于教育教学的各个环节，贯穿于学校教育、家庭教育和社会教育的各方面。构建大中小学有效衔接的德育体系，创新德育形式，丰富德育内容，不断提高德育工作的吸引力和感染力，增强德育工作的针对性和实效性。" 要实现这些要求，首先要有一支师德高尚的教师队伍。

"加强教师职业理想和职业道德教育，增强广大教师教书育人的责任感和使命感。教师要关爱学生，严谨笃学，淡泊名利，自尊自律，以人格魅力和学识魅力教育感染学生，做学生健康成长的指导者和引路人。将师德表现作为教师考核、聘任（聘用）和评价的首要内容。采取综合措施，建立长效机制，形成良好学术道德和学术风气，克服学术浮躁，查处学术不端行为。"这是《教育规划纲要》对师德提出的要求和目标。《教育规划纲要》提出的新形势下的师德要求与《规范》是一致的。加强新形势下的师德建设，应当把贯彻落实《纲要》和《规范》相结合。使《规范》在提高师德水平，推动教师队伍建设中充分发挥作用。

附　录

中华人民共和国教师法

中华人民共和国义务教育法

中华人民共和国未成年人保护法

教师资格条例

教师和教育工作者奖励规定

国家中长期教育改革和发展规划纲要(2010–2020年)(节选)

关于重新修订和印发《中小学教师职业道德规范》的通知

关于印发《高等学校教师职业道德规范》的通知

高等学校教师职业道德规范

一、与师德修养有关的法律法规

中华人民共和国教师法

(1993年10月31日第八届全国人民代表大会第四次会议通过
1993年10月31日中华人民共和国主席令第15号公布
自1994年1月1日起施行)

第一章 总 则

第一条 为了保障教师的合法权益，建设具有良好思想品德修养和业务素质的教师队伍，促进社会主义教育事业的发展，制定本法。

第二条 本法适用于在各级各类学校和其他教育机构中专门从事教育教学工作的教师。

第三条 教师是履行教育教学职责的专业人员，承担教书育人，培养社会主义事业建设者和接班人、提高民族素质的使命。教师应当忠诚于人民的教育事业。

第四条 各级人民政府应当采取措施，加强教师的思想政治教育和业务培训，改善教师的工作条件和生活条件，保障教师的合法权益，提高教师的社会地位。

全社会都应当尊重教师。

第五条 国务院教育行政部门主管全国的教师工作。

国务院有关部门在各自职权范围内负责有关的教师工作。

学校和其他教育机构根据国家规定，自主进行教师管理工作。

第六条 每年九月十日为教师节。

第二章 权利和义务

第七条 教师享有下列权利：

（一）进行教育教学活动，开展教育教学改革和实验；

（二）从事科学研究、学术交流，参加专业的学术团体，在学术活动中充分发表意见；

（三）指导学生的学习和发展，评定学生的品行和学业成绩；

（四）按时获取工资报酬，享受国家规定的福利待遇以及寒暑假期的带薪休假；

（五）对学校教育教学、管理工作和教育行政部门的工作提出意见和建议，通过教职工代表大会或者其他形式，参与学校的民主管理；

（六）参加进修或者其他方式的培训。

第八条 教师应当履行下列义务：

（一）遵守宪法、法律和职业道德，为人师表；

（二）贯彻国家的教育方针，遵守规章制度，执行学校的教学计划，履行教师聘约，完成教育教学工作任务；

（三）对学生进行宪法所确定的基本原则的教育和爱国主义、民族团结的教育，法制教育以及思想品德、文化、科学技术教育，组织、带领学生开展有益的社会活动；

（四）关心、爱护全体学生，尊重学生人格，促进学生在品德、智力、体质等方面全面发展；

（五）制止有害于学生的行为或者其他侵犯学生合法权益的行为，批评和抵制有害于学生健康成长的现象；

（六）不断提高思想政治觉悟和教育教学业务水平。

第九条 为保障教师完成教育教学任务，各级人民政府、教育

行政部门、有关部门、学校和其他教育机构应当履行下列职责：

（一）提供符合国家安全标准的教育教学设施和设备；

（二）提供必需的图书、资料及其他教育教学用品；

（三）对教师在教育教学、科学研究中的创造性工作给以鼓励和帮助；

（四）支持教师制止有害于学生的行为或者其他侵犯学生合法权益的行为。

第三章 资格和任用

第十条 国家实行教师资格制度。

中国公民凡遵守宪法和法律，热爱教育事业，具有良好的思想品德，具备本法规定的学历或者经国家教师资格考试合格，有教育教学能力，经认定合格的，可以取得教师资格。

第十一条 取得教师资格应当具备的相应学历是：

（一）取得幼儿园教师资格，应当具备幼儿师范学校毕业及其以上学历；

（二）取得小学教师资格，应当具备中等师范学校毕业及其以上学历；

（三）取得初级中学教师、初级职业学校文化、专业课教师资格，应当具备高等师范专科学校或者其他大学专科毕业及其以上学历；

（四）取得高级中学教师资格和中等专业学校、技工学校、职业高中文化课、专业课教师资格，应当具备高等师范院校本科或者其他大学本科毕业及其以上学历；取得中等专业学校、技工学校和职业高中学生实习指导教师资格应当具备的学历，由国务院教育行政部门规定；

（五）取得高等学校教师资格，应当具备研究生或者大学本科毕业学历；

（六）取得成人教育教师资格，应当按照成人教育的层次、类别，分别具备高等、中等学校毕业及其以上学历。不具备本法规定的教师资格学历的公民，申请获取教师资格，必须通过国家教师资格考试。国家教师资格考试制度由国务院规定。

第十二条 本法实施前已经在学校或者其他教育机构中任教的教师，未具备本法规定学历的，由国务院教育行政部门规定教师资格过渡办法。

第十三条 中小学教师资格由县级以上地方人民政府教育行政部门认定。中等专业学校、技工学校的教师资格由县级以上地方人民政府教育行政部门组织有关主管部门认定。普通高等学校的教师资格由国务院或者省、自治区、直辖市教育行政部门或者由其委托的学校认定。具备本法规定的学历或者经国家教师资格考试合格的公民，要求有关部门认定其教师资格的，有关部门应当依照本法规定的条件予以认定。取得教师资格的人员首次任教时，应当有试用期。

第十四条 受到剥夺政治权利或者故意犯罪受到有期徒刑以上刑事处罚的，不能取得教师资格；已经取得教师资格的，丧失教师资格。

第十五条 各级师范学校毕业生，应当按照国家有关规定从事教育教学工作。国家鼓励非师范高等学校毕业生到中小学或者职业学校任教。

第十六条 国家实行教师职务制度，具体办法由国务院规定。

第十七条 学校和其他教育机构应当逐步实行教师聘任制。教师的聘任应当遵循双方地位平等的原则，由学校和教师签订聘任合同，明确规定双方的权利、义务和责任。实施教师聘任制的

步骤、办法由国务院教育行政部门规定。

第四章 培养和培训

第十八条 各级人民政府和有关部门应当办好师范教育，并采取措施，鼓励优秀青年进入各级师范学校学习。各级教师进修学校承担培训中小学教师的任务。非师范学校应当承担培养和培训中小学教师的任务。各级师范学校学生享受专业奖学金。

第十九条 各级人民政府教育行政部门、学校主管部门和学校应当制定教师培训规划，对教师进行多种形式的思想政治、业务培训。

第二十条 国家机关、企业事业单位和其他社会组织应当为教师的社会调查和社会实践提供方便，给予协助。

第二十一条 各级人民政府应当采取措施，为少数民族地区和边远贫困地区培养、培训教师。

第五章 考 核

第二十二条 学校或者其他教育机构应当对教师的政治思想、业务水平、工作态度和工作成绩进行考核。教育行政部门对教师的考核工作进行指导、监督。

第二十三条 考核应当客观、公正、准确，充分听取教师本人、其他教师以及学生的意见。

第二十四条 教师考核结果是受聘任教、晋升工资、实施奖惩的依据。

第六章 待 遇

第二十五条 教师的平均工资水平应当不低于或者高于国家公务员的平均工资水平，并逐步提高。建立正常晋级增薪制度，具体办法由国务院规定。

第二十六条 中小学教师和职业学校教师享受教龄津贴和其他津贴，具体办法由国务院教育行政部门会同有关部门制定。

第二十七条 地方各级人民政府对教师以及具有中专以上学历的毕业生到少数民族地区和边远贫困地区从事教育教学工作的，应当予以补贴。

第二十八条 地方各级人民政府和国务院有关部门，对城市教师住房的建设、租赁、出售实行优先、优惠。县、乡两级人民政府应当为农村中小学教师解决住房提供方便。

第二十九条 教师的医疗同当地国家公务员享受同等的待遇；定期对教师进行身体健康检查，并因地制宜安排教师进行休养。医疗机构应当对当地教师的医疗提供方便。

第三十条 教师退休或者退职后，享受国家规定的退休或者退职待遇。县级以上地方人民政府可以适当提高长期从事教育教学工作的中小学退休教师的退休金比例。

第三十一条 各级人民政府应当采取措施，改善国家补助、集体支付工资的中小学教师的待遇，逐步做到在工资收入上与国家支付工资的教师同工同酬，具体办法由地方各级人民政府根据本地区的实际情况规定。

第三十二条 社会力量所办学校的教师的待遇，由举办者自行确定并予以保障。

第七章 奖 励

第三十三条 教师在教育教学、培养人才、科学研究、教学改革、学校建设、社会服务、勤工俭学等方面成绩优异的，由所在学校予以表彰、奖励。国务院和地方各级人民政府及其有关部

门对有突出贡献的教师，应当予以表彰、奖励。对有重大贡献的教师，依照国家有关规定授予荣誉称号。

第三十四条　国家支持和鼓励社会组织或者个人向依法成立的奖励教师的基金组织捐助资金，对教师进行奖励。

第八章　法律责任

第三十五条　侮辱、殴打教师的，根据不同情况，分别给予行政处分或者行政处罚；造成损害的，责令赔偿损失；情节严重，构成犯罪的，依法追究刑事责任。

第三十六条　对依法提出申诉、控告、检举的教师进行打击报复的，由其所在单位或者上级机关责令改正；情节严重的，可以根据具体情况给予行政处分。国家工作人员对教师打击报复构成犯罪的，依照刑法第一百四十六条的规定追究刑事责任。

第三十七条　教师有下列情形之一的，由所在学校、其他教育机构或者教育行政部门给予行政处分或者解聘。

（一）故意不完成教育教学任务给教育教学工作造成损失的；

（二）体罚学生，经教育不改的；

（三）品行不良、侮辱学生，影响恶劣的。

教师有前款第（二）项、第（三）项所列情形之一，情节严重，构成犯罪的，依法追究刑事责任。

第三十八条　地方人民政府对违反本法规定，拖欠教师工资或者侵犯教师其他合法权益的，应当责令其限期改正。违反国家财政制度、财务制度，挪用国家财政用于教育的经费，严重妨碍教育教学工作，拖欠教师工资，损害教师合法权益的，由上级机关责令限期归还被挪用的经费，并对直接责任人员给予行政处分；情节严重，构成犯罪的，依法追究刑事责任。

第三十九条 教师对学校或者其他教育机构侵犯其合法权益的，或者对学校或者其他教育机构作出的处理不服的，可以向教育行政部门提出申诉，教育行政部门应当在接到申诉的三十日内，作出处理。教师认为当地人民政府有关行政部门侵犯其根据本法规定享有的权利的，可以向同级人民政府或者上一级人民政府有关部门提出申诉，同级人民政府或者上一级人民政府有关部门应当作出处理。

第九章 附 则

第四十条 本法下列用语的含义是：

（一）各级各类学校，是指实施学前教育、普通初等教育、普通中等教育、职业教育、普通高等教育以及特殊教育、成人教育的学校。

（二）其他教育机构，是指少年宫以及地方教研室、电化教育机构等。

（三）中小学教师，是指幼儿园、特殊教育机构、普通中小学、成人初等中等教育机构、职业中学以及其他教育机构的教师。

第四十一条 学校和其他教育机构中的教育教学辅助人员，其他类型的学校的教师和教育教学辅助人员，可以根据实际情况参照本法的有关规定执行。军队所属院校的教师和教育教学辅助人员，由中央军事委员会依照本法制定有关规定。

第四十二条 外籍教师的聘任办法由国务院教育行政部门规定。

第四十三条 本法自一九九四年一月一日起施行。

中华人民共和国义务教育法

（1986年4月12日第六届全国人民代表大会第四次会议通过 2006年6月29日第十届全国人民代表大会常务委员会第二十二次会议修订）

第一章 总 则

第一条 为了保障适龄儿童、少年接受义务教育的权利，保证义务教育的实施，提高全民族素质，根据宪法和教育法，制定本法。

第二条 国家实行九年义务教育制度。义务教育是国家统一实施的所有适龄儿童、少年必须接受的教育，是国家必须予以保障的公益性事业。实施义务教育，不收学费、杂费。

国家建立义务教育经费保障机制，保证义务教育制度实施。

第三条 义务教育必须贯彻国家的教育方针，实施素质教育，提高教育质量，使适龄儿童、少年在品德、智力、体质等方面全面发展，为培养有理想、有道德、有文化、有纪律的社会主义建设者和接班人奠定基础。

第四条 凡具有中华人民共和国国籍的适龄儿童、少年，不分性别、民族、种族、家庭财产状况、宗教信仰等，依法享有平等接受义务教育的权利，并履行接受义务教育的义务。

第五条 各级人民政府及其有关部门应当履行本法规定的各项职责，保障适龄儿童、少年接受义务教育的权利。

适龄儿童、少年的父母或者其他法定监护人应当依法保证其按时入学接受并完成义务教育。

依法实施义务教育的学校应当按照规定标准完成教育教学任务，保证教育教学质量。

社会组织和个人应当为适龄儿童、少年接受义务教育创造良好的环境。

第六条 国务院和县级以上地方人民政府应当合理配置教育资源，促进义务教育均衡发展，改善薄弱学校的办学条件，并采取措施，保障农村地区、民族地区实施义务教育，保障家庭经济困难的和残疾的适龄儿童、少年接受义务教育。

国家组织和鼓励经济发达地区支援经济欠发达地区实施义务教育。

第七条 义务教育实行国务院领导，省、自治区、直辖市人民政府统筹规划实施，县级人民政府为主管理的体制。

县级以上人民政府教育行政部门具体负责义务教育实施工作；县级以上人民政府其他有关部门在各自的职责范围内负责义务教育实施工作。

第八条 人民政府教育督导机构对义务教育工作执行法律法规情况、教育教学质量以及义务教育均衡发展状况等进行督导，督导报告向社会公布。

第九条 任何社会组织或者个人有权对违反本法的行为向有关国家机关提出检举或者控告。

发生违反本法的重大事件，妨碍义务教育实施，造成重大社会影响的，负有领导责任的人民政府或者人民政府教育行政部门负责人应当引咎辞职。

第十条 对在义务教育实施工作中做出突出贡献的社会组织和个人，各级人民政府及其有关部门按照有关规定给予表彰、奖励。

第二章 学 生

第十一条 凡年满六周岁的儿童，其父母或者其他法定监护人应当送其入学接受并完成义务教育；条件不具备的地区的儿童，可以推迟到七周岁。

适龄儿童、少年因身体状况需要延缓入学或者休学的，其父母或者其他法定监护人应当提出申请，由当地乡镇人民政府或者县级人民政府教育行政部门批准。

第十二条 适龄儿童、少年免试入学。地方各级人民政府应当保障适龄儿童、少年在户籍所在地学校就近入学。

父母或者其他法定监护人在非户籍所在地工作或者居住的适龄儿童、少年，在其父母或者其他法定监护人工作或者居住地接受义务教育的，当地人民政府应当为其提供平等接受义务教育的条件。具体办法由省、自治区、直辖市规定。

县级人民政府教育行政部门对本行政区域内的军人子女接受义务教育予以保障。

第十三条 县级人民政府教育行政部门和乡镇人民政府组织和督促适龄儿童、少年入学，帮助解决适龄儿童、少年接受义务教育的困难，采取措施防止适龄儿童、少年辍学。

居民委员会和村民委员会协助政府做好工作，督促适龄儿童、少年入学。

第十四条 禁止用人单位招用应当接受义务教育的适龄儿童、少年。

根据国家有关规定经批准招收适龄儿童、少年进行文艺、体育等专业训练的社会组织，应当保证所招收的适龄儿童、少年接受义务教育；自行实施义务教育的，应当经县级人民政府教育行政政部门批准。

第三章 学 校

第十五条 县级以上地方人民政府根据本行政区域内居住的适龄儿童、少年的数量和分布状况等因素，按照国家有关规定，制定、调整学校设置规划。新建居民区需要设置学校的，应当与居民区的建设同步进行。

第十六条 学校建设，应当符合国家规定的办学标准，适应教育教学需要；应当符合国家规定的选址要求和建设标准，确保学生和教职工安全。

第十七条 县级人民政府根据需要设置寄宿制学校，保障居住分散的适龄儿童、少年入学接受义务教育。

第十八条 国务院教育行政部门和省、自治区、直辖市人民政府根据需要，在经济发达地区设置接收少数民族适龄儿童、少年的学校（班）。

第十九条 县级以上地方人民政府根据需要设置相应的实施特殊教育的学校（班），对视力残疾、听力语言残疾和智力残疾的适龄儿童、少年实施义务教育。特殊教育学校（班）应当具备适应残疾儿童、少年学习、康复、生活特点的场所和设施。

普通学校应当接收具有接受普通教育能力的残疾适龄儿童、少年随班就读，并为其学习、康复提供帮助。

第二十条 县级以上地方人民政府根据需要，为具有预防未成年人犯罪法规定的严重不良行为的适龄少年设置专门的学校实施义务教育。

第二十一条 对未完成义务教育的未成年犯和被采取强制性教育措施的未成年人应当进行义务教育，所需经费由人民政府予

以保障。

第二十二条 县级以上人民政府及其教育行政部门应当促进学校均衡发展，缩小学校之间办学条件的差距，不得将学校分为重点学校和非重点学校。学校不得分设重点班和非重点班。

县级以上人民政府及其教育行政部门不得以任何名义改变或者变相改变公办学校的性质。

第二十三条 各级人民政府及其有关部门依法维护学校周边秩序，保护学生、教师、学校的合法权益，为学校提供安全保障。

第二十四条 学校应当建立、健全安全制度和应急机制，对学生进行安全教育，加强管理，及时消除隐患，预防发生事故。

县级以上地方人民政府定期对学校校舍安全进行检查；对需要维修、改造的，及时予以维修、改造。

学校不得聘用曾经因故意犯罪被依法剥夺政治权利或者其他不适合从事义务教育工作的人担任工作人员。

第二十五条 学校不得违反国家规定收取费用，不得以向学生推销或者变相推销商品、服务等方式谋取利益。

第二十六条 学校实行校长负责制。校长应当符合国家规定的任职条件。校长由县级人民政府教育行政部门依法聘任。

第二十七条 对违反学校管理制度的学生，学校应当予以批评教育，不得开除。

第四章 教 师

第二十八条 教师享有法律规定的权利，履行法律规定的义务，应当为人师表，忠诚于人民的教育事业。

全社会应当尊重教师。

第二十九条 教师在教育教学中应当平等对待学生，关注学生的个体差异，因材施教，促进学生的充分发展。

教师应当尊重学生的人格，不得歧视学生，不得对学生实施体罚、变相体罚或者其他侮辱人格尊严的行为，不得侵犯学生合法权益。

第三十条 教师应当取得国家规定的教师资格。

国家建立统一的义务教育教师职务制度。教师职务分为初级职务、中级职务和高级职务。

第三十一条 各级人民政府保障教师工资福利和社会保险待遇，改善教师工作和生活条件；完善农村教师工资经费保障机制。

教师的平均工资水平应当不低于当地公务员的平均工资水平。

特殊教育教师享有特殊岗位补助津贴。在民族地区和边远贫困地区工作的教师享有艰苦贫困地区补助津贴。

第三十二条 县级以上人民政府应当加强教师培养工作，采取措施发展教师教育。

县级人民政府教育行政部门应当均衡配置本行政区域内学校师资力量，组织校长、教师的培训和流动，加强对薄弱学校的建设。

第三十三条 国务院和地方各级人民政府鼓励和支持城市学校教师和高等学校毕业生到农村地区、民族地区从事义务教育工作。

国家鼓励高等学校毕业生以志愿者的方式到农村地区、民族地区缺乏教师的学校任教。县级人民政府教育行政部门依法认定其教师资格，其任教时间计入工龄。

第五章 教育教学

第三十四条 教育教学工作应当符合教育规律和学生身心发展特点，面向全体学生，教书育人，将德育、智育、体育、美育等有机统一在教育教学活动中，注重培养学生独立思考能力、创新能力和实践能力，促进学生全面发展。

第三十五条　国务院教育行政部门根据适龄儿童、少年身心发展的状况和实际情况，确定教学制度、教育教学内容和课程设置，改革考试制度，并改进高级中等学校招生办法，推进实施素质教育。

学校和教师按照确定的教育教学内容和课程设置开展教育教学活动，保证达到国家规定的基本质量要求。

国家鼓励学校和教师采用启发式教育等教育教学方法，提高教育教学质量。

第三十六条　学校应当把德育放在首位，寓德育于教育教学之中，开展与学生年龄相适应的社会实践活动，形成学校、家庭、社会相互配合的思想道德教育体系，促进学生养成良好的思想品德和行为习惯。

第三十七条　学校应当保证学生的课外活动时间，组织开展文化娱乐等课外活动。社会公共文化体育设施应当为学校开展课外活动提供便利。

第三十八条　教科书根据国家教育方针和课程标准编写，内容力求精简，精选必备的基础知识、基本技能，经济实用，保证质量。

国家机关工作人员和教科书审查人员，不得参与或者变相参与教科书的编写工作。

第三十九条　国家实行教科书审定制度。教科书的审定办法由国务院教育行政部门规定。

未经审定的教科书，不得出版、选用。

第四十条　教科书由国务院价格行政部门会同出版行政部门按照微利原则确定基准价。省、自治区、直辖市人民政府价格行

政部门会同出版行政部门按照基准价确定零售价。

第四十一条 国家鼓励教科书循环使用。

第六章 经费保障

第四十二条 国家将义务教育全面纳入财政保障范围，义务教育经费由国务院和地方各级人民政府依照本法规定予以保障。

国务院和地方各级人民政府将义务教育经费纳入财政预算，按照教职工编制标准、工资标准和学校建设标准、学生人均公用经费标准等，及时足额拨付义务教育经费，确保学校的正常运转和校舍安全，确保教职工工资按照规定发放。

国务院和地方各级人民政府用于实施义务教育财政拨款的增长比例应当高于财政经常性收入的增长比例，保证按照在校学生人数平均的义务教育费用逐步增长，保证教职工工资和学生人均公用经费逐步增长。

第四十三条 学校的学生人均公用经费基本标准由国务院财政部门会同教育行政部门制定，并根据经济和社会发展状况适时调整。制定、调整学生人均公用经费基本标准，应当满足教育教学基本需要。

省、自治区、直辖市人民政府可以根据本行政区域的实际情况，制定不低于国家标准的学校学生人均公用经费标准。

特殊教育学校（班）学生人均公用经费标准应当高于普通学校学生人均公用经费标准。

第四十四条 义务教育经费投入实行国务院和地方各级人民政府根据职责共同负担，省、自治区、直辖市人民政府负责统筹落实的体制。农村义务教育所需经费，由各级人民政府根据国务院的规定分项目、按比例分担。

各级人民政府对家庭经济困难的适龄儿童、少年免费提供教科书并补助寄宿生生活费。

义务教育经费保障的具体办法由国务院规定。

第四十五条 地方各级人民政府在财政预算中将义务教育经费单列。

县级人民政府编制预算，除向农村地区学校和薄弱学校倾斜外，应当均衡安排义务教育经费。

第四十六条 国务院和省、自治区、直辖市人民政府规范财政转移支付制度，加大一般性转移支付规模和规范义务教育专项转移支付，支持和引导地方各级人民政府增加对义务教育的投入。地方各级人民政府确保将上级人民政府的义务教育转移支付资金按照规定用于义务教育。

第四十七条 国务院和县级以上地方人民政府根据实际需要，设立专项资金，扶持农村地区、民族地区实施义务教育。

第四十八条 国家鼓励社会组织和个人向义务教育捐赠，鼓励按照国家有关基金会管理的规定设立义务教育基金。

第四十九条 义务教育经费严格按照预算规定用于义务教育；任何组织和个人不得侵占、挪用义务教育经费，不得向学校非法收取或者摊派费用。

第五十条 县级以上人民政府建立健全义务教育经费的审计监督和统计公告制度。

第七章 法律责任

第五十一条 国务院有关部门和地方各级人民政府违反本法第六章的规定，未履行对义务教育经费保障职责的，由国务院或者上级地方人民政府责令限期改正；情节严重的，对直接负责的主管人员和其他直接责任人员依法给予行政处分。

第五十二条 县级以上地方人民政府有下列情形之一的，由上级人民政府责令限期改正；情节严重的，对直接负责的主管人员和其他直接责任人员依法给予行政处分：

（一）未按照国家有关规定制定、调整学校的设置规划的；

（二）学校建设不符合国家规定的办学标准、选址要求和建设标准的；

（三）未定期对学校校舍安全进行检查，并及时维修、改造的；

（四）未依照本法规定均衡安排义务教育经费的。

第五十三条 县级以上人民政府或者其教育行政部门有下列情形之一的，由上级人民政府或者其教育行政部门责令限期改正、通报批评；情节严重的，对直接负责的主管人员和其他直接责任人员依法给予行政处分：

（一）将学校分为重点学校和非重点学校的；

（二）改变或者变相改变公办学校性质的。

县级人民政府教育行政部门或者乡镇人民政府未采取措施组织适龄儿童、少年入学或者防止辍学的，依照前款规定追究法律责任。

第五十四条 有下列情形之一的，由上级人民政府或者上级人民政府教育行政部门、财政部门、价格行政部门和审计机关根据职责分工责令限期改正；情节严重的，对直接负责的主管人员和其他直接责任人员依法给予处分：

（一）侵占、挪用义务教育经费的；

（二）向学校非法收取或者摊派费用的。

第五十五条 学校或者教师在义务教育工作中违反教育法、教师法规定的，依照教育法、教师法的有关规定处罚。

第五十六条 学校违反国家规定收取费用的，由县级人民政府教育行政部门责令退还所收费用；对直接负责的主管人员和其他直接责任人员依法给予处分。

学校以向学生推销或者变相推销商品、服务等方式谋取利益的，由县级人民政府教育行政部门给予通报批评；有违法所得的，没收违法所得；对直接负责的主管人员和其他直接责任人员依法给予处分。

国家机关工作人员和教科书审查人员参与或者变相参与教科书编写的，由县级以上人民政府或者其教育行政部门根据职责权限责令限期改正，依法给予行政处分；有违法所得的，没收违法所得。

第五十七条 学校有下列情形之一的，由县级人民政府教育行政部门责令限期改正；情节严重的，对直接负责的主管人员和其他直接责任人员依法给予处分：

（一）拒绝接收具有接受普通教育能力的残疾适龄儿童、少年随班就读的；

（二）分设重点班和非重点班的；

（三）违反本法规定开除学生的；

（四）选用未经审定的教科书的。

第五十八条 适龄儿童、少年的父母或者其他法定监护人无正当理由未依照本法规定送适龄儿童、少年入学接受义务教育的，由当地乡镇人民政府或者县级人民政府教育行政部门给予批评教育，责令限期改正。

第五十九条 有下列情形之一的，依照有关法律、行政法规的规定予以处罚：

（一）胁迫或者诱骗应当接受义务教育的适龄儿童、少年失学、辍学的；

（二）非法招用应当接受义务教育的适龄儿童、少年的；

（三）出版未经依法审定的教科书的。

第六十条　违反本法规定，构成犯罪的，依法追究刑事责任。

第八章　附　则

第六十一条　对接受义务教育的适龄儿童、少年不收杂费的实施步骤，由国务院规定。

第六十二条　社会组织或者个人依法举办的民办学校实施义务教育的，依照民办教育促进法有关规定执行；民办教育促进法未作规定的，适用本法。

第六十三条　本法自2006年9月1日起施行。

中华人民共和国未成年人保护法

（中华人民共和国第十届全国人民代表大会常务委员会第二十五次会议于 2006 年 12 月 29 日修订通过，自 2007 年 6 月 1 日起施行。）

第一章 总 则

第一条 为了保护未成年人的身心健康，保障未成年人的合法权益，促进未成年人在品德、智力、体质等方面全面发展，培养有理想、有道德、有文化、有纪律的社会主义建设者和接班人，根据宪法，制定本法。

第二条 本法所称未成年人是指未满十八周岁的公民。

第三条 未成年人享有生存权、发展权、受保护权、参与权等权利，国家根据未成年人身心发展特点给予特殊、优先保护，保障未成年人的合法权益不受侵犯。

未成年人享有受教育权，国家、社会、学校和家庭尊重和保障未成年人的受教育权。

未成年人不分性别、民族、种族、家庭财产状况、宗教信仰等，依法平等地享有权利。

第四条 国家、社会、学校和家庭对未成年人进行思想教育、道德教育、文化教育、纪律和法制教育，进行爱国主义、集体主义和社会主义的教育，提倡爱祖国、爱人民、爱劳动、爱科学、爱社会主义的公德，反对资本主义、封建主义和其他腐朽思想的侵蚀。

第五条 保护未成年人的工作，应当遵循下列原则：

（一）保障未成年人的合法权益。

(二) 尊重未成年人的人格尊严。

(三) 适应未成年人身心发展的规律和特点。

(四) 教育与保护相结合。

第六条 保护未成年人，是国家机关、武装力量、政党、社会团体、企业事业组织、城乡基层群众性自治组织、未成年人的监护人和其他成年公民的共同责任。

对侵犯未成年人合法权益的行为，任何组织和个人都有权予以劝阻、制止或者向有关部门提出检举或者控告。

国家、社会、学校和家庭应当教育和帮助未成年人维护自己的合法权益，增强自我保护的意识和能力，增强社会责任感。

第七条 中央和地方各级国家机关应当在各自的职责范围内做好未成年人保护工作。

国务院和地方各级人民政府领导有关部门做好未成年人保护工作；将未成年人保护工作纳入国民经济和社会发展规划以及年度计划，相关经费纳入本级政府预算。

国务院和省、自治区、直辖市人民政府采取组织措施，协调有关部门做好未成年人保护工作。具体机构由国务院和省、自治区、直辖市人民政府规定。

第八条 共产主义青年团、妇女联合会、工会、青年联合会、学生联合会、少年先锋队以及其他有关社会团体，协助各级人民政府做好未成年人保护工作，维护未成年人的合法权益。

第九条 各级人民政府和有关部门对保护未成年人有显著成绩的组织和个人，给予表彰和奖励。

第二章 家庭保护

第十条 父母或者其他监护人应当创造良好、和睦的家庭环

境，依法履行对未成年人的监护职责和抚养义务。

禁止对未成年人实施家庭暴力，禁止虐待、遗弃未成年人。禁止溺婴和其他残害婴儿的行为，不得歧视女性未成年人或者有残疾的未成年人。

第十一条 父母或者其他监护人应当关注未成年人的生理、心理状况和行为习惯，以健康的思想、良好的品行和适当的方法教育和影响未成年人，引导未成年人进行有益身心健康的活动，预防和制止未成年人吸烟、酗酒、流浪、沉迷网络以及赌博、吸毒、卖淫等行为。

第十二条 父母或者其他监护人应当学习家庭教育知识，正确履行监护职责，抚养教育未成年人。

有关国家机关和社会组织应当为未成年人的父母或者其他监护人提供家庭教育指导。

第十三条 父母或者其他监护人应当尊重未成年人受教育的权利，必须使适龄未成年人依法入学接受并完成义务教育，不得使接受义务教育的未成年人辍学。

第十四条 父母或者其他监护人应当根据未成年人的年龄和智力发展状况，在作出与未成年人权益有关的决定时告知其本人，并听取他们的意见。

第十五条 父母或者其他监护人不得允许或者迫使未成年人结婚，不得为未成年人订立婚约。

第十六条 父母因外出务工或者其他原因不能履行对未成年人监护职责的，应当委托有监护能力的其他成年人代为监护。

第三章 学校保护

第十七条 学校应当全面贯彻国家的教育方针，实施素质教育，提高教育质量，注重培养未成年学生独立思考能力、创新能力和实践能力，促进未成年学生全面发展。

第十八条 学校应当尊重未成年学生受教育的权利，关心、爱护学生，对品行有缺点、学习有困难的学生，应当耐心教育、帮助，不得歧视，不得违反法律和国家规定开除未成年学生。

第十九条 学校应当根据未成年学生身心发展的特点，对他们进行社会生活指导、心理健康辅导和青春期教育。

第二十条 学校应当与未成年学生的父母或者其他监护人互相配合，保证未成年学生的睡眠、娱乐和体育锻炼时间，不得加重其学习负担，不得延长在校学习时间。

第二十一条 学校、幼儿园、托管所的教职员工应当尊重未成年人的人格尊严，不得对未成年人实施体罚、变相体罚或者其他侮辱人格尊严的行为。

第二十二条 学校、幼儿园、托儿所应当建立安全制度，加强对未成年人的安全教育，采取措施保障未成年人的人身安全。

学校、幼儿园、托儿所不得在危及未成年人人身安全健康的校舍和其他设施、场所中进行教育教学活动。

学校、幼儿园安排未成年人参加集会、文化娱乐、社会实践等集体活动，应当有利于未成年人的健康成长，防止发生人身安全事故。

第二十三条 教育行政等部门和学校、幼儿园、托管所应当根据需要，制定应对各种灾害、传染性疾病、食物中毒、意外伤害等突发事件的预案，配备相应设施并进行必要的演练，增强未成年人的自我保护意识和能力。

第二十四条 学校对未成年学生在校内或者本校组织的校外活动中发生人身伤害事故的，应当及时救护，妥善处理，并及时向有关主管部门报告。

第二十五条 对于在学校接受教育的有严重不良行为的未成年学生，学校和父母或者其他监护人应当互相配合加以管教；无力管教或者管教无效的，可以按照有关规定将其送专门学校继续接受教育。

依法设置专门学校的地方人民政府应当保障专门学校的办学条件，教育行政部门应当加强对专门学校的管理和指导，有关部门应当给予协助和配合。

专门学校应当对在校就读的未成年学生进行思想教育、文化教育、纪律和法制教育、劳动技术教育和职业教育。

专门学校的教职员工应当关心、爱护、尊重学生，不得歧视、厌弃，放弃等。

第二十六条 幼儿园应当做好保育、教育工作，促进幼儿在体质、智力、品德等方面和谐发展。

第四章 社会保护

第二十七条 全社会应当树立尊重、保护、教育未成年人的良好风尚，关心、爱护未成年人。

国家鼓励社会团体、企业事业组织以及其他组织和个人，开展多种形式的有利于未成年人健康成长的社会活动。

第二十八条 各级人民政府应当保障未成年人受教育的权利，并采取措施保障家庭经济困难的、残疾的和流动人口中的未成年人等接受义务教育。

第二十九条 各级人民政府应当建立和改善适合未成年人文化生活需要的活动场所和设施，鼓励社会力量兴办适合未成年人的活动场所，并加强管理。

第三十条 爱国主义教育基地、图书馆、青少年宫、儿童活动中心应当对未成年人免费开放；博物馆、纪念馆、科技馆、展览馆、美术馆、文化馆以及影剧院、体育场馆、动物园、公园等场所，应当按照有关规定对未成年人免费或者优惠开放。

第三十一条　县级以上人民政府及其教育行政部门应当采取措施，鼓励和支持中小学校在节假日期间将文化体育设施对未成年人免费或者优惠开放。

社区中的公益性互联网上网服务设施，应当对未成年人免费或者优惠开放，为未成年人提供安全、健康的上网服务。

第三十二条　国家鼓励新闻、出版、信息产业、广播、电影、电视、文艺等单位和作家、艺术家、科学家以及其他公民，创作或者提供有利于未成年人健康成长的作品。出版、制作和传播专门以未成年人为对象的内容健康的图书、报刊、音像制品、电子出版物以及网络信息等，国家给予扶持。

国家鼓励科研机构和科技团体对未成年人开展科学知识普及活动。

第三十三条　国家采取措施，预防未成年人沉迷网络。

国家鼓励研究开发有利于未成年人健康成长的网络产品，推广用于阻止未成年人沉迷网络的新技术。

第三十四条　禁止任何组织、个人制作或者向未成年人出售、出租或者以其他方式传播淫秽、暴力、凶杀、恐怖、赌博等毒害未成年人的图书、报刊、音像制品、电子出版物以及网络信息等。

第三十五条　生产、销售用于未成年人的食品、药品、玩具、用具和游乐设施等，应当符合国家标准或者行业标准，不得有害于未成年人的安全和健康；需要标明注意事项的，应当在显著位置标明。

第三十六条　中小学校园周边不得设置营业性歌舞娱乐场所、互联网上网服务营业场所等不适宜未成年人活动的场所。

营业性歌舞娱乐场所、互联网上网服务营业场所等不适宜未成年人活动的场所，不得允许未成年人进入，经营者应当在显著位置设置未成年人禁入标志；对难以判明是否已成年的，应当要求其出示身份证件。

第三十七条 禁止向未成年人出售烟酒，经营者应当在显著位置设置不向未成年人出售烟酒的标志；对难以判明是否已成年的，应当要求其出示身份证件。

任何人不得在中小学校、幼儿园、托儿所的教室、寝室、活动室和其他未成年人集中活动的场所吸烟、饮酒。

第三十八条 任何组织或者个人不得招用未满十六周岁的未成年人，国家另有规定的除外。

任何组织或者个人按照国家有关规定招用已满十六周岁未满十八周岁的未成年人的，应当执行国家在工种、劳动时间、劳动强度和保护措施等方面的规定，不得安排其从事过重、有毒、有害等危害未成年人身心健康的劳动或者危险作业。

第三十九条 任何组织或者个人不得披露未成年人的个人隐私。

对未成年人的信件、日记、电子邮件，任何组织或者个人不得隐匿、毁弃；除因追查犯罪的需要，由公安机关或者人民检察院依法进行检查，或者对无行为能力的未成年人的信件、日记、电子邮件由其父母或者其他监护人代为开拆、查阅外，任何组织或者个人不得开拆、查阅。

第四十条 学校、幼儿园、托儿所和公共场所发生突发事件时，应当优先救护未成年人。

第四十一条 禁止拐卖、绑架、虐待未成年人，禁止对未成年人实施性侵害。

禁止胁迫、诱骗、利用未成年人乞讨或者组织未成年人进行有害其身心健康的表演等活动。

第四十二条 公安机关应当采取有力措施，依法维护校园周边的治安和交通秩序，预防和制止侵害未成年人合法权益的违法犯罪行为。

任何组织或者个人不得扰乱教学秩序，不得侵占、破坏学校、幼儿园、托儿所的场地、房屋和设施。

第四十三条 县级以上人民政府及其民政部门应当根据需要设立救助场所，对流浪乞讨等生活无着未成年人实施救助，承担临时监护责任；公安部门或者其他有关部门应当护送流浪乞讨或者离家出走的未成年人到救助场所，由救助场所予以救助和妥善照顾，并及时通知其父母或者其他监护人领回。

对孤儿、无法查明其父母或者其他监护人的以及其他生活无着的未成年人，由民政部门设立的儿童福利机构收留抚养。

未成年人救助机构、儿童福利机构及其工作人员应当依法履行职责，不得虐待、歧视未成年人；不得在办理收留抚养工作中牟取利益。

第四十四条 卫生部门和学校应当对未成年人进行卫生保健和营养指导，提供必要的卫生保健条件，做好疾病预防工作。

卫生部门应当做好对儿童的预防接种工作，国家免疫规划项目的预防接种实行免费；积极防治儿童常见病、多发病，加强对传染病防治工作的监督管理，加强对幼儿园、托儿所卫生保健的业务指导和监督检查。

第四十五条 地方各级人民政府应当积极发展托幼事业，办好托儿所、幼儿园，支持社会组织和个人依法兴办哺乳室、托儿所、幼儿园。

各级人民政府和有关部门应当采取多种形式，培养和训练幼

儿园、托儿所的保教人员，提高其职业道德素质和业务能力。

第四十六条 国家依法保护未成年人的智力成果和荣誉权不受侵犯。

第四十七条 未成年人已经完成规定年限的义务教育不再升学的，政府有关部门和社会团体、企业事业组织应当根据实际情况，对他们进行职业教育，为他们创造劳动就业条件。

第四十八条 居民委员会、村民委员会应当协助有关部门教育和挽救违法犯罪的未成年人，预防和制止侵害未成年人合法权益的违法犯罪行为。

第四十九条 未成年人的合法权益受到侵害的，被侵害人及其监护人或者其他组织和个人有权向有关部门投诉，有关部门应当依法及时处理。

第五章 司法保护

第五十条 公安机关、人民检察院、人民法院以及司法行政部门，应当依法履行职责，在司法活动中保护未成年人的合法权益。

第五十一条 未成年人的合法权益受到侵害，依法向人民法院提起诉讼的，人民法院应当依法及时审理，并适应未成年人生理、心理特点和健康成长的需要，保障未成年人的合法权益。

在司法活动中对需要法律援助或者司法救助的未成年人，法律援助机构或者人民法院应当给予帮助，依法为其提供法律援助或者司法救助。

第五十二条 人民法院审理继承案件，应当依法保护未成年人的继承权和受遗赠权。

人民法院审理离婚案件，涉及未成年子女抚养问题的，应当听取有表达意愿能力的未成年子女的意见，根据保障子女权益的原则和双方具体情况依法处理。

第五十三条　父母或者其他监护人不履行监护职责或者侵害被监护的未成年人的合法权益，经教育不改的，人民法院可以根据有关人员或者有关单位的申请，撤销其监护人的资格，依法另行指定监护人。被撤销监护资格的父母应当依法继续负担抚养费用。

第五十四条　对违法犯罪的未成年人，实行教育、感化、挽救的方针，坚持教育为主、惩罚为辅的原则。对违法犯罪的未成年人，应当依法从轻、减轻或者免除处罚。

第五十五条　公安机关、人民检察院、人民法院办理未成年人犯罪案件和涉及未成年人权益保护案件，应当照顾未成年人身心发展特点，尊重他们的人格尊严，保障他们的合法权益，并根据需要设立专门机构或者指定专人办理。

第五十六条　公安机关、人民检察院讯问未成年犯罪嫌疑人，询问未成年证人、被害人，应当通知监护人到场。

公安机关、人民检察院、人民法院办理未成年人遭受性侵害的刑事案件，应当保护被害人的名誉。

第五十七条　对羁押、服刑的未成年人，应当与成年人分别关押。

羁押、服刑的未成年人没有完成义务教育的，应当对其进行义务教育。

解除羁押、服刑期满的未成年人的复学、升学、就业不受歧视。

第五十八条　对未成年人犯罪案件，新闻报道、影视节目、公开出版物、网络等不得披露该未成年人的姓名、住所、照片、图像以及可能推断出该未成年人的资料。

第五十九条　对未成年人严重不良行为的矫治与犯罪行为的预防，依照预防未成年人犯罪法的规定执行。

第六章 法律责任

第六十条 违反本法规定，侵害未成年人的合法权益，其他法律、法规已规定行政处罚的，从其规定；造成人身财产损失或者其他损害的，依法承担民事责任；构成犯罪的，依法追究刑事责任。

第六十一条 国家机关及其工作人员不依法履行保护未成年人合法权益的责任，或者侵害未成年人合法权益，或者对提出申诉、控告、检举的人进行打击报复的，由其所在单位或者上级机关责令改正，对直接负责的主管人员和其他直接责任人员依法给予行政处分。

第六十二条 父母或者其他监护人不依法履行监护职责，或者侵害未成年人合法权益的，由其所在单位或者居民委员会、村民委员会予以劝诫、制止；构成违反治安管理行为的，由公安机关依法给予行政处罚。

第六十三条 学校、幼儿园、托儿所侵害未成年人合法权益的，由教育行政部门或者其他有关部门责令改正；情节严重的，对直接负责的主管人员和其他直接责任人员依法给予处分。

学校、幼儿园、托儿所教职员工对未成年人实施体罚、变相体罚或者其他侮辱人格行为的，由其所在单位或者上级机关责令改正；情节严重的，依法给予处分。

第六十四条 制作或者向未成年人出售、出租或者以其他方式传播淫秽、暴力、凶杀、恐怖、赌博等图书、报刊、音像制品、电子出版物以及网络信息等的，由主管部门责令改正，依法给予行政处罚。

第六十五条 生产、销售用于未成年人的食品、药品、玩具、用具和游乐设施不符合国家标准或者行业标准，或者没有在显著位置标明注意事项的，由主管部门责令改正，依法给予行政处罚。

第六十六条 在中小学校园周边设置营业性歌舞娱乐场所、互联网上网服务营业场所等不适宜未成年人活动的场所的，由主管部门予以关闭，依法给予行政处罚。

营业性歌舞娱乐场所、互联网上网服务营业场所等不适宜未成年人活动的场所允许未成年人进入，或者没有在显著位置设置未成年人禁入标志的，由主管部门责令改正，依法给予行政处罚。

第六十七条 向未成年人出售烟酒，或者没有在显著位置设置不向未成年人出售烟酒标志的，由主管部门责令改正，依法给予行政处罚。

第六十八条 非法招用未满十六周岁的未成年人，或者招用已满十六周岁的未成年人从事过重、有毒、有害等危害未成年人身心健康的劳动或者危险作业的，由劳动保障部门责令改正，处以罚款；情节严重的，由工商行政管理部门吊销营业执照。

第六十九条 侵犯未成年人隐私，构成违反治安管理行为的，由公安机关依法给予行政处罚。

第七十条 未成年人救助机构、儿童福利机构及其工作人员不依法履行对未成年人的救助保护职责，或者虐待、歧视未成年人，或者在办理收留抚养工作中牟取利益的，由主管部门责令改正，依法给予行政处分。

第七十一条 胁迫、诱骗、利用未成年人乞讨或者组织未成年人进行有害其身心健康的表演等活动的，由公安机关依法给予行政处罚。

第七章 附 则

第七十二条 本法自 2007 年6月 1 日起施行。

教师资格条例

国务院令第188号

(1995年12月12日)

第一章 总 则

第一条 为了提高教师素质，加强教师队伍建设，依据《中华人民共和国教师法》（以下简称教师法），制定本条例。

第二条 中国公民在各级各类学校和其他教育机构中专门从事教育教学工作，应当依法取得教师资格。

第三条 国务院教育行政部门主管全国教师资格工作。

第二章 教师资格分类与适用

第四条 教师资格分为：

（一）幼儿园教师资格；

（二）小学教师资格；

（三）初级中学教师和初级职业学校文化课、专业课教师资格（以下统称初级中学教师资格）；

（四）高级中学教师资格；

（五）中等专业学校、技工学校、职业高级中学文化课、专业课教师资格（以下统称中等职业学校教师资格）；

（六）中等专业学校、技工学校、职业高级中学实习指导教师资格（以下统称中等职业学校实习指导教师资格）；

（七）高等学校教师资格。

成人教育的教师资格，按照成人教育的层次，依照上款规定确定类别。

第五条 取得教师资格的公民，可以在本级及其以下等级的类学校和其他教育机构担任教师；但是，取得中等职业学校实习指导教师资格的公民只能在中等专业学校、技工学校、职业高级中学或者初级职业学校担任实习指导教师。

高级中学教师资格与中等职业学校教师资格相互通用。

第三章 教师资格条件

第六条 教师资格条件依照教师法第十条第二款的规定执行，其中“有教育教学能力”应当包括符合国家规定的从事教育教学工作的身体条件。

第七条 取得教师资格应当具备的相应学历，依照教师法第十一条的规定执行。

取得中等职业学校实习指导教师资格，应当具备国务院教育行政部门规定的学历，并应当具有相当助理工程师以上专业技术职务或者中级以上工人技术等级。

第四章 教师资格考试

第八条 不具备教师法规定的教师资格学历的公民，申请获得教师资格，应当通过国家举办的或者认可的教师资格考试。

第九条 教师资格考试科目、标准和考试大纲由国务院教育行政部门审定。

教师资格考试试卷的编制、考务工作和考试成绩证明的发放，属于幼儿园、小学、初级中学、高级中学、中等职业学校教师资格考试和中等职业学校实习指导教师资格考试的，由县级以上人民政府教育行政部门组织实施；属于高等学校教师资格考试的，由国务院教育行政部门或者省、自治区、直辖市人民政府教育行政部门委托的高等学校组织实施。

第十条 幼儿园、小学、初级中学、高级中学、中等职业学校的教师资格考试和中等职业学校实习指导教师资格考试，每年进行一次。

参加前款所列教师资格考试，考试科目全部及格的，发给教师资格考试合格证明；当年考试不及格的科目，可以在下一年度补考；经补考仍有一门或者一门以上科目不及格的，应当重新参加全部考试科目的考试。

第十一条 高等学校教师资格考试根据需要举行。

申请参加高等学校教师资格考试的，应当学有专长，并有两名相关专业的教授或者副教授推荐。

第五章 教师资格认定

第十二条 具备教师法规定的学历或者经教师资格考试合格的公民，可以依照本条例的规定申请认定其教师资格。

第十三条 幼儿园、小学和初级中学教师资格，由申请人户籍所在地或者申请人任教学校所在地的县级人民政府教育行政部门认定。高级中学教师资格，由申请人户籍所在地或者申请人任教学校所在地的县级人民政府教育行政部门审查后，报上一级教育行政部门认定。中等职业学校教师资格和中等职业学校实习指导教师资格，由申请人户籍所在地或者申请人任教学校所在地的县级人民政府教育行政部门审查后，报上一级教育行政部门认定或者组织有关部门认定。

受国务院教育行政部门或者省、自治区、直辖市人民政府教育行政部门委托的高等学校，负责认定在本校任职的人员和拟聘人员的高等学校教师资格。

在未受国务院教育行政部门或者省、自治区、直辖市人民政府教育行政部门委托的高等学校任职的人员和拟聘人员的高等学校教师资格，按照学校行政隶属关系，由国务院教育行政部门认定或者由学校所在地的省、自治区、直辖市人民政府教育行政部门认定。

第十四条　认定教师资格，应当由本人提出申请。

教育行政部门和受委托的高等学校每年春季、秋季各受理一次教师资格认定申请。具体受理期限由教育行政部门或者受委托的高等学校规定，并以适当形式公布。申请人应当在规定的受理期限内提出申请。

第十五条　申请认定教师资格，应当提交教师资格认定申请表和下列证明或者材料：

（一）身份证明；

（二）学历证书或者教师资格考试合格证明；

（三）教育行政部门或者受委托的高等学校指定的医院出具的体格检查证明；

（四）户籍所在地的街道办事处、乡人民政府或者工作单位、所毕业的学校对其思想品德、有无犯罪记录等方面情况的鉴定及证明材料。

申请人提交的证明或者材料不全的，教育行政部门或者受委托的高等学校应当及时通知申请人于受理期限终止前补齐。

教师资格认定申请表由国务院教育行政部门统一格式。

第十六条　教育行政部门或者受委托的高等学校在接到公民的教师资格认定申请后，应当对申请人的条件进行审查；对符合认定条件的，应当在受理期限终止之日起 30 日内颁发相应的教师资格证书；对不符合认定条件的，应当在受理期限终止之日起 30 日内将认定结论通知本人。

非师范院校毕业或者教师资格考试合格的公民申请认定幼儿

园、小学或者其他教师资格的，应当进行面试和试讲，考察其教育教学能力；根据实际情况和需要，教育行政部门或者受委托的高等学校可以要求申请人补修教育学、心理学等课程。

教师资格证书在全国范围内适用。教师资格证书由国务院教育行政部门统一印制。

第十七条 已取得教师资格的公民拟取得更高等级学校或者其他教育机构教师资格的，应当通过相应的教师资格考试或者取得教师法规定的相应学历，并依照本章规定，经认定合格后，由教育行政部门或者受委托的高等学校颁发相应的教师资格证书。

第六章 罚 则

第十八条 依照教师法第十四条的规定丧失教师资格的，不能重新取得教师资格，其教师资格证书由县级以上人民政府教育行政部门收缴。

第十九条 有下列情形之一的，由县级以上人民政府教育行政部门撤销其教师资格：

(一) 弄虚作假、骗取教师资格的；

(二) 品行不良、侮辱学生，影响恶劣的。

被撤销教师资格的，自撤销之日起5年内不得重新申请认定教师资格，其教师资格证书由县级以上人民政府教育行政部门收缴。

第二十条 参加教师资格考试有作弊行为的，其考试成绩作废，3年内不得再次参加教师资格考试。

第二十一条 教师资格考试命题人员和其他有关人员违反保密规定，造成试题、参考答案及评分标准泄露的，依法追究法律责任。

第二十二条 在教师资格认定工作中玩忽职守、徇私舞弊，对教师资格认定工作造成损失的，由教育行政部门依法给予行政处分；构成犯罪的，依法追究刑事责任。

第七章 附则

第二十三条 本条例自发布之日起施行。

教师和教育工作者奖励规定

第一条 为了鼓励我国广大教师和教育工作者长期从事教育事业，奖励在教育事业中作出突出贡献的教师和教育工作者，依据《中华人民共和国教师法》，制定本规定。

第二条 国务院教育行政部门对长期从事教育教学、科学研究和管理、服务工作并取得显著成绩的教师和教育工作者，分别授予“全国优秀教师”和“全国优秀教育工作者”荣誉称号，颁发相应的奖章和证书；对其中作出贡献者，由国务院教育行政部门会同国务院人事部门授予“全国模范教师”和“全国教育系统先进工作者”荣誉称号，颁发相应的奖章和证书。

第三条 “全国优秀教师”、“全国优秀教育工作者”的基本条件是：热爱社会主义祖国，坚持党的基本路线，忠诚人民的教育事业，模范履行职责，具有良好的职业道德，并具备下列条件之一：

（一）全面贯彻教育方针，坚持素质教育思想，热爱学生，关心学生的全面成长，教书育人，为人师表，在培养人才方面成绩显著；

（二）认真完成教育教学工作任务，在教学改革、教材建设、实验室建设、提高教育教学质量方面成绩突出；

（三）在教育教学研究、科学研究、技术推广等方面有创造性的成果，具有较大的科学价值或者显著的经济效益、社会效益；

（四）在学校管理、服务和学校建设方面有突出成绩。

第四条 奖励“全国模范教师”、“全国教育系统先进工作者”和“全国优秀教师”、“全国优秀教育工作者”，每三年进行一次，并于当年教师节期间进行表彰。

第五条 各省、自治区、直辖市教育行政部门向国务院教育行政部门推荐“全国模范教师”、“全国教育系统先进工作者”和“全国优秀教师”、“全国优秀教育工作者”的比例控制在本地区教职工总数的万分之二以内，其中“全国模范教师”、“全国教育系统先进工作者”的比例不超过本地区教职工总数的十万分之六。解放军、武装警察部队奖励人选的推荐比例另行确定。

第六条 奖励“全国优秀教师”、“全国优秀教育工作者”的工作由国务院教育行政部门会同全国教育工会、中国中小学幼儿教师奖励基金会统一组织领导；奖励“全国模范教师”、“全国教育系统先进工作者”的工作由国务院教育行政部门会同国务院人事部门统一组织领导，负责组织评审和批准各省、自治区、直辖市和解放军、武装警察部队推荐的相应奖励人选。

各省、自治区、直辖市教育行政部门分别会同当地教育工会、教师奖励组织和政府人事部门负责组织本地区的“全国优秀教师”、“全国优秀教育工作者”和“全国模范教师”、“全国教育系统先进工作者”人选的评审和推荐工作。

解放军总政治部负责解放军和武装警察部队奖励人选的评审和推荐工作。

第七条 “全国模范教师”、“全国教育系统先进工作者”的奖章和证书，由国务院教育行政部门会同国务院人事部门颁发；“全国优秀教师”、“全国优秀教育工作者”的奖章和证书由国务院教育行政部门颁发，或者由其委托省、自治区、直辖市人民政府、解放军总政治部颁发，并在评选当年的教师节举行颁奖仪式。“全国模范教师”、“全国教育系统先进工作者”的奖章和证书由国务院教育行政部门会同国务院人事部门统一制作。“全

国优秀教师”、“全国优秀教育工作者”的奖章和证书由国务院教育行政部门统一制作。

第八条 教师奖励工作应坚持精神奖励与物质奖励相结合的原则。“全国模范教师”、“全国教育系统先进工作者”和“全国优秀教师”、“全国优秀教育工作者”享受由国务院教育行政部门会同中国中小学幼儿教师奖励基金会颁发的一次性奖金。其中，“全国模范教师”、“全国教育系统先进工作者”按照人事部人核培发［1994］4号文件规定，享受省（部）级劳动模范和先进工作者待遇。尚未实行职务工资制度的民办教师，获得“全国模范教师”、“全国教育系统先进工作者”荣誉称号时，奖励晋升工资的具体办法由各省、自治区、直辖市制定。

第九条 “全国模范教师”、“全国教育系统先进工作者”和“全国优秀教师”、“全国优秀教育工作者”称号获得者的事迹和获奖情况，应记入本人档案，并作为考核、聘任、职务和工资晋升的重要依据。

第十条 “全国模范教师”、“全国教育系统先进工作者”或者“全国优秀教师”、“全国优秀教育工作者”荣誉称号获得者有下列情形之一的，由所在省、自治区、直辖市教育行政部门，解放军总政治部报请相应的授予机关批准，撤销其称号，并取消相应待遇：

（一）在表彰奖励活动中弄虚作假、骗取荣誉称号的；

（二）已丧失“全国模范教师”、“全国教育系统先进工作者”或者“全国优秀教师”、“全国优秀教育工作者”荣誉称号条件的。

第十一条 本规定适用于《教师法》适用范围的各级各类学校及其他教育机构中的教师和教育工作者。

第十二条 各省、自治区、直辖市和国务院有关部门、解放军总政治部可参照本规定，结合实际情况，奖励所属学校和其他教育机构的优秀教师和教育工作者。其具体办法由各省、自治区、直辖市和国务院有关部门、解放军总政治部自行制定。

第十三条 本规定由国务院教育行政部门负责解释。

第十四条 本规定自发布之日起施行。《教师和教育工作者暂行规定》同时废止。

国家中长期教育改革和发展规划纲要（节选）

（2010—2020年）

实　施

根据党的十七大关于“优先发展教育，建设人力资源强国”的战略部署，为促进教育事业科学发展，全面提高国民素质，加快社会主义现代化进程，制定本《教育规划纲要》。

序　言

百年大计，教育为本。教育是民族振兴、社会进步的基石，是提高国民素质、促进人的全面发展的根本途径，寄托着亿万家庭对美好生活的期盼。强国必先强教。优先发展教育、提高教育现代化水平，对实现全面建设小康社会奋斗目标、建设富强民主文明和谐的社会主义现代化国家具有决定性意义。

党和国家历来高度重视教育。新中国成立以来，在以毛泽东同志、邓小平同志、江泽民同志为核心的党的三代中央领导集体和以胡锦涛同志为总书记的党中央领导下，全党全社会同心同德，艰苦奋斗，开辟了中国特色社会主义教育发展道路，建成了世界最大规模的教育体系，保障了亿万人民群众受教育的权利。教育投入大幅增长，办学条件显著改善，教育改革逐步深化，办学水平不断提高。进入本世纪以来，城乡免费义务教育全面实现，职业教育快速发展，高等教育进入大众化阶段，农村教育得到加强，教育公平迈出重大步伐。教育的发展极大地提高了全民族素质，推进了科技创新、文化繁荣，为经济发展、社会进步和民生改善作出了不可替代的重大贡献。我国实现了从人口大国向人力资源大国的转变。

当今世界正处在大发展大变革大调整时期。世界多极化、经济全球化深入发展，科技进步日新月异，人才竞争日趋激烈。我国正处在改革发展的关键阶段，经济建设、政治建设、文化建设、社会建设以及生态文明建设全面推进，工业化、信息化、城镇化、市场化、国际化深入发展，人口、资源、环境压力日益加大，经济发展方式加快转变，都凸显了提高国民素质、培养创新人才的重要性和紧迫性。中国未来发展、中华民族伟大复兴，关键靠人才，基础在教育。

面对前所未有的机遇和挑战，必须清醒认识到，我国教育还不完全适应国家经济社会发展和人民群众接受良好教育的要求。教育观念相对落后，内容方法比较陈旧，中小学生课业负担过重，素质教育推进困难；学生适应社会和就业创业能力不强，创新型、实用型、复合型人才紧缺；教育体制机制不完善，学校办学活力不足；教育结构和布局不尽合理，城乡、区域教育发展不平衡，贫困地区、民族地区教育发展滞后；教育投入不足，教育优先发展的战略地位尚未得到完全落实。接受良好教育成为人民群众强烈期盼，深化教育改革成为全社会共同心声。

国运兴衰，系于教育；教育振兴，全民有责。在党和国家工作全局中，必须始终坚持把教育摆在优先发展的位置。按照面向现代化、面向世界、面向未来的要求，适应全面建设小康社会、建设创新型国家的需要，坚持育人为本，以改革创新为动力，以促进公平为重点，以提高质量为核心，全面实施素质教育，推动教育事业在新的历史起点上科学发展，加快从教育大国向教育强国、从人力资源大国向人力资源强国迈进，为中华民族伟大复兴和人类文明进步作出更大贡献。

第一部分　总体战略

第一章　指导思想和工作方针

（一）指导思想。高举中国特色社会主义伟大旗帜，以邓小平理论和“三个代表”重要思想为指导，深入贯彻落实科学发展观，实施科教兴国战略和人才强国战略，优先发展教育，完善中国特色社会主义现代教育体系，办好人民满意的教育，建设人力资源强国。

全面贯彻党的教育方针，坚持教育为社会主义现代化建设服务，为人民服务，与生产劳动和社会实践相结合，培养德智体美全面发展的社会主义建设者和接班人。

全面推进教育事业科学发展，立足社会主义初级阶段基本国情，把握教育发展阶段性特征，坚持以人为本，遵循教育规律，面向社会需求，优化结构布局，提高教育现代化水平。

（二）工作方针。优先发展、育人为本、改革创新、促进公平、提高质量。

把教育摆在优先发展的战略地位。教育优先发展是党和国家提出并长期坚持的一项重大方针。各级党委和政府要把优先发展教育作为贯彻落实科学发展观的一项基本要求，切实保证经济社会发展规划优先安排教育发展，财政资金优先保障教育投入，公共资源优先满足教育和人力资源开发需要。充分调动全社会关心支持教育的积极性，共同担负起培育下一代的责任，为青少年健康成长创造良好环境。完善体制和政策，鼓励社会力量兴办教育，不断扩大社会资源对教育的投入。

把育人为本作为教育工作的根本要求。人力资源是我国经济社会发展的第一资源，教育是开发人力资源的主要途径。要以学生为主体，以教师为主导，充分发挥学生的主动性，把促进学生健康成长作为学校一切工作的出发点和落脚点。关心每个学生，促进每个学生主动地、生动活泼地发展，尊重教育规律和学生身心发展规律，为每个学生提供适合的教育。努力培养造就数以亿计的高素质劳动者、数以千万计的专门人才和一大批拔尖创新人才。

把改革创新作为教育发展的强大动力。教育要发展，根本靠改革。要以体制机制改革为重点，鼓励地方和学校大胆探索和试验，加快重要领域和关键环节改革步伐。创新人才培养体制、办学体制、教育管理体制，改革质量评价和考试招生制度，改革教学内容、方法、手段，建设现代学校制度。加快解决经济社会发展对高质量多样化人才需要与教育培养能力不足的矛盾、人民群众期盼良好教育与资源相对短缺的矛盾、增强教育活力与体制机制约束的矛盾，为教育事业持续健康发展提供强大动力。

把促进公平作为国家基本教育政策。教育公平是社会公平的重要基础。教育公平的关键是机会公平，基本要求是保障公民依法享有受教育的权利，重点是促进义务教育均衡发展和扶持困难群体，根本措施是合理配置教育资源，向农村地区、边远贫困地区和民族地区倾斜，加快缩小教育差距。教育公平的主要责任在政府，全社会要共同促进教育公平。

把提高质量作为教育改革发展的核心任务。树立科学的质量观，把促进人的全面发展、适应社会需要作为衡量教育质量的根本标准。树立以提高质量为核心的教育发展观，注重教育内涵发展，鼓励学校办出特色、办出水平，出名师，育英才。建立以提高教育质量为导向的管理制度和工作机制，把教育资源配置和学校工作重点集中到强化教学环节、提高教育质量上来。制定教育质量国家标准，建立健全教育质量保障体系。加强教师队伍建设，提高教师整体素质。

第二章 战略目标和战略主题

（三）战略目标。到2020年，基本实现教育现代化，基本形成学习型社会，进入人力资源强国行列。

实现更高水平的普及教育。基本普及学前教育；巩固提高九年义务教育水平；普及高中阶段教育，毛入学率达到90%；高等教育大众化水平进一步提高，毛入学率达到40%；扫除青壮年文盲。新增劳动力平均受教育年限从12.4年提高到13.5年；主要劳动年龄人口平均受教育年限从9.5年提高到11.2年，其中受过高等教育的比例达到20%，具有高等教育文化程度的人数比2009年翻一番。

形成惠及全民的公平教育。坚持教育的公益性和普惠性，保障公民依法享有接受良好教育的机会。建成覆盖城乡的基本公共教育服务体系，逐步实现基本公共教育服务均等化，缩小区域差距。努力办好每一所学校，教好每一个学生，不让一个学生因家庭经济困难而失学。切实解决进城务工人员子女平等接受义务教育问题。保障残疾人受教育权利。

提供更加丰富的优质教育。教育质量整体提升，教育现代化水平明显提高。优质教育资源总量不断扩大，更好满足人民群众接受高质量教育的需求。学生思想道德素质、科学文化素质和健康素质明显提高。各类人才服务国家、服务人民和参与国际竞争能力显著增强。

构建体系完备的终身教育。学历教育和非学历教育协调发展，职业教育和普通教育相互沟通，职前教育和职后教育有效衔接。继续教育参与率大幅提升，从业人员继续教育年参与率达到50%。现代国民教育体系更加完善，终身教育体系基本形成，促进全体人民学有所教、学有所成、学有所用。

健全充满活力的教育体制。进一步解放思想，更新观念，深化改革，提高教育开放水平，全面形成与社会主义市场经济体制和全面建设小康社会目标相适应的充满活力、富有效率、更加开放、有利于科学发展的教育体制机制，办出具有中国特色、世界水平的现代教育。

（四）战略主题。坚持以人为本、全面实施素质教育是教育改革发展的战略主题，是贯彻党的教育方针的时代要求，其核心是解决好培养什么人、怎样培养人的重大问题，重点是面向全体学生、促进学生全面发展，着力提高学生服务国家服务人民的社会责任感、勇于探索的创新精神和善于解决问题的实践能力。

坚持德育为先。立德树人，把社会主义核心价值体系融入国民教育全过程。加强马克思主义中国化最新成果教育，引导学生形成正确的世界观、人生观、价值观；加强理想信念教育和道德教育，坚定学生对中国共产党领导、社会主义制度的信念和信心；加强以爱国主义为核心的民族精神和以改革创新为核心的时代精神教育；加强社会主义荣辱观教育，培养学生团结互助、诚实守信、遵纪守法、艰苦奋斗的良好品质。加强公民意识教育，树立社会主义民主法治、自由平等、公平正义理念，培养社会主义合格公民。加强中华民族优秀文化传统教育和革命传统教育。把德育渗透于教育教学的各个环节，贯穿于学校教育、家庭教育和社会教育的各个方面。切实加强和改进未成年人思想道德建设和大学生思想政治教育工作。构建大中小学有效衔接的德育体系，创新德育形式，丰富德育内容，不断提高德育工作的吸引力和感染力，增强德育工作的针对性和实效性。加强辅导员、班主任队伍建设。

坚持能力为重。优化知识结构，丰富社会实践，强化能力培养。着力提高学生的学习能力、实践能力、创新能力，教育学生学会知识技能，学会动手动脑，学会生存生活，学会做人做事，促进学生主动适应社会，开创美好未来。

专栏 1：教育事业发展主要目标

指 标	单 位	2009 年	2015 年	2020 年
学前教育				
幼儿在园人数	万人	2658	3400	4000
学前一年毛入园率	%	74.0	85.0	95.0
学前两年毛入园率	%	65.0	70.0	80.0
学前三年毛入园率	%	50.9	60.0	70.0
九年义务教育				
在校生	万人	15772	16100	16500
巩固率	%	90.8	93.0	95.0
高中阶段教育*				
在校生	万人	4624	4500	4700
毛入学率	%	79.2	87.0	90.0
职业教育				
中等职业教育在校生	万人	2179	2250	2350
高等职业教育在校生	万人	1280	1390	1480
高等教育**				
在学总规模	万人	2979	3350	3550
在校生	万人	2826	3080	3300
其中：研究生	万人	140	170	200
毛入学率	%	24.2	36.0	40.0
继续教育				
从业人员继续教育	万人次	16600	29000	35000

注：*含中等职业教育学生数；**含高等职业教育学生数。

专栏 2：人力资源开发主要目标

指 标	单 位	2009 年	2015 年	2020 年
具有高等教育文化程度的人数	万人	9830	14500	19500
主要劳动年龄人口平均受教育年限	年	9.5	10.5	11.2
其中：受过高等教育的比例	%	9.9	15.0	20.0
新增劳动力平均受教育年限	年	12.4	13.3	13.5
其中：受过高中阶段及以上教育的比例	%	67.0	87.0	90.0

坚持全面发展。全面加强和改进德育、智育、体育、美育。坚持文化知识学习与思想品德修养的统一、理论学习与社会实践的统一、全面发展与个性发展的统一。加强体育，牢固树立健康第一的思想，确保学生体育课程和课余活动时间，提高体育教学质量，加强心理健康教育，促进学生身心健康、体魄强健、意志坚强；加强美育，培养学生良好的审美情趣和人文素养。加强劳动教育，培养学生热爱劳动、热爱劳动人民的情感。重视安全教育、生命教育、国防教育、可持续发展教育。促进德育、智育、体育、美育有机融合，提高学生综合素质，使学生成为德智体美全面发展的社会主义建设者和接班人。

……

第四部分　保障措施

第十七章　加强教师队伍建设

(五十一) 建设高素质教师队伍。教育大计，教师为本。有好的教师，才有好的教育。提高教师地位，维护教师权益，改善教师待遇，使教师成为受人尊重的职业。严格教师资质，提升教师素质，努力造就一支师德高尚、业务精湛、结构合理、充满活力的高素质专业化教师队伍。

(五十二) 加强师德建设。加强教师职业理想和职业道德教育，增强广大教师教书育人的责任感和使命感。教师要关爱学生，严谨笃学，淡泊名利，自尊自律，以人格魅力和学识魅力教育感染学生，做学生健康成长的指导者和引路人。将师德表现作为教师考核、聘任（聘用）和评价的首要内容。采取综合措施，建立长效机制，形成良好学术道德和学术风气，克服学术浮躁，查处学术不端行为。

（五十三）提高教师业务水平。完善培养培训体系，做好培养培训规划，优化队伍结构，提高教师专业水平和教学能力。通过研修培训、学术交流、项目资助等方式，培养教育教学骨干、“双师型”教师、学术带头人和校长，造就一批教学名师和学科领军人才。

以农村教师为重点，提高中小学教师队伍整体素质。创新农村教师补充机制，完善制度政策，吸引更多优秀人才从教。积极推进师范生免费教育，实施农村义务教育学校教师特设岗位计划，完善代偿机制，鼓励高校毕业生到艰苦边远地区当教师。完善教师培训制度，将教师培训经费列入政府预算，对教师实行每五年一周期的全员培训。加大民族地区双语教师培养培训力度。加强校长培训，重视辅导员和班主任培训。加强教师教育，构建以师范院校为主体、综合大学参与、开放灵活的教师教育体系。深化教师教育改革，创新培养模式，增强实习实践环节，强化师德修养和教学能力训练，提高教师培养质量。

以“双师型”教师为重点，加强职业院校教师队伍建设。加大职业院校教师培养培训力度。依托相关高等学校和大中型企业，共建“双师型”教师培养培训基地。完善教师定期到企业实践制度。完善相关人事制度，聘任（聘用）具有实践经验的专业技术人员和高技能人才担任专兼职教师，提高持有专业技术资格证书和职业资格证书教师比例。

以中青年教师和创新团队为重点，建设高素质的高校教师队伍。大力提高高校教师教学水平、科研创新和社会服务能力。促进跨学科、跨单位合作，形成高水平教学和科研创新团队。创新人事管理和薪酬分配方式，引导教师潜心教学科研，鼓励中青年优秀教师脱颖而出。实施海外高层次人才引进计划、“长江学者奖励计划”和“国家杰出青年科学基金”等人才项目，为高校集聚具有国际影响的学科领军人才。

（五十四）提高教师地位待遇。不断改善教师的工作、学习和生活条件，吸引优秀人才长期从教、终身从教。依法保证教师平均工资水平不低于或者高于国家公务员的平均工资水平，并逐步提高。落实教师绩效工资。对长期在农村基层和艰苦边远地区工作的教师，在工资、职务（职称）等方面实行倾斜政策，完善津贴补贴标准。建设农村艰苦边远地区学校教师周转宿舍。研究制定优惠政策，改善教师工作和生活条件。关心教师身心健康。落实和完善教师医疗养老等社会保障政策。国家对在农村地区长期从教、贡献突出的教师给予奖励。

（五十五）健全教师管理制度。完善并严格实施教师准入制度，严把教师入口关。国家制定教师资格标准，提高教师任职学历标准和品行要求。建立教师资格证书定期登记制度。省级教育行政部门统一组织中小学教师资格考试和资格认定，县级教育行政部门按规定履行中小学教师的招聘录用、职务（职称）评聘、培养培训和考核等管理职能。

逐步实行城乡统一的中小学编制标准，对农村边远地区实行倾斜政策。制定幼儿园教师配备标准。建立统一的中小学教师职务（职称）系列，在中小学设置正高级教师职务（职称）。探索在职业学校设置正高级教师职务（职称）。制定高等学校编制标准。加强学校岗位管理，创新聘用方式，规范用人行为，完善激励机制，激发教师积极性和创造性。建立健全义务教育学校教师和校长流动机制。城镇中小学教师在评聘高级职务（职称）时，原则上要有一年以上在农村学校或薄弱学校任教经历。加强教师管理，完善教师退出机制。制定校长任职资格标准，促进校长专

业化，提高校长管理水平。推行校长职级制。

创造有利条件，鼓励教师和校长在实践中大胆探索，创新教育思想、教育模式和教育方法，形成教学特色和办学风格，造就一批教育家，倡导教育家办学。大力表彰和宣传模范教师的先进事迹。国家对作出突出贡献的教师和教育工作者设立荣誉称号。

……

关于重新修订和印发《中小学教师职业道德规范》的通知

各省、自治区、直辖市教育厅（教委）、教科文卫体（教育）工会，新疆生产建设兵团教育局、教育工会，有关部门（单位）教育司（局）：

为贯彻落实党的十七大精神和胡锦涛总书记“8.31”重要讲话精神，进一步加强教师队伍建设，全面提高中小学教师队伍的师德素质和专业水平，在广泛征求意见的基础上，对1997年国家教委和全国教育工会联合印发的《中小学教师职业道德规范》进行了修订，现予印发，并就学习宣传和贯彻实施工作提出如下要求：

一、充分认识新时期加强教师职业道德建设的重要意义

教师是人类灵魂的工程师，是青少年学生成长的引路人。教师的思想政治素质和职业道德水平直接关系到中小学德育工作状况和亿万青少年的健康成长，关系到国家的前途命运和民族的未来。加强中小学教师职业道德建设，提高教师的师德素养，对于确保党的事业后继有人和社会主义事业兴旺发达，全面建设小康社会，构建社会主义和谐社会，实现中华民族伟大复兴，具有十分重要的意义。

长期以来，广大教师教书育人，敬业奉献，赢得了全社会的尊重，教师队伍中不断涌现出一批又一批可歌可泣的模范人物。在今年发生的四川汶川大地震中，震区广大教师奋不顾身地保护学生，表现了崇高的师德精神。在新形势下修订并重新印发《中

小学教师职业道德规范》，对于激励和引导广大教师向全国教育系统的模范教师，特别是抗震救灾英模教师学习，树立崇高的职业理想，自觉规范思想行为和职业行为，做让人民满意的教师，具有重要的现实意义。

二、全面准确地理解《中小学教师职业道德规范（2008 年修订)》的基本内容

《规范》的基本内容继承了我国的优秀师德传统，并充分反映了新形势下经济、社会和教育发展对中小学教师应有的道德品质和职业行为的基本要求。《规范》对教师的职业道德起指导作用，是调节教师与学生、教师与学校、教师与国家、教师与社会相互关系的基本行为准则。《规范》不是对教师的全部道德行为和教育教学工作的要求，不能取代学校的其他各项规章制度。《规范》的许多内容是《中华人民共和国教师法》相关条文的具体化，各地教育行政部门和学校在学习贯彻时应注意和教育法规的学习结合进行。

三、认真做好《中小学教师职业道德规范（2008 年修订)》的学习宣传和贯彻实施工作

1. 各级教育行政部门、教育系统工会和中小学校要高度重视，并认真组织好《规范》的学习宣传。要通过开展主题学习、研讨会、座谈会等形式多样和扎实有效的教育活动，组织广大教师深入学习和贯彻《规范》，帮助广大教师全面了解新时期教师职业道德的基本要求，统一思想认识，规范职业行为，全面提高师德素养，营造良好的教书育人环境。学校领导要言传身教，率先垂范。

2. 各级教育行政部门、教育系统工会和学校要把贯彻实施《规范》列入师德建设的重要议事日程，结合当地的实际情况，制订具体的实施办法和工作计划。要将学习《规范》的内容和要求列入教师的继续教育计划，把教师贯彻落实《规范》的情况列为教师岗位责任制的要求，定期考核检查。

各地学习贯彻《规范》的情况请及时报送教育部师范教育司。

中华人民共和国教育部

二〇〇八年九月一日

关于印发《高等学校教师职业道德规范》的通知

（教人［2011］11号）

各省、自治区、直辖市教育厅（教委）、教科文卫体（教育）工会，新疆生产建设兵团教育局、教育工会，有关部门（单位）教育司（局），教育部直属各高等学校：

为贯彻落实党的十七届六中全会精神，全面提高高校师德水平，教育部、中国教科文卫体工会全国委员会研究制定了《高等学校教师职业道德规范》（以下简称《规范》），现印发给你们，请结合实际认真贯彻执行。

教育规划纲要明确提出，要加强教师职业理想和职业道德建设，增强广大教师教书育人的责任感和使命感。制定并实施《规范》，对于加强和改进高校师德建设，引导广大教师自觉践行社会主义核心价值体系，加强自身修养，弘扬高尚师德，提高高等教育质量具有重要现实意义；对于深入开展社会主义荣辱观教育，全面加强学校德育体系建设，提高全民族文明素质也具有广泛的社会意义。

长期以来，广大高校教师自觉贯彻党的教育方针，学为人师、行为世范、默默耕耘、无私奉献，为我国教育事业发展和社会主义现代化建设做出了重要贡献，涌现出一大批优秀教师和先进模范人物，在他们身上集中体现了新时期人民教师的高尚师德，体现了教师职业的崇高和伟大，赢得了全社会广泛赞誉和普遍尊重。但也应该看到，在市场经济和开放的条件下，高校师德建设还存在一些亟待解决的突出问题。有的教师责任心不强，教书育人意识淡薄，缺乏爱心；有的学风浮躁，治学不够严谨，急功近利；有的要求不严，言行不够规范，不能为人师表；个别教师甚至师德失范、学术不端，严重损害人民教师的职业声誉。这些问题的存在，虽不是主流，但必须高度重视，采取切实措施加以解决。

《规范》是推动高校师德建设的指导性文件。当前和今后一段时期，要把学习贯彻《规范》作为加强高校师德建设的首要任务，与深入贯彻落实胡锦涛总书记在庆祝清华大学建校100周年大会上讲话精神结合起来，与深入贯彻落实教育规划纲要、全面提高高等教育质量的实践紧密结合起来，建立健全自律与他律并重的师德建设长效机制，引导广大教师切实肩负起“立德树人、教书育人”的光荣职责。

一要认真抓好《规范》学习宣传。各地各校要组织宣讲会、讨论会、座谈会等形式多样的学习活动，迅速掀起学习宣传、贯彻落实《规范》的热潮。充分利用报刊、电视、网络等各类媒体平台，大力宣传《规范》精神，努力营造重德养德的浓厚氛围。通过学习宣传活动，帮助广大教师全面理解《规范》的基本内容，准确把握《规范》倡导性要求和禁行性规定，使师德规范成为广大教师普遍认同和自觉践行的行为准则。

二要全面落实师德规范要求。各地各校要根据《规范》要求抓紧制订或修订本地本校的师德规范实施细则，进一步完善教育教学规范、学术研究规范、校外兼职兼薪规范等配套政策措施，将师德规范要求落实到教师日常管理之中。要大力营造尊师重教的良好环境，将教师权益保障与责任义务要求相结合，科学引导和规范教师言行。

三要切实加强师德教育。各地各校要将学习师德规范纳入教师培训计划，作为新教师岗前培训和教师在职培训的重要内容。积极探索典型宣传和警示教育相结合的有效形式，全面加强和改进师德教育。通过定期开展评选教书育人楷模和师德标兵等活动，大力宣传和表彰奖励优秀教师，激励广大教师自觉遵守师德规范，树立高校教师良好职业形象。

四要改进和完善师德考核。各地各校要将师德纳入教师考核评价体系，并作为教师绩效评价、聘任（聘用）和评优奖励的首要标准，严格执行“一票否决制”。完善师德考核办法，将《规范》作为师德考核的基本要求，结合教学科研日常管理和教师年度考核、聘期考核全面评价师德表现。建立健全师德考核档案。对师德表现突出的，要予以重点培养、表彰奖励；对师德表现不佳的，要及时劝诫、督促整改；对师德表现失范的，要依法依规严肃处理。

五要加强师德建设的组织领导。各地各校要紧密结合实际，制订本地本校贯彻实施《规范》的工作方案，提出落实的具体措施，精心实施，扎实推进，务求实效。要以实施《规范》为契机，及时总结交流好经验好做法，加快推进师德建设的改革创新。要紧密结合创先争优活动，充分发挥高校基层党组织的政治核心作用和广大党员教师的先锋模范作用，不断把师德建设工作引向深入。各地各高校学习宣传和贯彻落实《规范》情况要及时报送教育部和中国教科文卫体工会。

中华人民共和国教育部

中国教科文卫体工会全国委员会

二〇一一年十二月二十三日

高等学校教师职业道德规范

一、爱国守法。热爱祖国，热爱人民，拥护中国共产党领导，拥护中国特色社会主义制度。遵守宪法和法律法规，贯彻党和国家教育方针，依法履行教师职责，维护社会稳定和校园和谐。不得有损害国家利益和不利于学生健康成长的言行。

二、敬业爱生。忠诚人民教育事业，树立崇高职业理想，以人才培养、科学研究、社会服务和文化传承创新为己任。恪尽职守，甘于奉献。终身学习，刻苦钻研。真心关爱学生，严格要求学生，公正对待学生，做学生良师益友。不得损害学生和学校的合法权益。

三、教书育人。坚持育人为本，立德树人。遵循教育规律，实施素质教育。注重学思结合，知行合一，因材施教，不断提高教育质量。严慈相济，教学相长，诲人不倦。尊重学生个性，促进学生全面发展。不拒绝学生的合理要求。不得从事影响教育教学工作的兼职。

四、严谨治学。弘扬科学精神，勇于探索，追求真理，修正错误，精益求精。实事求是，发扬民主，团结合作，协同创新。秉持学术良知，恪守学术规范。尊重他人劳动和学术成果，维护学术自由和学术尊严。诚实守信，力戒浮躁。坚决抵制学术失范和学术不端行为。

五、服务社会。勇担社会责任，为国家富强、民族振兴和人类进步服务。传播优秀文化，普及科学知识。热心公益，服务大众。主动参与社会实践，自觉承担社会义务，积极提供专业服务。坚决反对滥用学术资源和学术影响。

六、为人师表。学为人师，行为世范。淡泊名利，志存高远。树立优良学风教风，以高尚师德、人格魅力和学识风范教育感染学生。模范遵守社会公德，维护社会正义，引领社会风尚。言行雅正，举止文明。自尊自律，清廉从教，以身作则。自觉抵制有损教师职业声誉的行为。

二、教育诗赋

题 记：

近年来，在国学日益受到重视的社会背景下，笔者陆续发表了一些旧体诗词歌赋。特别是2007年2月在《光明日报》发表《山居赋》，2008年6月在《中国教师报》发表《华山赋》等整版旧体诗赋，2011年在《读者》杂志第18期发表《教师赋》后，一些学校和文艺单位希望我去讲授旧体诗词创作并为学校作赋。这无疑是对我作为“非著名中国古典诗词歌赋业余爱好者”的信任与激励。在《师德启思》一书征求意见中，很多老师和专家建议把一些与尊师重教、弘文励志、人生哲理、厚德载物有关的诗词歌赋收入本书中。一方面从文学艺术等多角度启发读者对师德的思考，另一方面丰富本书内容，增加可读性。故我将近年创作，在《人民日报》、《光明日报》、《中国教师报》、《读者》杂志等报刊发表的部分诗词歌赋作为附录的一部分供广大读者分享，同时欢迎批评指正。

教师赋

伟乎大哉，教育！开天辟地，人类步入文明社会，读书不可一朝废于天下，学校不可一日缺于州邑，教师不可一时少于教坛。放眼世界，何来人才辈出，社会繁荣，文明相传？教育乃社会之基、国运之肇、为政之本、成才之道也。教育兴则人才盛，人才盛则百业旺。教育之功大焉！

教育大计，重在教师。古往今来，代代教师胸怀天下矢志报国，耿耿丹心辉映日月作育英才：三尺讲台，领万千学子驰骋天地人间，观宇宙之大；一方教室，引无数心灵神游古今未来，察品类之盛；学数理化感自然规律以求真，习文史哲阅世事沧桑以求善，练琴书画悟人间冷暖以求美。担传道授业解惑重任，播文明火，育栋梁才，圆强国梦。铸就高尚人格，传承灿烂文化，书写科学新篇。

为人师者，励志当先。志乃人生目标追求。为师若无凌云之志，焉能作鸿鹄高飞；为师若无远大目标，何能登人生峰巅。立志为师，志当如丹，可磨不夺其赤；志当如石，可破不摧其坚。立志为师，当以圣贤为范：见贤思齐，闻过则喜，有教无类，不偏不倚，安贫乐道，永为人师，苦心孤诣，诲人不倦。

为人师者，重在德贤。天下之乐在后，天下之忧在先。学问远争上游，播载物之理，学为人师；师德永居高处，传厚德之道，行为世范。教书育人：仁者展其怀，智者达其理，贤者抒其志，勇者伸其气，才俊满人间。

为人师者，教法为要。教若登山，教法乃绳，无绳则见山徒呼；教若渡河，教法乃舟，无舟则望洋兴叹。欲得教法，贵在辗转思索，由表及里，由浅入深，去粗取精，去伪存真，升华为理，循循善诱，发蒙启蔽。科学教法，贵在勇立潮头，独辟蹊径，创新奉献，格物致知，教学相长，因材施教，人本为先。

教育伟业，贵有名师。回眸千载，大师相望，名家辈出于巍巍教坛。华夏教育规模当今世界之最，神州教师当为全球师者之冠。推动教育创新，探索素质教育，促进社会发展，须有名师领先：展示其为人与为师、为师与为名师之人格魅力、职业风范。名师有道教坛揽日月，才俊辈出学海洗乾坤。有志为师者，当效

法古今圣贤，感师者之乐，悟教坛之道，登育才之巅！

科教兴国，任重道远。国需大才，视才若宝；世需栋梁，若渴求贤。共谋国家发展大计，振兴华夏民族素质，化人口压力为人力资源，看我万千教师重任在肩。今逢盛世，教师职业令人称羡。天时地利人和，正好抒慷慨之情，正当奏奋进之音。如此机遇，何能无为？如此伟业，何不开颜？教坛学海，鹰飞鱼跃海阔天远。为师者当不懈奋斗争作名师名家，勤学不辍，精教不止，畅游茫茫学海乐作舟，攀登巍巍书山勤为径，播春华千车，收秋实万担！

凯歌百代，雄关漫道真如铁；伟业千秋，而今迈步从头越。奋起哉，天下教书人：百年桃李开天下，千古红烛照人间！

华山赋

茫茫神州兮，几多巅峰拔地。浩浩青史兮，几多柱石擎天。五千年，一瞬间，扰扰攘攘甚嚣尘上者烟消云散，唯五岳默立如磐。叹西风如刀如剑屡相逼，看西岳首当其冲独挡一面旌旗漫卷。壮士身上挺立千秋民族脊梁，英雄背后安宁万里东方家园。华山！

华山！鬼斧神工，一石天成凌霄风骨，阳刚挺拔，雄据华中居高镇远：朝阳峰兀出群山崖壁醉朝阳，莲花峰西望秦川揽变幻风云，落雁峰太华极顶迎归鸿去雁。山势巍然欲飞白云天外，峻岭峥嵘影照黄河浪间。承天地灵气，峰峭谷深，雄风浩荡，大气彰显；揽水土精华，横亘三界，傲视五岳，风月独揽；接苍天雨露，绿树如云，山花烂漫，云霞流丹。岁月悠悠，见证沧桑巨变，阅尽青史风烟。

华山！认祖归宗，五千年古国借华山而得中华华夏国名。东据函潼，放眼秦晋豫扼守大西北进出中原险关；西望长安，翘首十三朝古都看秦汉风流盛唐气韵；南牵秦岭，分中国地理气候环境南北界限于天然；北瞰黄渭，襟水从天上飞来浪淘出千古黄土文明。烟岚浸润，千山竞秀千秋画，群峰耸峙，万壑雄风万古音。一幅华山画图，点缀神州几分鲜红，几分翠绿，几分苍劲，几分神圣！

华山，声名远播九州，折腰历代精英。仁者智者慕名登临，赋诗吟唱，修行论道，指点江山，寄意乾坤，演绎华山文明：黄帝尧舜秦皇汉武唐宗，历代帝王祭祀封禅游巡；赵匡胤陈抟对弈赌华山，武王归马华山牧牛桃林，帝王神威彰显华岳神圣。刘彦昌吹箫引凤，小沉香劈山救母，众隐士开馆授徒，金大侠北峰宏论，映照古往今来多少人间真情。老君洞内，老子退隐修炼酝酿《道德经》；太乙池中，碧水浣出全真派发祥道场文明。庙祠幽洞青烟飘散不息，松云灯火长闻禅诵之声。万仞高峰怀抱古刹道观扫六尘，千丈飞瀑唱和晨钟暮鼓空五蕴。阶梯几万级，扶摇直上遥看四山云霓万壑烟霞灵山藏瑞气，道学数千年，源远流长方知一片慈心三千世界学说渡众生。高道仙士林下相逢畅谈因果，游人访客山中作伴寄情烟云。烟岚生辉，李白杜甫白云作笺诗篇醉人，诗人韵士步其后尘长流遗韵。山崖有情，文人雅客留墨危石提升品位，书画名家挥毫劲松神显丹青。人化华山，弥漫过去现在未来动人故事；华山化人，荡起天上地下人间澎湃激情。

华山！险中显奇，奇中藏秀，秀中惊魂：栈道悬挂脚下，烟岚掩幽壑莫测高深疑通仙苑门户；险径高飘头顶，碧树漫荒途神秘玄妙似达天界路径。解放军智取华山，飞崖走壁如天降之神兵；韩愈勇攀苍龙岭，临渊浩叹山路心路难行；军校生险道救人，热血洗涤华岳树碧山青；“替天行道”建索道，自古华山一条路成旧时风景。“人生无处不巉岩”，山高路险凸显登攀精神。居华岳之高居高望远畅胸怀，临华岳之险临危不惧悟人生。

华山！春风山雨滋润，野花拂衣衣带香，朝云暮岚沐浴，碧树扫尘沁人心。松涛半山，华山松松韵颂万古，云涛半山，山间云晴岚暖千岭。登临华岳绝顶，达夫天人之际，呼我为峰精神提升。云拥华山，烟岚茫茫好赋诗；雨润华山，奇峰座座堪入画；雾绕华山，松风袅袅可烹茗；雪漫华山，银涛滚滚好抒情。居高仰观，天苍苍宇宙无垠，问来鸿去雁天际何在？临下俯察，野茫茫品类繁盛，悟春秋更迭万象人生；心游万仞，与天地精神往来，天人合一和谐四时心境。

华山！登高一唱与天地和韵，临渊一呼和古今共鸣。感山川之雄伟，叹自然之永恒。登斯山也，处嶙峋之危境，则念千秋社稷之安定，望庙堂之崇高，即思几多草舍之将倾。登斯山也，击节壮胆，把盏生情，摘万朵华山云撒向长空从此满天彩虹，携千棵华山松走入尘世从此遍地群英。

香山教师会馆赋

《中国教师报》京西香山脚下建教师会馆，辛卯春夏之交开张纳贤，略志数语以伸始末并与天下著书人、教书人、读书人、报业人共勉！

伟乎大哉，教师！为人师者，师德永居高处：传厚德之道，泽润学子，学为人师，行为世范；为人师者，学问远争上流：播

载物之理，伐隐探微，创新求实，薪火相传；为人师者，教法科学为先：树为人之本，去粗取精，因材施教，正本清源。教书育人：仁者展其怀，智者达其理，贤者抒其志，勇者伸其气，才俊满人间。

中国教师报，尊师重教创刊。放飞教师理想树典型人物，创新教师宣传写实践新篇；赞名师播春华千车，颂教坛收秋实万担。洋洋乎，精华美文星汉灿烂；灿灿乎，六年辉煌云霞流丹。

中国教师报，新傍名山构会馆。北倚巍巍燕岭，东揽玉泉山为邻，西牵香炉峰成友，南望京华心路远。百年老树华叶纷披见证世态炎凉，灰墙瓦黛古色古香蕴藏古意新颜。呼我为峰可登西山绝顶，饮水思源能饮玉液甘泉。远闻昆明湖波涛诵有声诗句，近看阡陌农舍展现无墨画卷。碧云禅寺经声佛号交响，孙中山天下为公长留精神财富；双清别墅双泉碧水涌流，毛泽东慨以当慷挥洒励志诗篇。宏论析古今梁启超哲思地藏沟，奇书绘梦境曹雪芹著书抗风轩。环境静雅好论道，心情舒畅出嘉言。名师名家风云际会：论教育创新，解学子疑惑，觅治教良方，续先哲懿范。珍惜香山雪白叶红人杰地灵胜景，寄意传道授业解惑教书育才人生，“教师会馆”名借香山。

楼不在高，馆不求奢，依山傍树自生机盎然，纵揽云飞当激情无限。斯人五湖四海同聚斯馆，著书留住一窗明月，论道生发彩云满天。往来多鸿儒，陋室助高谈：畅论教育改革发展美好愿景，抒发师生问教求学苦辣酸甜。试看今日教育，天时地利人和，奏奋进之音为名师，抒慷慨之情有名刊。才俊辈出洗乾坤于学海，名师有道揽日月于教坛。奋起哉：世上著书人，天下教书人，学堂读书人，教坛报业人！看我教师会馆：领学子乐作舟畅游茫茫学海，助教师勤为径攀登巍巍书山。

山居赋

阳春三月，草长莺飞，花黄柳绿，游京北黄花城长城。“山村秀才”吕尚邀余娑心斋小住，秉烛夜谈，感慨良多，以赋记之。

长城脚下，一座小小店家。怀抱古塞日月，窗含燕岭烟霞。瓦舍清幽，山色不离门庭；翰墨飘香，燕鹊常来窗下；主人高雅，逢人觅古今诗句，留客论儒禅道家。林间春雨，如有声之诗，山岚云烟，似无墨之画；晴空夏日，郁郁山色洗人心，一尘不染，万念升华；金秋夜月，泉声流韵悦人耳，胜似八音齐奏，天籁胡笳；雪天围炉，喜诗的作诗，爱画的作画，迷书法的任挥洒，忧国忧民的论天下。

山娃细觅山珍，山汉采摘林下，村妇掌勺灶前，村姑煮上新茶。炊烟绕林，乡村百味佳：清炖炖人间冷暖，小炒炒世态炎凉。餐非餐，把盏村醪谈风月，细品园蔬话桑麻。菜未尽，酒未干，心已醉，一帘幽梦到天涯。

人生有限，欲海无边，世事扰攘，乾坤广大！何处觅清凉世界，哪里是精神之家？心在自然，天人合一，浩然之气自生发，何须金戈铁马。但得山水人佳处，无妨停骖小住，莫负情怀潇洒：几卷诗书，一杯清茶，看何处花落无声，望长天云如奔马，听谁论人生似锦，江山如画！

弦歌赋

——题北京安慧里中心小学

启智正德，尚美求真。办学十六载，特色誉京华，弦歌惊学林。民乐特色立校，筑起师生精神家园；学生特长立身，走向问教求学佳境。课堂内外，诵读之声相闻；舞台上下，吟唱之音呼应；扬起远航金帆，演绎理想人生。面向现代化谱素质乐章，搭建舞台彰显学生个性；面向世界掀起汉唐雄风，华夏名曲震撼金色大厅；面向未来奏响奋进心曲，人大会堂荡起人生激情。

胡笳余音边梦远，羌笛唤回春风劲。民乐奏出神州气象，天籁升华童稚梦境。击筑高歌诗赋张正气，弹琴长啸乐曲扬心声。琴韵书香杏坛化雨，文操学品师生合韵：人情人义人道人性，童真童趣童心童声。一张琴一曲歌一卷书一堂课，百年梦百年歌百年路百年人。心游万仞往来天地精神，天人合一和谐四时心境：笙管吹绿小草植根大地，淡化孤单郁闷；琴瑟唤醒绿叶融进碧树，永无惆怅心境；鼓钹振荡岩石紧偎山崖，卑微胆怯消遁；锁呐吹开鲜花红遍山野，摇醉蓬勃心灵；号角掀起波涛追随江河，激荡奋斗心声！

喜看今日安慧里小学：仁者展其怀，智者达其理，贤者壮其志，勇者豪气升。教师畅抒慷慨之情，学子齐奏奋进之音。弦歌百代，教坛揽日月，伟业千秋，学海洗乾坤。

渝北中学赋

巴渝自古多名校，渝北中学展新颜。红岩英烈王朴奠基，风雨沧桑壮大发展：战火摧残，朝代更迭，十年浩劫，分合停办，易名几度，校址数迁，路漫漫其修远！长聚巴渝沃野灵气，作育英才群星璀璨，名随扬子嘉陵川水远。

得西南航空枢纽地利，借渝北经济腾飞机缘，名校谱写重教新篇：三亿巨资重建新校，泽被万代功高于天。学生公寓窗含万里风云，教学大楼门对千重巴山。居高镇远，溜马岭上纵马奔驰；纵揽云飞，狮子山头啸傲江山；看四围沃野远接华蓥秀色，揽两江碧水激起豪情波澜！名校腾飞高起点，示范中学新示范。

巴渝名校，名在名师倾力奉献：传道授业解惑重任铁肩担，神游江河湖海立讲台，敲明日月星辰挥教鞭。师德永居高处，传厚德之道，行为世范；学问远向上流，播载物之理，正本清源。

巴渝名校，名在育人树德当先：莲华精神励志诲人，光照后学创新向前。张扬个性，拒绝平庸，报效社会，重基础为学生可持续发展。问学求知，以大哉至诚厚德载物为铭；全面发展，为人生理想奠基更高更远。

巴渝名校，名在创新教法在前。因人制宜，因材施教，锐意改革，升华为理，紧跟时代，特色彰显。一切为学生，为一切学生，乐其心，怡其情，增其识，启其智。蕴育睿智诚毅厚养，祛愚开慧陶铸心田。

盛世春风暖，巴渝名校新。试看今日渝北中学，渝水涛声悦耳畅游茫茫学海乐作舟，巴山秀色洗心攀登巍巍书山勤为径。奋起哉，渝北中学人！

山村学堂

红旗一点映荒村，瓦屋几间满书声。

莫道山中学堂小，自有雏凤栖桐林。

山 问

独登险峰我为巅，俯瞰众山自巍然。

揽风揽云揽日月，问天问地问人间。

山村塾师吟

深山庙堂为学堂，问教读书心自香。

早习彩云拂旭日，晚课松涛颂华章。

瓦屋青灯书卷古，纸上风云笔墨狂。

诲人不倦追孔孟，悟道立德比老庄。

求学意飘云物外，为师何止谋稻粱。

今朝门前桃李秀，老骥心头自芬芳。

观问教西域行晚会

问教西域路，万里染征尘。
绿洲播春意，大漠献爱心。
月下话桃李，台上诵佳音。
歌圆于阗梦，舞绕天山云。
律转山河秀，韵含民族魂。
笑融千村雪，化作万户春。
开疆忆先烈，固土有后人。

云岭学堂

苍山如海眼界远，学堂危立悬岩边。
天阶千级柴门接，云岭万重小窗含。
溜索横跨江河上，学子飞落课桌前。
书声惊得鸟雀静，国旗漫卷彩云间。

寒儒颂

乡间施教师亦农，心系山娃成龙凤。
供桌讲台论天地，破庙课堂启童蒙。
传道意飘云物外，授业情入杏坛中。
囊中羞涩志向远，眼底乾坤教情浓。
春种秋收为农夫，解惑诲人学孔孟。
喜看世纪两千年，天下寒儒“民转公”。

秋登滕王阁

才子喜作江南游，滕王阁上斗诗酒。
高吟浅唱醉晴川，人生忧乐注心头。
碧水清凝长天色，孤鹜飞出满江秋。
八方名士畅胸怀，一阙雄文镇名楼。
世道起伏同走马，风波冷暖共行舟。
落霞已随王勃去，江山代代数风流。

心中的大山

——致山区学校师生

一

大山，铺向天边的大山，
辽阔大地的多彩容颜。
阅尽四季景色变幻，
漾满五彩尘世波澜。
承载古今岁月沧桑，
怀抱学堂瓦屋几间。

二

大山，傲视苍穹的大山，
山里孩子的人生驿站。
桃红李白春华秋实，
果香稻香书香心田。
万绿丛中一点红，
红在校园国旗一面。

三

大山，五彩缤纷的大山，
山里孩子的梦幻摇篮。
童声唱和流泉飞瀑，
作文写给归鸿去雁。
笔下描出四季风景，
眼中生发气象万千。

四

大山，耸入云霄的大山，
山村老师的结实双肩。
托起沟谷中的学校，
让孩子站得更高！
托起书本中的希望，
让孩子眼界更宽！
托起山间的小路，
让孩子走得更远！

五

大山，永远的大山，
千山万岭翻岩过坎。
脚步踩弯弯险道，
人生登巍巍书山。
水土一方人一方，
春秋几度书几卷。
山魂铸就万代人，
撑起心中一片天！

心中的大江

——“嘉陵江、母亲河歌舞”观后

好一群弄潮儿郎，牵一条奔腾大江。
响遏行云的号子，吼出了青春胆量。
动人心魄的纤歌，唱出了远大理想。
浪遏飞舟的英姿，踏出了步履铿锵。
奋斗歌声天上来，在人生长河流淌。
流长源远出处高，山川难阻心路畅。
千回百折不辞劳，远归大海作波浪。
嘉陵江中的激流，酿春华秋实馨香。
嘉陵江上的纤夫，学海泛舟的榜样。

远山家园

——访滕星教授山居

春华秋实村野香，寒士寻隐著华章。
画意群峦景不尽，诗情溪涧韵自长。
石上挥翰块垒散，林下论道灵息扬。
几番云霞开眼界，四时山色含心窗。
笔底人生风雷激，天地精神独来往。
杖履春风登绝顶，呼我为峰揽四方。

人生弄潮

——观钱塘江潮有感

清流远来润桑田，翰海相聚浪接天。
月圆神力卷惊涛，波澜壮阔回江南。
朝涨夕落无倦怠，前仆后继自向前。
人生当做弄潮儿，勇立潮头敢为先。

贺林崇德教授七旬寿辰

人生七旬今古奇，教泽源远沐桃李。
求学学问上流争，为师师德高处起。
著作等身登书山，宏论奠基明心理。
学林探路贵涉远，再领风骚举大旗。

老翁种树长城下

春归燕岭又芬芳，汗洗青枝种树忙。
朝拂襟衲揽天风，夕看斜阳映古墙。
披荆斩棘舞铁镰，掘石聚土植嫩秧。
两肩担日前山暖，半坡洒荫后人凉。
一朝桃李千峰秀，几载树人万代强。
樵歌几曲归来晚，纵观大道尽沧桑。

婺源书情

——和管培俊先生

粉墙黛瓦泛诗情，古樟老树凝书香。
浓荫滴翠草木壮，碧水润泽人脉长。
文风几代漫江湾，进士五百出科场。
朱熹寻理林尤在，天佑画图石永光。①
山水不负学风盛，地灵人杰美名扬。

山村老师夜读图

瓦屋隐高林，塾师伴孤灯。
观书思教化，神思入梦吟。
晨颂迎日出，夜读借月明。
溪泉唱心曲，危岩悟人生。
不嫌学堂小，乐做耕耘人。

春游白云川

一川白云净，满目春色新。
风送出山泉，雨留踏青人。
歌随鸿雁去，车为野花停。
浅草朦胧眼，长风浩荡心。
片云裁在手，擦尽世间尘。

---

① 指出生婺源的著名铁道专家詹天佑。

山窗忆夜读

——答黄铺仁老师

冷月寒星照山窗，风雨茅屋夜未央。
残书数卷观古今，春秋几度寻理想。
笔下土纸载锦句，胸中愿景生华章。
书卷作枕梦无边，不问苦读为谁忙。

朝阳河——我的精神家园

走出幽远深涧，
走过蜿蜒巴山，
牵起一路溪泉。
竹林草滩低吟浅唱，
悬崖峭壁瀑布高悬。
波平如镜倒映青峰，
水深流急鸥鹭流连。
春天落英染红清流，
夏日碧水滋润桑田。
秋季硕果香透两岸，
冬临迎接归鸿去雁。
学着母亲潭边濯衣，
涤去一身浑浊污染。
跟随父亲溯流游泳，
洗得弱躯筋骨强健。

呼朋引伴捕鱼捞虾。
度过灾荒岁月艰难。
足踏河边青青草径，
求学寻梦走出大山。
走到天边也回眸：
朝阳河，我的天地梦幻！
母亲河，我的人生摇篮！
父亲河，我的精神家园！

学习师德规范，加强师德建设

——教师队伍管理和研究专家杨春茂访谈

中国教师报记者 叶 飞

2008年9月1日，教育部、全国教科文卫体工会颁布了根据1997年颁布的《中小学教师职业道德规范》（以下简称《规范》）修订的新的《规范》。由于《规范》颁布后正是《国家中长期教育改革和发展规划纲要》（以下简称《纲要》）研究制定、颁布宣传、贯彻落实的重要阶段，很多学校和教育部门反向本报反映：《规范》的宣传贯彻应当加强。本报记者就如何结合《纲要》的贯彻，推动《规范》的落实走访了几次参与起草和修订《规范》的著名教师队伍管理和研究专家，中国教师发展基金会秘书长杨春茂。

《中国教师报》记者（以下简称记者）：时隔11年，对《规范》进行重新修订的背景是什么？

杨春茂：所谓教师职业道德，是指教师在其职业活动中，处理和调节人与人之间关系的道德要求。

职业道德不同于社会公德和家庭道德。社会公德和家庭道德形成时间漫长，一旦形成就很稳定。而职业道德是随着社会发展对某种职业在不同时期的要求而发展变化的，教师职业道德更不例外。教育涉

及到几乎每个家庭每个人，教师职业自然成为社会关注度最高的职业。1991年，原国家教委和全国教育工会联合颁发了《中小学教师职业道德规范》（以下简称《规范》），并于1997年重新修订后颁发。《规范》是新中国成立以来全国第一个由其行业的最高主管部门制定的职业道德规范。正是由于《规范》的颁布和实施，今天我们可以这样说：整体而言，中小学教师的职业道德水平是当今所有行业中最高的。

1997年以后的十多年，是中国社会变革最大、教育改革发展最快、教师队伍素质提升最高的阶段。特别是素质教育的推进，课程改革的深化等对师德提出了新要求。师德工作的方式方法亟待改进，师德建设的制度环境亟待改善。

记者：这次《规范》的修订经历了怎样的过程？

杨春茂：由于《规范》涉及到一千多万在职中小学教师；每年百余万师范专业在校学生和申请认定教师资格的社会人员，故对《规范》修订非常重视。修订期间，中共中央国务院颁布了《关于加强和改进未成年人思想道德建设的若干意见》；党的十七大召开；汶川大地震中教师们的师德表现等，都对师德建设提出了新要求。

2004年9月，师范教育司召开研讨会，邀请有关方面专家讨论、制定修订原则、修改《规范》文本。文本形成后通过广泛的实地调研、多次组织专家论证后面向全社会公开征求意见，让全社会共同参与、共同讨论、共同完善。在对《规范》的总体评价中，认为《规范》中的规定“非常合理”、“合理”和“基本合理”达95.9%，其中认为“非常合理”的占54.4%。由此可见人们对师德的重视和对新修订《规范》的认同。

从上述过程可以看出对《规范》修订的重视程度。

记者：您作为教师队伍主管部门负责人曾经直接参加《规范》的起草。这次又以专家身份参加《规范》的修订，在身份变化和工作过程中有何感受？

杨春茂：我最大的感受是全社会对师德的关注和对《规范》修订的重视。自我作为本次《规范》修订专家组专家以来，被邀请在全国作师德方面的学术报告20余次；给教育以外其他行业作职业道德方面的学术报告多次；作为撰稿和编导拍摄师德教学系列片多部。从中体会到人们对师德的重视。特别是《规范》面向全社会征求意见后，教育部有关部门收到通过各种途径反映的很多意见，充分体现出人们对教师的关注、对师德的关注，对教育的重视。

记者：《规范》由1997年颁发的8条修订为6条，这种调整变化的原因是什么？

杨春茂：教育部长袁贵仁同志在他所著的《价值观的理论与实践》一书中指出："人们之所以创造规范，是因为规范是社会共同生活所不可缺少的。它是确定与调整人们共同活动及其相互关系的原则，是维持社会基本秩序的文化模式，是社会生活正常运转的机制，是社会控制的手段以及民族文化心理传承的载体。"规范如此重要，作为一种文化载体，要求精练、清楚、准确、简明、易记，容易遵守和检验。要为不同文化层次和水平的人（教师）所接受，故语言表述越简洁、明快、清楚、准确越好。比如五四运动的精神，核心是"民主与科学"或称"德先生"、"赛先生"，简洁明快，人人知晓，便于传播。如果表述太长，不能为广大教师所掌握和记忆，就难以充分发挥作用。只有把规范普及到广大教师中去，为教师喜闻乐见，才能化为广大教师的自觉行动。

另外，规范还应当如具有哲理性的经典语言一般启迪人们联想、思考、补充、升华而提升自己，达到比《规范》要求更高的水平。在这方面国内外很多学校的校训最具代表性，例如清华大学的"厚德载物、自强不息"，北京师范大学的"学为人师、行为世范"，四川大学的"海纳百川、有容乃大"。俄罗斯莫斯科大学的"祖国、荣誉、科学"；美国哈佛大学的"以柏拉图为友、以亚里士多德为友、更以真理为友"，德国洪堡大学的"哲学家不仅要解释世界，更要改造世界"等。

由于上述原因和教育改革、社会发展对师德要求的变化，修订时对《规范》的内容和表述进行了调整，使其更加精炼、更加准确、更加简明易记。

记者：《规范》有哪些特点？

杨春茂：虽然只是对《规范》进行修订，但与1991年制定和1997年修订的《规范》相比，突出了以下特点：

第一，继承与创新相结合。所谓继承，就是在《规范》中体现老子、孔子、孟子等中国古代教育家、思想家提出的厚德载物、自强不息，为人师表、因材施教、严谨治学，学而不厌、诲人不倦等优良师德传统。所谓创新，主要是借鉴世界先进文明成果，适应我国教育改革发展的新情况、新问题，推进师德建设理论创新、制度创新、管理创新，形成与社会经济发展特别是教育改革相适应、具有鲜明时代特征的新的师德规范。

第二，当前要求与长远目标相结合。师德建设虽然是长期任务，但又具有时代特征。所以《规范》既要立足当前，采取有效措施解决师德方面存在的问题，又要着眼长远，重视源头治理。以遵守公民道德为前提，以热爱学生、教书育人为核心，以爱岗敬业、为人师表为基本要求，以职业行为禁行规定为底线，使宏观的师德建设和微观（个人）的师德修养内容具体化、规范化、制度化。

第三，突出师德的底线要求。《规范》的内容首先要从师德实际出发，应当是绝大多数教师通过努力能够达到的标准。例如，“热爱祖国，热爱人民，拥护中国共产党领导，拥护社会主义。全面贯彻国家教育方针，自觉遵守教育法律法规，不得有违背党和国家方针政策的言行；认真备课上课，认真批改作业，认真辅导学生；保护学生安全，关心学生健康，维护学生权益。不讽刺、挖苦、歧视学生，不体罚或变相体罚学生；不以分数作为评价学生的唯一标准；衣着得体，语言规范，举止文明，尊重同事，尊重家长。作风正派，廉洁奉公。

自觉抵制有偿家教，不利用职务之便谋取私利”等，应当说是从事教师职业的职业道德底线。作为热爱教师职业的教师，是应当做到而且是不难做到的。

记者：《规范》的第一条由原来的“依法执教”改为“爱国守法”，具体内容上也有比较大的变化，这样调整的原因是什么？

杨春茂：法律的强制性规定和《规范》的提倡性要求是有本质区别的。《规范》的制定是尽可能避免将法律问题道德化，混淆了法律和道德两个不同的概念，法律问题不是道德规范的范畴。如果只规定“依法执教”，容易理解为只是依照与教育有关的法律执教。而教师作为公民，首先必须爱国、必须遵守国家颁布的法律。由于教师一言一行都有教育示范作用，故在守法方面也应当包含所有的法律，而不仅仅限于只涉及《教育法》《教师法》等教育法律的依法执教。

记者：《规范》在用词上有不少细微的变化，比如，用“乐于奉献”取代了“无私奉献”，用“对学生严慈相济”取代了“对学生严格要求”，这些变化反映了什么？

杨春茂：应当说是本质的变化。为什么要把“无私奉献”修订为“乐于奉献”，主要是《规范》的所有内容都应当是绝大多数人能够达到的底线标准。而且在市场经济条件下，要求绝大多数人做到“无私奉献”是不现实的。《规范》不是一般意义上的号召，要考核每位教师是否做到，师德考核不合格要“一票否决”，所以在《规范》中不应当有极少数人能达到的过高要求。

把“对学生严格要求”修订为“对学生严慈相济”，主要是考虑教师首先要爱学生，这是促进学生全面发展的基础。中国传统的教育是严有余而慈不足，把学生当作纯粹的受教育对象，爱学生和尊重学生不够。只有严格要求缺乏关爱教育效果不会好，对幼儿园学生和小学生尤其如此。

记者：《规范》增加了“实施素质教育，激发学生创新精神”、“不以分数作为评价学生的唯一标准”等内容，为什么要强调“素质教育”？

杨春茂：所谓素质，是指人在先天生理基础上，受后天环境和教育影响，通过自身认识和实践，形成相对稳定的身心发展基本品质。所谓素质教育，是指以提高人的思想道德素质、文化素质、专业素质、身体心理素质为根本内容和目的的教育。教育主要是培养学生的科学素质、艺术素质、信仰素质、人文素质。也就是当今人类社会普遍认同的价值标准：真、善、美、爱。人类社会发展到今天，要解决技术问题相对容易，关键是如何成人、成才、成功。要有先进的观念、科学的思维方法，符合社会发展要求的体制、机制、制度等。而这些，都是素质教育的重要内容。

中国在创新方面不容乐观：据科技部等单位统计，1980 年到 2002 年获得诺贝尔奖、鲁斯卡奖、伽德纳奖、沃尔夫奖、菲尔兹奖、图灵奖、日本国际奖、京都奖这八项国际科技大奖的 497 名科学家中，没有一名中国国籍的科学家。按照我国《国家科学技术奖励条例》评选的国家自然科学奖一等奖，是衡量科技创新水平的重要标志。在设立以来的 12 年中，只评出了 4 个一等奖，8 次空缺。国际社会在衡量一个国家创新贡献的重要标准是诺贝尔奖得主多少，至今中国大陆无一人获得。2009 年，教育进展国际评估组织对全球 21 个国家进行调查，其中中国孩子的计算能力世界第一，想象力倒数第一，创造力倒数第五。西方发达国家和日本等国，在教育中非常重视培养学生的创新精神、独立思考能力。要激发学生的创新精神，教师首先要创新。2006 年，袁贵仁部长在《教育家成长丛书》出版座谈会上指出：“我们说学生要创新，教师首先要创新。教师不能创新，学生就很难创新。”

记者：《规范》中还有一项新的内容，就是要求教师树立终身学习理念，把这一条列入《规范》的目的是什么？

杨春茂：所谓终身学习，是指社会每个成员为适应社会发展和实现个体发展需要，贯穿人的一生的学习过程。终身学习 1965 年由联合国教科文组织成人教育局局长保罗·朗格朗提出。1994 年在意大利罗马举行了“首届世界终身学习会议”，终身学习在全球形成共识。许多国家制定的教育法律都包括了终身学习内容。中共十六大报告中提出：要“形成全民学习、终身学习的学习型社会，促进人的全面发展”。终身学习又特指“学会求知，学会做事，学会共处，学会做人”，这“四个学会”是 21 世纪教育的四大支柱，也是每个人一生成长的支柱。

终身学习对教师具有特殊意义。终身学习和专业发展是教师职业的本质特点和内在要求。教师应该具备终身学习的自觉性，求真务实、严谨自律的治学态度和勇于创新、不断进取的精神，与时俱进。不断充实自己，不断提高业务素质，成为热爱学习、学会学习和终身学习的楷模。特别是促进人的全面发展的要求，使教师的终身学习显得更为重要。在素质教育的推进和课程改革的深化中，一些中小学教师对此深有体会。

记者：《规范》中“保护学生安全”条款，是因为汶川地震的原因而增加的吗？

杨春茂：中国人口众多，正处在社会转型期，竞争激烈、法制还有待建立健全，中小学学生面临的危险因素增多，故对劳动对象以儿童和少年为主的中小学教师来说，应当从职业道德方面提出“保护学生安全”的要求。在这方面很多国家都有明确规定，例如美国的《教师职业伦理规范》规定：“当学生健康及安全受危害时，教师应当为保护学生做出恰当努力，不应当故意使学生处于尴尬或者危险之中”。其实别说教师这种教书育人的职业，在世界绝大多数地方，在安全方面都是儿童优先，且有非常明确而详细的规定。

记者：同是教师，为什么要分别制定《中小学教师职业道德规范》和《高等学校教师职业道德规范》？

杨春茂：照我个人理解，主要有以下四个方面的原因：

第一，中小学教师和高等学校教师劳动对象不同：高等学校学生绝大多数是成年人，中小学学生绝大多数是未成年人。

第二，教育教学目标有区别：中小学教师重在培养学生做人的行为习惯和全面素质、传授人类积淀的先进文化科学知识、为上一级学校输送合格新生；高等学校教师重在通过教学和科学研究创新知识、培养学生的创新思维和科学的思维方法以及就业能力。通过科学研究发展和创新知识。

第三，劳动特点不同：由于劳动对象和教育教学目标的区别，要求中小学教师传授给学生的所有知识，都应当是科学的、有定论的。不能把无科学根据（特别是自己个人）的假设、猜想、演义之类的东西传授给学生。更不允许在职业活动中宣扬与国家法律法规和教材不一致的个人观点。而高等学校教师为了科学研究需要，为了探索创新，在一定的范围（特别是法律规定的范围）内允许发表个人的学术观点和正在探索的独到见解。

第四，相对中小学教师而言，高等学校教师权力较大，例如参加科研项目，决定科研经费使用，招收研究生，对学生的推荐担保等，工作自由度较大。故在《高等学校教师职业道德规范》中禁行性规定相对多些，而《中小学教师职业道德规范》提倡性规定多些。

记者：有了《中小学教师职业道德规范》和《高等学校教师职业道德规范》，还会制定幼儿园和中等职业学校教师职业道德规范吗？

杨春茂：在教师队伍建设和教师队伍管理方面，制定包括《规范》在内的任何法律法规和行政规章，都应当以《教育法》和《教师法》为依据。《教师法》第四十条第三款规定：“中小学教师，是指幼儿园、特殊教育机构、普通中小学、成人初等中等教育机构、职业中学以及其他教育机构的教师。”从法理上说，中小学教师的范围已经包括了幼儿园和中等职业学校，因此，《中小学教师职业道德规范》也

适用于幼儿园和中等职业学校教师。

记者：《规范》的实施应该注意哪些问题？

杨春茂：《规范》的贯彻落实，首先要结合《教育规划纲要》进行。《教育规划纲要》明确规定："加强师德建设。加强教师职业理想和职业道德教育，增强广大教师教书育人的责任感和使命感。教师要关爱学生，严谨笃学，淡泊名利，自尊自律，以人格魅力和学识魅力教育感染学生，做学生健康成长的指导者和引路人。将师德表现作为教师考核、聘任（聘用）和评价的首要内容。"应当根据《教育规划纲要》要求，在中小学人事制度改革中，将师德考评结果作为教师职务晋升、派出进修及评选先进等的重要依据，对师德行为表现优秀的教师要给予褒奖和鼓励。对师德表现不佳的教师及时劝戒；对违反职业道德的教师严肃处理；对于失德情节严重的教师，依法解聘教师职务，调离教师岗位，给予处分直至清除出教师队伍，保证教师队伍的纯洁性。

其次是要加强《规范》的宣传，因为《规范》颁布时正是《教育规划纲要》研究制定、颁发和贯彻落实阶段，应当结合《教育规划纲要》的贯彻落实，采取多种形式对《规范》进行大力宣传，使其在师德建设中充分发挥作用。我相信，在贯彻落实《教育规划纲要》的推动下，在全体教师共同努力下，在全社会的关注和推动下，师德建设一定会上一个新高度。

参考书目

1. 袁贵仁著，《价值观的理论与实践》，北京师范大学出版社 2006 年版。
2. 教育部基础教育司组织编写，《走进新课程——与课程实施者对话》，北京师范大学出版社 2002 年版。
3. 教育部师范教育司编写，《中小学教师职业道德规范学习手册》，高等教育出版社 2008 年版。
4. 国家教委人事司编，《教师职业道德》，新华出版社和广西人民出版社 1995 年版。
5. 袁正光著，《生命的智慧》，中国古籍出版社 2012 年版。
6. 中国大学人文启思录编写组，《中国大学人文启思录》，华中理工大学出版社 1996 年版。
7. 柳斌著，《柳斌谈素质教育》，北京师范大学出版社 1998 年版。
8. 秦道宽著，《中华道德哲学论衡》，团结出版社 2009 年版。
9. 杨春茂著，《师德修养十讲》，北京大学出版社 1998 年版。
10. 杨春茂著，《教师队伍法制管理研究》，沈阳出版社 2000 年版。
11. 杨春茂著，《世纪之末的思考》，北京师范大学出版社 2001 年版。
12. 杨春茂主编，《教育成长丛书》，北京师范大学出版社 2006 年版。